基于信息技术的高校英语教学模式探究

杨柳青　杨　晶　贾慧君　著

全国百佳图书出版单位　吉林出版集团股份有限公司

图书在版编目（CIP）数据

基于信息技术的高校英语教学模式探究 / 杨柳青，杨晶，贾慧君著. -- 长春：吉林出版集团股份有限公司，2023.6
ISBN 978-7-5731-3699-2

Ⅰ.①基⋯ Ⅱ.①杨⋯ ②杨⋯ ③贾⋯ Ⅲ.①英语-教学模式-研究-高等学校 Ⅳ.①H319.3

中国国家版本馆 CIP 数据核字（2023）第 115344 号

JIYU XINXI JISHU DE GAOXIAO YINGYU JIAOXUE MOSHI TANJIU
基于信息技术的高校英语教学模式探究

著：杨柳青 杨 晶 贾慧君
责任编辑：朱 玲
封面设计：冯翼翼
开　　本：720mm×1000mm　1/16
字　　数：260 千字
印　　张：14
版　　次：2023 年 6 月第 1 版
印　　次：2023 年 6 月第 1 次印刷

出　　版：吉林出版集团股份有限公司
发　　行：吉林出版集团外语教育有限公司
地　　址：长春市福祉大路 5788 号龙腾国际大厦 B 座 7 层
电　　话：总编办：0431-81629929
印　　刷：三河市金兆印刷装订有限公司

ISBN 978-7-5731-3699-2　　　定　价：84.00 元
版权所有　侵权必究　　举报电话：0431-81629929

前　言

　　对于中国大学生来说，英语是其必须要学习的一门语言，不过，即使是从小学开始学习英语，其英语整体水平也并没有实现显著的提高，这主要跟中国长期以来的英语教学传统有关。在中国英语课堂上，英语教师所使用的教学模式相对比较单一，而单一的教学模式可能在过去的确帮助中国学生实现了英语学习质量与效率的提高，但是在今天，单一的教学模式不仅无法满足学生学习的需求，而且也无法紧跟时代发展、教育发展的脚步。正是因为如此，中国英语教学现阶段进入了发展的瓶颈阶段，如何挣脱传统应试教育思想的束缚，探索新的教学模式，是当前英语界的普遍共识之一。

　　如今，人类已经进入信息时代，信息技术在许多领域都获得了广泛的应用，尤其是在教育领域，信息技术发挥了重要的作用，促进了教育信息化的形成与发展。在教育信息化发展背景下，高校也应该突破传统发展思维，引入信息技术，探索多样的教学模式，从而为高校英语教学注入新鲜力量，甚至，基于信息技术的高校英语教学应该成为目前高校英语教学工作的重点内容。

　　信息技术在高校英语教学中的应用具有积极意义。首先，信息技术可以为高校英语教学提供更丰富的资源。依托信息技术的网络平台有着大量的英语教学资源，这些英语教学资源的形式多样，有文字形式，也有音频、视频形式。教师可根据教学大纲以及学生的实际需求灵活选择教学资源的形式，从而为学生打造一个更加丰富多彩的学习环境，促使其学习效率的不断提高。其次，信息技术可以提高高校英语教学的效率。利用多媒体课件或者在线网络教学平台，教师能在第一时间将英语知识传递给学生，同时，对于学生在英语学习中的疑惑，教师也能快速地予以解答。很明显，信息技术融入高校英语教学，的确大大提升了高校英语教学的效率。最后，信息技术可以帮助学生探索多样的英语学习方式。信息技术可以给学生带来别样的感官刺激，使其能体验到一种生动、形象的英语学习活动，也能使其探索出更多符合自己学习需求的学习方式。

　　基于传统高校英语教学存在的问题以及信息技术在高校英语教学中应用的

意义，作者在总结前人优秀研究成果以及自身丰富教学经验的基础上，对基于信息技术的高校英语教学模式问题进行了探究。本书共分为九章，第一章与第二章简要介绍了信息技术与高校英语教学的基础知识，包括信息技术的概念、特征、功能与影响，高校英语教学的内涵、理念与原则等内容。第三章论述了信息技术与高校英语课程整合的可行性问题，同时通过具体的教学设计与实践进行了具体说明。第四章到第八章具体探讨了基于信息技术的高校英语教学模式问题，既分析了不同的信息技术在高校英语教学中的应用问题，也总结了许多基于信息技术的英语教学模式（翻转课堂教学模式、混合式教学、智慧课堂教学模式与远程教学模式），同时阐述了基于信息技术的高校英语教学保障问题。

  本书结构清晰，内容丰富，以中国教育信息化的发展为背景，全面探讨了基于信息技术的高校英语教学模式问题，以期为高校英语教学改革贡献力量。不过，由于时间仓促以及作者水平有限，书中不少观点可能存在不当之处，恳请各位读者批评指正。

目 录

第一章　信息技术概述 ··· 1
第一节　人类已经步入信息时代 ······································ 1
第二节　信息技术的概念与特征 ······································ 7
第三节　信息技术的功能与影响 ······································ 11
第四节　信息时代对教育的要求 ······································ 16

第二章　高校英语教学基础 ··· 22
第一节　高校英语教学的内涵 ·· 22
第二节　高校英语教学的理念 ·· 28
第三节　高校英语教学的原则 ·· 37
第四节　高校英语教学的现状剖析 ···································· 44

第三章　信息技术与高校英语课程整合探究 ······························· 49
第一节　信息技术与课程整合概述 ···································· 49
第二节　信息技术与大学英语教学整合基本问题探讨 ·················· 53
第三节　信息技术与大学英语课程整合之课内外整合模式 ·············· 57
第四节　信息技术与高校英语课程整合的教学设计及实践 ·············· 66

第四章　信息技术与高校英语教学结合直观表现 ·························· 72
第一节　多媒体技术与高校英语教学的结合 ·························· 72
第二节　大数据技术与高校英语教学的结合 ·························· 78
第三节　云计算技术与高校英语教学的结合 ·························· 84
第四节　虚拟现实技术与高校英语教学的结合 ························ 88

第五章　翻转课堂教学模式探究 ··· 96
第一节　翻转课堂概述 ·· 96
第二节　翻转课堂的优势与劣势分析 ·································· 101
第三节　基于翻转课堂的高校英语教学设计 ··························· 108

第四节　翻转课堂在高校英语教学中的应用……………………111
第六章　混合式教学探究………………………………………………120
　　第一节　混合式教学概述……………………………………………120
　　第二节　混合式教学基本模式………………………………………124
　　第三节　高校英语混合式教学设计与优化…………………………130
　　第四节　高校英语混合式教学评价体系建构………………………138
第七章　智慧课堂教学模式探究………………………………………143
　　第一节　智慧教育与智慧课堂的内涵………………………………143
　　第二节　英语智慧课堂的内涵与构建………………………………148
　　第三节　英语智慧课堂教学新模式探索……………………………154
　　第四节　智慧课堂在英语教学中的具体应用………………………160
第八章　远程教学模式探究……………………………………………167
　　第一节　远程教育与远程教学………………………………………167
　　第二节　高校英语远程教学理论依据………………………………174
　　第三节　基于微信移动平台的高校英语教学………………………177
　　第四节　高校英语远程教学新形式——直播教学…………………182
第九章　基于信息技术的高校英语教学的保障………………………190
　　第一节　基于信息技术的高校英语教学的保障之英语教师………190
　　第二节　基于信息技术的高校英语教学的保障之学生……………199
　　第三节　基于信息技术的高校英语教学的保障之英语网络教学资源……204
参考文献……………………………………………………………………211

第一章 信息技术概述

信息技术的广泛普及不仅使人们的日常生活发生了巨大的变化，也为教育领域的改革与创新提供了无限可能。对于英语教师而言，现代化信息技术手段的应用不仅可以改变英语课堂教学模式，拓宽其教学思路，还可以给学生带来全新的认知体验，进而激起他们主动探索英语知识、自觉研究英语的兴趣，从而更好地提升他们的课程认知效率，提高英语学习的质量。本章对信息技术基础知识进行了分析与探讨。

第一节 人类已经步入信息时代

一、了解信息

(一) 信息的定义

人类生活离不开信息。早在远古时代，我们的祖先就懂得了用"结绳记事""烽火告急""信鸽传书"等方法来存储、传递、利用、表达信息。今天，我们可以打电话、写信来交流和传递信息，看书、看报、听广播、看电视来收集和利用信息，摄影、录音、写日记来记录和存储信息，发布启事或广告、制作主题网站或发布个人主页来表达和发布信息。

一直以来，人们对信息就有着不同的认识。人们对信息有着不同的定义和描述。

在日常用语中，信息通常指的是消息、情报、指令、密码等。信息是通过符号（如文字、图像等）、信号（如有某种含义的动作、光电信号等）等具体形式表现出来的内容。

信息时刻存在于我们生活中，但人们很难用一句话科学准确地定义信息是什么，也很难用一句话对信息做全面的描述。下面笔者介绍几种比较常用的定义。

信息通常以文字、声音或图像的形式来表现，是数据按有意义的关联排列的结果。①

信息是实现事物间根据某种自然规律和人为约定建立联系的一种形式，是被表现出来的事物增添了的确定性或被消除了的不确定性。

信息是物质存在的一种形式，它是以物质的属性和运动状态为内容，并且总是借助一定的物质载体传输和存储。

信息由意义和符号组成。它是对客观世界中各种事物的变化和特征的反映，是客观事物之间相互作用和联系的表征，是客观事物经过感知或认识后的再现，是事物运动的状态和方式。

（二）信息的表现形式

信息以具体形式来表现。信息普遍存在于自然界、人类社会、人的大脑意识反映中。信息到处存在，但信息并不独立存在。信息通常以文字、声音或图像等具体形式来表现，但信息从产生到传递给信息接收者或信息被记忆储存的整个过程，都离不开信息的表现形式。

信息以具体形式来传递。如果把信息看成是由信息的内容（意义）和表现形式（符号或信号）组成的，那么，信息的内容必须通过一定的表现形式传递，才能被人们了解、认识，才能成为信息。

信息载体是表现和传递信息的具体形式。在信息的传递和记忆储存过程中，承载信息内容的物质形式就是信息的载体。信息的载体有时也被称为媒体。信息是通过载体表现出来的，信息永远离不开载体。

信息的载体是表现信息的材料，并不是信息本身。例如，我们听到的声音包含信息，看到的景象包含信息，读到的文字包含信息，信息通过声音、图像或文字等表现出来。但这些声音、图像或文字并不是信息本身，它们只是承载信息的材料，是表现信息的具体形式。这些声音、图像或文字中包含的内容或意义才是信息。

信息可通过不同的载体来表现。根据不同载体表现形式，我们习惯把以声音为载体的信息称作声音信息，把以图像为载体的信息称作图像信息，把以文字为载体的信息称作文字信息。

在现实生活中，信息还可以通过多种载体形式来综合表现，这就是多媒体表现信息，称作多媒体信息。

---

① 汪国忠，董福新. 信息技术［M］. 石家庄：河北教育出版社，2017：3.

二、识读信息时代

(一) 信息时代简述

信息时代就是利用信息技术产生价值的时代。信息技术的发展是当今时代发展的大趋势，代表着先进生产力，代表着现代科技生产力。18世纪蒸汽机的发明和应用导致生产力的革命性的变化，机器代替手工工作，这是人类进入蒸汽时代在生产领域出现的第一个重大变化。科学和技术的第二次革命在19世纪中叶以电机的发明为起点，电力的广泛应用，改变了人们的生活方式，使人类进入电气时代。第三次浪潮是信息革命，大约从20世纪50年代中期开始，其代表性象征为"计算机"，主要以系统化数据技术为主体，重点是创造和开发知识，这些变革性的信息技术得到了人们的普遍肯定和高度重视。

随着农业时代和工业时代的衰落，人类社会正在向数字时代过渡，跨进第三次浪潮文明，其社会形态是由工业社会发展到信息社会。当今世界是以原子能、电子计算机、空间技术和生物工程的发明和应用为主要标志的时代，信息技术、新能源技术和新材料技术等诸多领域的一场科技革命进一步推动了生产力的大幅提高，同时全面改变了人类社会。第三次浪潮的信息革命与前两次浪潮的农业社会和工业社会最大的区别，就是不再以体能和机械能为主，而是以智能为主。

(二) 信息时代的特征

1. 信息资源备受重视

随着科学技术的发展，信息对政治、经济、生活等各个领域的影响日益增大。社会的信息量迅速膨胀。一个企业若不实现信息化，就很难提高生产能力，无法与其他企业竞争；一个国家如果缺乏信息资源，不重视提高信息的利用能力，就会落后。

2. 信息产业迅速发展，甚至成为主导产业

信息产业虽然不能直接生产产品，但通过提供服务，改进产品质量，能够产生明显的经济和社会效益。从20世纪90年代开始，信息技术几乎渗透到工业和服务业的所有部门，逐渐改变了以制造业为主的工业经济模式。如今，信息产业已经成为发达国家经济发展的主要推动力。中国也搭上了信息产业发展的快车，信息产业获得了很大的发展。

3. 信息网络已经成为社会基础设施

建立功能强大的信息网络不仅是物质生产的基本条件，更是衡量国家综合

国力和国际竞争力的重要指标，是信息社会的国家命脉。中国的信息网络构建非常成功，4G基本已经实现了全覆盖，5G也开始推广开来。

三、信息时代所产生的影响

（一）信息成为新的生产力要素

过去是劳动力和资本决定企业的利润，现在决定企业利润的是信息，是对信息进行组合、分析、加工后形成的"知识"。企业的关键资产不再是固定资产和金融资产，而是知识资本。随着信息化大潮的荡涤，信息要素在生产和交换中的作用越来越突出。信息及其技术如同物质和能量，将单独作为社会财富的基本资源，使信息和知识、物质和能量共同作为社会财富的基本资源。表现在以计算机为核心的机器人和柔性生产技术的出现，已逐步取代人们的体力劳动和部分脑力劳动，改变了能量大量消耗和劳动紧张的局面。

信息成为新的生产力要素。在现代生产中，信息在生产力体系中具有重要的意义，它与原料、机器、能源、劳动力一样，是生产资源之一。信息的经济效益直接体现在生产经营和管理活动中。每个重视信息资源的单位都能利用信息资源的及时性与准确性，提高工作效率，取得经济效益和社会效益。企业决策者必须迅速分析、理解与处理情报资讯，同时迅速付诸策略性思考，调整经营的脚步，以便掌握时机，让企业立于不败之地。企业管理者更应该是调兵遣将的高手，既能善用资源，又能灵活运用情报资讯拟定战术，获取未来的商战成果。情报信息的分享和充分运用才是未来企业制胜的要素。

（二）推动信息社会与空间快速拓展

技术的发展和进步在人类社会发展史上始终发挥着关键的作用，推动了产业结构、区域空间和社会形态的转变和演化。

随着信息技术的不断发展和深入应用，以信息为主要特征的新的信息社会形态和信息社会的经济特征、结构和机制被推上研究高峰，数字时代、数字社会以及网络社会等更深一层次的高级信息社会逐渐进入人们的视野，标志着信息技术"权贵"的兴起以及新的阶层原则的开始。在信息技术的推动下，全球互联网扩张加速，传统的经济社会系统逐渐发生转变，数字文化开始广泛而深入地渗透到人们的生活当中，形成了以数字化、网络化以及个性化为代表的新型信息社会系统。

在后信息时代，各种经济与社会活动被赋予知识化与智能化的相关属性，信息和知识成为决定信息社会的关键要素，并且伴随着计算机、互联网以及远程通信终端的深入应用，人们的时间观念开始发生颠覆性的变化，距离在人们交互过程中的摩擦作用渐渐减弱。可以说，先进信息技术的发展和快速应用正在加速"破坏"与"瓦解"传统的生产和生活方式，时空概念逐渐缩小，传统的地域空间开始瓦解，"地球村"逐渐形成。改革开放以来，我国的经济社会发展迅速，信息产业发展尽头十足，不论是国家还是地方政府都把国家信息化与区域信息化放到重要的战略地位。经过几十年的发展和信息化普及，我国经历了从信息零时代的起步阶段到信息化蓬勃发展的快速增长阶段。席卷世界的信息化浪潮正将我国推向信息时代的前沿。

空间是社会的表达。信息技术的高速发展和广泛应用在推动传统社会转型以及信息社会产生的同时，催生了新的空间形态和特征。随着信息高速公路的建设和完善，区域空间概念打破了原有的时空关系格局，空间在逻辑上开始缩小，地理空间被压缩，空间中的流动性也逐渐加强，空间逐渐超越了地理空间的历史性含义，信息时代的到来在一定程度上推动了信息社会与空间的快速拓展。

(三) 促进社会生产观念与生产方式发生改变

1. 促进了社会生产观念的改变

在数字化信息时代，信息的主体是知识，信息的载体在其运作的过程中虽不一定生产出相应的物质产品，但信息却能使产品增值，或信息本身就具有各种不同的价值。[1] 而在过去，人们认为，只有生产出物资的产品才是生产行为，否则都是非生产性的。因此，要能进行生产就必须具有资源、资本和劳动力三者之中的两要素或三要素。数字化信息使生产要素的构成正在发生重要变化。就生产资料而言，科学技术的进步，使生产不断朝着节能、低耗的方向发展，即使是物质产品，单位产品所需的资源量也在不断的下降，甚至出现了非物质化倾向（现象）。就劳动力而言，科学技术的进步，不仅减少了单位产品对劳动力的需求，而且要求劳动力有更高的知识和技术水平及更高的素质。数字化信息正改变着人们劳动的性质，已成为无可争辩的事实和未来的发展趋势。

2. 促进了社会生产方式的改变

有的经济学家把生产方式的变化概括为由大规模、集中化和标准化的刚性方式转变为小规模、分散化和多样化的柔性方式。在工业社会，生产方式是资本和大量劳动力支撑的大批量生产。然而在数字化信息时代，科学技术的进步

---

[1] 胡笑梅. 信息技术与企业变革 [M]. 合肥：合肥工业大学出版社，2005：7.

和信息产业的发展，为小批量、个性化生产创造了条件和可能。在数字化信息时代，各行业的生产方式将发生巨大变化。在工厂的劳动里，繁重的体力劳动将逐渐由机器人、机械手代替，工人将是生产线的控制者。在农、牧业领域，农、牧业的生产过程将工厂化，农、牧业在生产时，不仅使用各种机器装备，采用科学方法，而且也使用计算机和各种信息服务系统。信息社会的到来，将使人们的职业随之发生巨大的变化。许多职业有可能因为失去作用而逐渐消失，而另一些职业则可能兴起和扩大。

（四）促进区域与城市相互作用

当代区域和城市的发展一般与全球化的过程密不可分。全球化涉及多种学科，是信息社会的主要驱动力之一。从地理空间视角出发，全球化代表一种全新的地理分布格局，并且隐含着导致活动和行为发生变化的相关新技术，与地方性、网络以及空间的瓦解密切相关，全球化的地理本质是从地域化的限制到多地域化和跨地域。广义的全球化指的是资金联系、货物联系、服务联系、人才联系、技术联系与信息联系等跨越国家边境并且程度不断地扩大和深化。另外，全球化带来的社会关系的时空压缩，导致国际层面的跨国合并以及国内层面的区域融合。全球化必然带来一定程度的地域差异和地理不均衡。

在全球化的大背景下，信息技术的发展带来了全球信息化，空间整合变得更加容易。[①] 全球信息化使得区域和城市之间的相互联系更加紧密，更加重要，同时在信息技术影响下，真实的地理空间并不会完全消失，场所空间变得更加重要。

伴随着信息全球化的发展，城市和区域之间的联系更加紧密，区域性、全国性以及全球性的信息网络日益浮现。信息技术发展使得区域和城市之间的信息联系和沟通日益频繁，由此导致区域和城市之间通过信息联系而相互作用的强度越来越强。在全球化时代，尤其是信息的全球化，各种各样的网络包括实体网络与虚拟网络，塑造了区域与城市的新型空间形态以及区域与城市在信息网络中的位阶。中心区域的发展以及扩散进一步连接了周边地区的网络化过程，进而共同推动了大区域的形成和发展。

---

① 王宁宁．基于复杂网络分析的信息空间研究［M］．石家庄：河北科学技术出版社，2018：3．

第二节 信息技术的概念与特征

一、信息概述

(一) 信息的定义

首先对信息概念进行界定大概成为目前我们探讨问题的一个迫不及待的内容了。虽然人类自古以来就在利用信息,但是,人类开始认识信息的概念和内涵却是近百年内的事情。直到 20 世纪 40 年代,美国的数学家克劳特·申农(C. E. Shannon) 创立了狭义信息论以后,"信息"一词才成为一个科学的概念。但对于信息的含义,至今仍是众说纷纭。各种信息定义都从不同的侧面反映了信息的某些特征,尚无一种可以涵盖其全部内容的科学的定义为社会各界所接受。

信息,指音讯、消息,通信系统传输和处理的对象,泛指人类社会传播的一切内容。人通过获得、识别自然界和社会的不同系统化数据来区别不同事物,得以认识和改造世界。信息时代的到来给人以全新的感觉,给我们的生活带来了很大的方便。

(二) 信息的主要特征

信息具有如下基本特征:普遍性、客观性、依附性、共享性、时效性、传递性等。①

普遍性:在自然界和人类社会中,事物都是在不断发展和变化的。事物所表达出来的信息也是无所不在的。因此,信息也是普遍存在的。

客观性:由于事物的发展和变化是不以人的主观意识为转移的,所以信息也是客观的。

依附性:信息不是具体的事物,也不是某种物质,而是客观事物的一种属性。信息必须依附于某个客观事物(媒体)而存在。同一个信息可以借助不同的信息媒体表现出来,如文字、图形、图像、声音、影视和动画等。

共享性:非实物的信息不同于实物的材料、能源。材料和能源在使用之

---

① 齐翠巧,韩建英. 信息技术基础 [M]. 北京:中国铁道出版社,2020:1.

后，会被消耗、被转化。信息也是一种资源，具有使用价值。但是随着信息传播的面积越广、使用信息的人越多，信息的价值和作用反而会越大。信息在复制、传递、共享的过程中，可以不断地重复产生副本。但是，信息本身并不会减少，也不会被消耗掉。

时效性：随着事物的发展与变化，信息的可利用价值也会相应地发生变化。信息随着时间的推移，可能会失去其使用价值，变为无效信息。这就要求人们必须及时获取信息、利用信息，这样才能体现信息的价值。

传递性：信息通过传输媒体的传播，可以实现在空间上的传递。

二、信息技术的概念

信息技术是研究如何获取信息、处理信息、传输信息和使用信息的技术。

理解"信息技术"，可以从广义、中义、狭义三个层面来定义。

广义而言，信息技术是指能充分利用与扩展人类信息器官功能的各种方法、工具与技能的总和。该定义强调的是从哲学上阐述信息技术与人的本质关系。

中义而言，信息技术是指对信息进行采集、传输、存储、加工、表达的各种技术之和。该定义强调的是人们对信息技术功能与过程的一般理解。

狭义而言，信息技术是指利用计算机、网络、广播电视等各种硬件设备及软件工具与科学方法，对文图声像各种信息进行获取、加工、存储、传输与使用的技术之和。该定义强调的是信息技术的现代化与高科技含量。

计算机和互联网普及以来，人们日益普遍地使用计算机来生产、处理、交换和传播各种形式的信息（如书籍、商业文件、报刊、唱片、电影、电视节目、语音、图形、影像等）。计算机教育成为信息技术教育的重要组成部分。

随着社会信息化的发展，计算机应用几乎渗透到社会生活和经济活动的所有方面，这赋予计算机教育以极为广泛的社会性，因此向各行各业普及计算机专业知识成为一项重要任务。

从信息技术的内涵可知，信息技术本身涵盖和延伸各种各样的技术，同时，信息技术与其他技术整合演化出众多复杂的交叉、边缘的科学技术。因此，从不同视角，信息技术可以分成不同的技术种类。

（1）从信息技术表现形态看，总体上可分为硬技术与软技术。硬技术是指各种信息设备体现的信息处理和提供新功能，如计算机、打印机、智能电话机、通信卫星、智能设备等。软技术指有信息采集、加工、传递等需要的规则、标准、知识、方法与技能，如编码标准、程序设计语言、图文表达技术、数据统计分析技术、规划决策技术、计算机软件技术等。

（2）从信息技术工作流程的基本环节可分为信息采集技术、信息传递技术、信息存储技术、信息加工技术及信息标准化技术等。

（3）从信息技术形成的设备可分为电话技术、电报技术、广播技术、电视技术、复印技术、缩微技术、卫星技术、计算机技术、网络技术等。

（4）从信息的传播模式可分为传递信息处理技术、信息通道技术、接受者信息处理技术、信息抗干扰技术等。

（5）从信息技术的功能层次可分为基础层次的信息技术，如新材料技术、新能源技术；支撑层次的信息技术，如机械技术、电子技术、激光技术、生物技术、空间技术等；主体层次的信息技术，如感测技术、通信技术、计算机技术、控制技术。

二、信息技术的特征

（一）信息技术的本质特征

信息技术的本质特征主要体现在以下几个方面。

1. 信息技术是高智商的结晶体

信息技术依托大量的知识背景，通过高技术前沿的研究，将知识与智力通过密集型状态呈现出来。信息技术的物化体现就是消息产品。大批科技尖端人才和高素质人才群体展开对信息产品的研究与开发，他们在这一过程中形成了竞争与合作的关系。通过这些人的努力，信息技术得以不断进步与更新，新的信息产品不断出现，并且出现的周期越来越短。

在当前时代背景下，科技领域的各个层面都与信息技术的发展与应用密切相关，如生命科学、新能源、航天航空、自动化等。其他科学研究往往通过信息技术获取现代化的研究手段，促进自身的快速发展。随着网络、通信技术的发展与普及，信息技术在整个社会的覆盖范围大大超过了其他科技成果。

可见，信息技术已成为当前科技发展的核心，其水平突出反映了人们认识与改造世界的能力，不仅代表着先进生产力，而且在一定程度上决定着劳动生产率的水平。除了高素质人才群体专注于信息技术的开发与研究之外，其他领域中的研究也在不断为信息技术的发展提出新的途径。在信息技术发展领域中，高智商人才的大量聚集必然促进信息技术的飞速发展，从而将人类带入新的社会历史阶段。

2. 信息技术蕴含着短周期效应

信息技术的发展水平越高，信息产品更新换代的周期就越短。在开发信息产品的初期阶段，科技人员通过现代网络以及通信技术获取自己所需要的信息，在融入自身创造力的同时也加快了产品开发的进度，大大提高了产品的质量。在信息产品的批量生产阶段，信息技术同样为人们提供了现代化的生产手段，使得产品形成的时间缩短，如管理系统 MIS、计算机技术等的结合有效减少了产品生产的时间。

以前，一种信息产品的生命周期比较长，可使用十几年或者几十年，现在的信息产品生命周期大大缩短，有的只能使用几年或几个月。信息技术产品更新换代的周期变化是很明显的，现代市场所具有的竞争力导致产品的短周期更具有竞争上的优势。就增长速度来说，信息产品开发周期越短，增长速度越快。

3. 信息技术伴随着高风险

信息技术研发过程中所具有的高投入特征导致其具有高风险的特征，这主要体现在以下三个方面。

首先，信息技术研究具有不确定性。例如，企业为了建立公司的管理信息系统需要投入上百万元，甚至几千万元的资金，同时还需要考虑每个部门的岗位情况，把握信息流动的内在逻辑，进而设计和制作出适合本公司的信息管理软件系统。然而，企业自身具有典型的动态性特点，这往往带来信息数据的多变与不稳定，定型决策很难形成，这些不利因素可能导致信息管理系统不同程度的受损或崩溃。

其次，信息技术从设计、开发到研制成功的概率比较低。综合来看，信息技术领域中新产品研发成功的概率很小。换言之，信息产品开发不成功就意味着所投入的资金完全浪费了。

最后，信息产品受市场变化的影响，回报波动比较大。大规模，甚至是超大规模集成电路制造企业的出现，一方面促进了巨额成本的生产，另一方面也导致很多旧产品制造企业被淘汰。从企业角度而言，信息技术企业的生存率远低于其他类型的企业。如此一来，信息技术所具有的高风险性带来了一种新的经营形式，即风险投资。

（二）信息技术的基础特征

1. 一般技术性

信息技术包含的所有技术都来自一般技术，同样具有方法的科学性，对应生产设备的先进性，对掌握技能人员具有熟练性和经验的丰富性等差异，而且在生产活动过程中体现出作用过程的快捷性、功能的高效性等特点。

2. 相溶性

信息技术往往可以很方便地与其他技术相结合，并推动其他相关技术的创新发展。为其他技术提供提升水平的平台，同时也为信息技术的应用拓宽领域。信息技术发展至今已经成为影响人类文明进程最大的技术。

3. 动态性

所有技术都在动态向前发展，但是，信息技术的动态发展大大地超出其他技术的发展，并成为促进其他技术发展的主要因素。这种动态的极速发展改变了人们生活、工作、学习、沟通等活动的方式方法、理念和制度，深刻地影响了国家、地区和居民的生活质量。

信息技术代表着当今先进生产力的发展方向，信息技术的广泛应用使信息的重要生产要素和战略资源的作用得以发挥，使人们能更高效地进行资源优化配置，从而推动传统产业的不断升级，提高社会劳动生产率和社会运行效率。

第三节 信息技术的功能与影响

一、信息技术的功能分析

（一）扩展功能

信息技术的天职就是扩展人的信息器官功能，提高或增强人的信息获取、存储、处理、传输、控制能力。从技术发展史来看，信息社会以前的技术（包括手工工具、机械工具、电力技术），其功能主要是延长人的肢体，对这些技术的把握，基本是体现在操作上，即人对自己延长肢体的协调动作的训练过程。信息技术则是扩展人的感觉器官和语言器官的功能，再至扩展人的神经系统和思维器官的功能，从而使人类提高了驾驭信息的能力。对这些技术的把握，操作部分所占的比重将占得越来越小，而智能部分所占的比重将越来越大。信息技术的扩展功能使劳动者的素质、生产技能、管理水平、决策能力等都有了大幅度的提高。

（二）开发功能

人类积累起来的浩瀚的信息资源是一笔巨大的财富，它与物资、能源并列为社会发展的三大支柱。信息技术与其他技术相比较，其作用的主要对象就是信息，充分地开发信息资源是其基本任务之一。一方面，利用信息技术可将传统的印刷型文献、缩微型文献、音像型文献数字化，方便了广大用户的检索和利用；另一方面，利用信息技术可为人们提供丰富的动态的网络信息，从广告、购物、气象、交通、保健到新闻、教育，从商务、股票行情、体育赛事、文学艺术到科学家的科研新成果、图书馆的馆藏书刊资料，应有尽有。信息技术的应用加快了信息传递的速度，它不但推动了社会文献大规模的生产，而且使得网络上传递信息的速度以分、秒计算。

（三）协同功能

信息技术的应用使人们憧憬的"信息资源共享"理想成为现实，人们还可以很方便地将自己的研究心得与对社会的看法向全世界传播。科学家可以通过网络相互探讨和研究科学技术的前沿问题；医生可以通过网络会诊疑难病症，解除患者痛苦；公安部门通过网络可以追捕逃犯，提高破案效率；电子金融、电子商业、电子邮政、电子书刊、电子图书馆、电子论坛、远程登录、远程教育、电视点播等。举不胜举的实例充分表明，信息技术已经大大缩小了人与人、地区与地区、国家与国家的距离，提高了人类协作、共同解决问题的程度，促使原来相互分隔的社会真正成为一个紧密联系的整体，而不仅仅是生物学意义上的整体。

（四）增值功能

信息技术被誉为现代社会效率和效益的"倍增器"，社会的各行各业在信息技术的支持下必将得到有效的发展。例如，通过卫星照相、遥感遥测，人们在短短几十年间获得的地理信息远远超出了以往积累的全部地理信息；各种社会普查和抽样调查因应用计算机处理数据，而变得更加频繁、容易和便利；通过自动化仪表收集高能物理的实验数据，其数量比手工方式收集的不知要高出多少倍；在天气预报中应用信息技术，对收集到的大量信息进行深入的加工分析，会得出极其有用的成果；在管理中应用信息技术，将相对增加知识、信息、智力、人才、公共关系、广告等"软"方面的功能，提高产品与劳务的附加值，使过去的非资源转化为资源，不断促进效益的增长。

二、信息技术的影响

（一）从人类个体层面来看，人类开启数字化生活

数字化生活空间的出现是信息技术所带来的结果。信息时代，信息技术已经全面渗透到全球经济、政治、文化和社会生活等各个领域，它既改变了人们以往接受、处理和发送信息的方式，也改变了信息本身的产生和存在方式，既

拓展了人类交往的空间，也正重新刻画着人与人、人与社会，乃至人与自然之间的关系，并引起了现实社会从时间到空间，从制度到体制，从社会结构到组织功能，从社会分层、社会互动到社会关系等等一系列重大的变化。

数字化空间的出现使人类自身的生存与发展彻底挣脱了时间、空间的限制和束缚，并从根本上改变了人们的时空观念和意识，同时还改变了人们传统空间的组织观念和方式。

自由、平等、开放、互动和虚拟的特性使得数字化的网络空间成为人类长期以来追求的理想的生存和社会交往空间，人们现在可以在网上购物、娱乐、交流，等等，甚至可以建立起网上的虚拟社会、虚拟社区、虚拟家园等。网缘也已经成为继血缘、地缘、业缘之后又一人际互动交往和社会组织的重要联系纽带和因素，网络也不再仅指一种技术文化现象，而是一种生存、生活的方式，一种交往和体验的方式。

信息技术会给我们的实在观、空间观带来根本的变革。一旦它在我们的生活世界中得到广泛的应用，我们生活空间的基本构成将发生彻底的改变，它不再仅仅只包括可触摸的三维的现实空间，不可触摸但可真实感受到的多维的虚拟空间将以各种方式渗透和嵌入我们生活领域的不同层面，而且现实空间与虚拟空间相互之间也将不断发生交叉重叠，使两者的界限越来越模糊而难以区分。此外，虚拟现实还将改变我们空间认知和体验的方式，在现实生活中，我们对空间的认识和反应总是将其与具体的时间、地点和具体的人联系、结合在一起的，而在数字化空间中，空间与时间、环境、人等之间的关系将被解构，空间与时间、空间与环境、空间与人将出现相互分离，即所谓的"取消语境"的现象，这将彻底改变人类生活空间图式的构造方式。

(二) 从社会层面来看，催生网络文化

进入信息时代，互动式的网络首次将人类沟通的书写、口语和视听模式整合到一个系统里，显著改变了人们交往与生活的环境。随着信息技术的发展和普及，网络文化，作为一种新的社会文化，已深入社会生活的各个领域。

1. 认识网络文化

网络文化的产生是人类文明进步的标志，开辟了人类文化的新纪元，并对传统文化的形成、内容、创造与传播方式提出，全方位的挑战。所谓网络文化，既包括完全在数字化、信息化基础上产生和发展起来，完全依靠网络技术而得以产生、交流和传播的全新文化现象，也包括传统社会文化数字化上网后形成的新文化现象。

2. 信息时代网络文化之属性

网络文化是一种开放性和多元性文化。网络文化的产生基于全球性的互联网络，突破了地域的界限，使得全球性普遍交往成为可能，世界各地区的文化传统、价值观念和行为方式在网络上交汇、碰撞、竞争、相互融合、相互吸收，人们可以在网络上接触到世界范围内的各种文化和观点。网络文化突破了时空的限制，以开放的姿态包容了世界各地文化的交流与多元并存。

网络文化是一种自主性和参与性文化。网络是信息时代重要的交际、传播工具，它超出了任何一种传统的单向传播媒体，实现了互动交流。在互联网上，通过电子邮件、论坛、即时通信工具等形式，个人既是网络文化的接受者又是网络文化的创造者和传播者，在地位上又是平等的，打破了传统媒体的单向传播，实现了双向交流，任何观点、任何思想、任何民族的文化价值观都可因创建者个体的意愿参与网络文化的传播与建设中。

网络文化是一种虚拟性和隐匿性文化。网络技术和数字化技术提供了网络文化虚拟性的可能，它使现实的客观世界转换成了文字、声音、图像等数字化符号，真实与虚幻的界限在网络世界已经变得模糊不清。在网络文化世界中，人们超越了现实世界的限制而想象设计出虚拟的自我，虚拟的国家和社会，虚拟的文化关系和世界。虚拟性是网络文化有别于传统文化的重要特征。

（三）从教育层面来看，推动教育变革

1. 信息时代教育的联通学习特征召唤教育变革

信息时代人才培养目标、教学模式和学习环境等与过去相比存在显著差异，信息时代的学习是一种联通学习，学习内容是知识节点之间通过互联而产生的知识网络，表现出更强的社会化和网络化特征，学习内容与学习者的日常生活和个人发展相关联。

信息时代教育的典型特征以数字公民的培养为核心、以个性化学习方式为导向、以信息化互联环境为支撑。数字公民是能够经常且有效地使用互联网，遵守技术标准和使用原则，运用互联网技术开展数字化学习、数字化工作和数字化生活，从而促进社会发展的新一代公民。数字公民享受着数字世界所带来的各种权利和便利的同时，也面对着数字化学习的要求和挑战，学校教育开始聚焦适应未来社会发展的数字公民的培养。个性化学习（严格来说是差异化学习）是相对工业时代的大规模集体教学而提出的教学理念，是一种以学习者为中心、基于学习者的个性化差异和学习需求、适应其学习偏好的一种学习方式。个性化学习的实现离不开开放互联学习环境的支撑。

我们必须重视教育信息化的地位和作用，推动信息技术与教学深入融合，尤其要有效运用信息技术推进教育变革。

2. 教育信息化推动"个性化"教育

"互联网+"作为教育信息化的新动力，为信息技术与教育的深度融合提供了条件保障，为人才培养目标提出了新要求，为新型学习方式的实现提供了手段支撑，为现代学习环境的构建提供了技术支持。

（1）学习内容：从以"双基"教学为主向"数字公民"过渡

随着教育信息化的逐步推进和移动终端设备的日益普及，线上资源日趋丰富，学习者可以利用网络获取各种学习资源，但是大部分学校仍然以"双基"教学为主，并未充分而有效地利用数字资源，其原因在于数字公民偏好的内容载体与双基教学需要的数字资源间存在鸿沟。数字公民是对信息化时代公民所应具备的素养和技能的统称，不同的国家对其有不同的培养目标。

我国也经历了从"双基""三维目标"到"学生发展核心素养"的发展历程。实际上，无论是国际上关注较多的21世纪技能框架，还是《中国学生发展核心素养》，都体现了各国政府对其人才培养目标的探索和阶段性认识，体现了对信息时代所需要的人力资源（数字公民）的战略性思考，而数字公民的培养离不开教育信息化的理念、手段和环境支撑。

（2）学习方式：从标准化"班级授课制"向"差异化和个性化学习"过渡

工业时代教育的基本特征是整齐划一，以听讲记忆和答疑解惑等操练和迎合标准化测试的学习方式为主，学习路径表现为同质的、线性的特征，而在信息时代，教育以差异化学习为基本特征。

信息化教育基于"技术丰富"的教学环境，运用多样化教学策略和形成性评价，将现代信息技术与学科教学深度融合，是班级授课制向个性化学习过渡的必要手段。信息技术支持下的教学模式与传统的班级授课制相比，将发生根本性变革，教学准备从备课到学习设计，教学过程从讲授到学习活动组织，教学评价从学期考试到关注学习全过程，重视对学习过程的支持服务。以物联网、云计算、大数据和泛在网络为技术支持的混合学习和联通学习受到越来越多学习者的青睐。

（3）学习环境：从"封闭式校园"向"互联网学习环境"过渡

工业时代，以"封闭式校园"的学习环境为基本特征，信息时代，教育是基于开放互联环境的。长期以来，学校发展重教学环境设计、轻学习环境设计，这在一定程度上导致封闭式校园环境和班级授课制延续至今，变化甚微。

在教育变革过程中，设计一个具有开放性、支持性，能激发多种思维，能够适应人类学习复杂性、个性化和随机性特征的、开放互联的学习环境尤为重要。

智慧学习环境作为开放互联环境的一种典型形态，是一种能感知学习情景、识别学习者特征、提供合适的学习资源与便利的互动工具，可自动记录学习过程和评测学习成果，为师生提供开放学习环境和个性化服务，以促进学习者实现任意时间、任意地点和任意步调的学习。智慧学习环境的建设和优化离不开教育信息化。

第四节　信息时代对教育的要求

一、信息时代呼唤教学变革

信息技术以迅雷不及掩耳之势强力影响着时代之社会、教育、个体，不可避免地引发了高校教学变革。

（一）时代更迭下的安身立命

种植和畜牧的兴起将农业时代引入视域，随后因大机器生产高速发展而进入效率优先、技术为重的工业化时代。而当今信息时代则对工业化时代"扬弃"，工业化时代将万事万物囿于特定处所，引绝对唯一为至高无上，对效率和技术予以侧重，这些都为信息时代所鄙夷。信息时代，一枝独秀，物联网、大数据、云计算和深度学习等核心技术层出不穷，并迅速渗透到各个领域，将时空的无限性与延展性发挥到极致，由此将世界围成圆形，真正朝向互通、共享与开放，也真正形成社会的高度信息化。更重要的是，在当代，"信息技术不仅是单纯的应用工具，而是渗透在社会生活的一种社会文化"[①]。它既充当着信息化驱动的工具意义，也隐匿着社会性融合的文化作用。它通过对社会各种因素的影响来解构旧有社会环境，并试图重构，也在紧握历史和时间的际遇中充盈现有社会环境并倡议再生以杂。

教育作为社会的子系统之一，社会更迭也在或牵引或阻抑着教育的发展，实现着教育教学的重组与分化。农业文明的熏染、农业技术的变革产生了强大的能量，推动教育摆脱原始社会的朦胧，并从生产领域脱离，从而成为独立的

---

① 鲍宗豪. 数字化与人文精神 [M]. 上海：上海三联书店，2003：91.

行业形态，教师代名词得以衍生，学生获得学习场域，教学变得有形而相对规范。工业化时代效率、机器的关注让教学过程仿佛一条固定的生产线，教材作为按时拆卸的零部件，供应给生产线首端的教师的利用，也迎合着生产线尾端学生的索取。而时移世易的当代，教学又该何以"安身"？唯有"立命"于变革。

（二）时间逻辑下的教育考量

"时间是教育王国的金钱。教育需要时间，它可能而且确实是发生在时间的任何一个瞬间的过程。"① 从教育的衍生脉络来看，它以时间为主线，在历史中形成经验的传递。从教育的形态表达来看，它以时间为尺度，在反思中完成内在的积聚。所以，教育具有时间性，同时教育在时间之下仍有区分。在胡塞尔现象学的分析中，尽管时间唯一，但对时间的把握不同会有客观时间和内在时间的差异。一般意义上的时间是客观时间，可被感知，属于经验；内在时间隐匿于无形，是被感觉到的，但被感觉的同时并不一定具有客观性，而是个人内在时间意识和内在时间体验的表征和体现。他搁置对客观时间的考量，而专注探讨内在时间，足以证其价值。而其实，客观时间并不是教育生成的必要条件，在客观时间经由的过程中，教育出乎意料地并没有相应而来。因为客观时间已画地为牢，而被圈禁、被规训、被安置的客观时间无法赋予个体以自由选择、自由反思和自由超越的机遇。但教育离不开精神生活的盈满，教育的生成包含有个体内在时间意识的自觉发声。若没有此种体验，教育也难以实现个体生命的延展与创造。

在时间逻辑下，时代流变折射出时间和时间性质的变更。信息时代冲击了"农业时间"的自然性和循环性，洗去了"工业时间"的线性和序列性，却迎来了"信息时间"的泛在性与碎片性。教育时间因一度与各种时间特性相融而变得"模棱两可"和"扑朔迷离"。何以认识，以何为继？在教育时间如此这般模糊的时代，在教育生成如此这般希冀精神满足的时代，内在时间不能被冲刷殆尽，内在时间意识更加需要强化，而这急需教学的变革。

（三）个体内生下的倒逼效应

在当代，正如戴维·温伯格（D. Weinberger）所言："知识不存在于书籍之中，也不存在于头脑之中，而是存在于网络本身。"② 这源自核心技术的更

---

① 简明国际教育百科全书：教学（上）[M]. 北京：教育科学出版社，1990：405.
② [美]戴维·温伯格. 知识的边界[M]. 胡泳，高美，译. 太原：山西人民出版社，2014：72.

新，核心技术使得知识的传播途径已然"脱离"了书写载体，也在渐渐"分割"纸质书籍等印刷载体的领地，而成为网络寄居者。这在米歇尔·塞尔（M. Serres）《拇指一代》一书中得到说明。《拇指一代》以"拇指女孩"成篇，将其视为无头之躯的个体，而头颅则被认作客体化了的认知盒抛于人前。这种比喻并不奇异，因为知识表征形态由纸质媒介向网络平台的变更再加上知识传播的智能化、数字化，使得数据信息极其丰富、传播空间极度拉大，知识变得随时可得，随地可取。教师那点"定期的供应"已变得微不足道，学生的关注点也由呆呆的记忆转向创造的进化，这意味着"靠一个数字化的、自由链接的世界，新的一代人将在认知和政治上获得史无前例的解放"①，也即信息时代所创生的知识传播与学习汲取的环境赋予了学生更多的主动权。这种权利不仅意味着学习的可能性，也激发了自由的潜在力。在教学不平等的长久桎梏下，学生个体为其身体解放和心灵自由也会采取相应的举措。

诚然，在这个"所有人对所有人传播"的时代，学生的认知发展得到了多方助力，学生的存在再也不是一个又一个"小雕像"。他们充满思想，按捺不住而在课堂上窃窃私语；他们偏爱行动，拒绝权威以掌握主导权。而这些动势也将打破教学一如既往的平静态势，"迫使"教学做出相应的调整，以实现相应的平衡。

总之，在信息时代，一个自始至终对"信息技术"相关问题或概念无动于衷、熟视无睹，甚至全然排斥的教学体系，将会在"自我满足"中"自食其果"。而教学并非如此，反而可以认识必然，投身于内，有变有改。

二、信息时代下教学变革的表现

信息时代教学变革已成为必然，高校教育工作者借着新技术的"东风"迅速行动，思维方式的变通、教学内容与教学媒体的交互、教学方式的多样、教学评价的换新等都将教学变革和信息时代紧紧联系在了一起。

（一）教学思维的变革

"技术是人类利用、控制与改造自然、社会、思维的方式方法的集合。"②也就是说，技术以工具性为主要特征，并与自然世界、社会生活、思维方式紧密相关。而以不同时代为前提，将思维方式作为关注点，可知，农业时代因其简单工具的利用而附以简单化的思维方式，工业化时代对机器机械的看重、对

---

① ［法］米歇尔·塞尔. 拇指一代 [M]. 谭华, 译. 上海: 华东师范大学出版社, 2015: 2-3.
② 禹智潭, 陈文化. 技术: 实践性的知识体系 [J]. 科学技术与辩证法, 1998 (6): 33-35, 60.

统一规范的追求、对实体万物的崇尚，让机械静态思维、二元对立思维、非此即彼思维和实体思维等占据制高点。以电子符码表征的信息技术世界充盈着丰富的网络信息资源，而以此为支撑的抽象的、联结的、立体的、模糊的、复杂的思维正"催促"着工业社会思维方式跌落"神坛"。起初，通识教育类科目内含专门的思维训练课程，后又借助微课平台，如翻转课堂等信息化资源来形成实践训练，同时这两种思维也有融入了学科专业教学。

（二）教学内容的变革

信息时代，意味着知识与信息的全方位覆盖与重点性获取，意味着进入了知识经济时代。不同于工业时代对生产与收益的偏覆，信息时代更多地注重信息的汲取、加工与利用。所以，在社会如此高度信息化的时代，信息素养应成为高校学子不可或缺的能力之一。高校教学的内容也从教师传授的固定知识转向信息能力的着重培养。而这不仅仅在于高校所设置的信息技术课程，也渗透到了各科教学中，如教学手段的技术化呈现，从而一方面赋予高校学生更多的信息素养，另一方面也让学生在信息背后挖掘出更多的价值观成分。

（三）教学媒体的变革

媒体，也称为媒介，是信息源被承载、被加工、被传递的介质或工具。而加上"教学"二字，谈及教学媒体，则意指"携带"教学内容的工具，以实现师生之间信息的交互。以时间的角度，教学媒体可以分为传统教学媒体和现代教学媒体两种。传统教学媒体指在教学过程中为使教学效果更佳而加持的语言、文字和形象性的实物、模型等。而计算机网络技术以破竹之势力压传统多媒体教学方式，成就了现代化教学媒体，为教学信息的传递创造契机和提供便利，如当下热门的智慧教室。智慧教室实现着现代信息的多屏显示与学习，包揽着师生的共同参与，构建了实体教室教学交互和虚拟空间教学交互相结合的教学交互新形态，有助于提高学习者的交互质量和交互深度。

（四）教学方式的变革

信息时代知识传播样态的多样呈示、网络信息数据的多重显现等改变了教师作为教学主导的地位，赋权学习者以中心位。由此，教师必须更新知识结构，改变教学方式，一方面要呈现出多样化，另一方面主要围绕"以学习者为中心"而开展，如在虚拟现实技术下"双课堂"教学方式的倡行。"双课堂"包含"虚拟课堂"和"现实课堂"。在网络平台施行的"虚拟课堂"主要包含针对学生设置的异步讨论、任务认定、资源分享、成果交流与评价四项内容，而对课前的实施和"虚拟课堂"中未解的问题则在"现实课堂"中加以解决。如此一来，学习者能实现网络学习、协作学习、独立练习的交互，而教师则成为设计者、"黏合剂"，以其教学机智来应对各种问题。

（五）教学评价的变革

教学评价一般包括诊断性评价、形成性评价和终结性评价三种。传统教学评价以考试评价为主，以平时、期中、期末测评来考量学生。而伴随着信息技术的展开，教师可以利用网上交互学习平台，以其即时性、智能化、交互式的特征架构教学评价的新发展。其中，即时性是指贯穿于教学过程始终，并以测验信息发布与评估结果反馈的流畅与迅捷而实现的一种师生交互。智能化体现为核心技术的综合应用所营造的信息化环境，能以大数据实现碎片化信息的整理与筛选，以人工智能算法形成信息隐匿下的意义表达，从而实现教学评价的深层次把握与针对性考量。交互式以师生对话为要旨，将教学评价设定为师生共同参与的动态过程，以便实现个性化和人性化的贯通。

一言以蔽之，在信息时代下，教学并没有"目空一世"，反而"目不交睫"，实现了发展、完善与超越。

三、信息时代对高校英语教育的要求

在信息时代，一方面既要完善现有的高校英语教育，另一方面，更要采用先进的信息技术对高校英语教育进行创新。

（一）实现高校英语教育的完善

高校英语教育的完善首先应当从改革课程设置入手，通过课程的改革使高校英语教育的开展能够促进教育目标的达成。具体而言，教育部颁行的《大学英语课程教学要求》将大学英语的教育目标定位为培养学生的英语综合应用能力，特别是听说能力，使得学生在工作和学习中能够运用英语完成简单的交流。此目标的达到，不仅要求高校开设阅读教程，同时，也要求其开设专门的听力训练课程和口语对话课程。然而，当前，许多高校片面追求学生英语四级、六级的通过率和考试成绩，忽略了学生英语运用能力的提高问题，特别是听说能力的训练。此种情况下，高校在课程设置上应当以培养学生英语综合应用能力为出发点，摒弃近功急利的做法，设置专门的英语听说课程，运用一切可行的信息技术提高听说课程质量，从而提高学生的英语综合运用动力。

（二）实现高校英语教育的创新

在信息时代大背景下，高校英语教育的创新与信息技术相伴而行。具体而言，引入信息技术，不仅使教育设备得以更新，而且还能对高校英语教育理念和方法产生重大影响，推动教育理念和方法的创新。

一方面，在信息技术进入课堂的背景下，高校英语教育应当变传统单向度教学模式为以教师的"教"为核心的教学模式。教师应当充分利用信息技术，建立师生互动型的教学模式，通过基于信息技术的生动的教学方式鼓励学生参与课堂讨论和发言，让学生从被动的接受学习中解放出来，从而更加主动地与教师、同伴进行语言交流。

另一方面，教师还应当充分运用信息技术为学生构建其英语学习所需的英语语境。在信息时代，教师应当更多采用信息技术，灵活使用音频、视频等英语教学资料，为学生提供"讲英语"的资料与语言环境；同时，应当更多地采用电脑、麦克风、音箱等设备，为学生间的英语对话训练和师生间的英语教学交流创造更好的条件，从而使学生敢讲英语、愿讲英语，自然而然地讲英语。

第二章　高校英语教学基础

目前，高校英语教学在学生培养、教师教学与课程模式上都存在着问题，这使学生在经过四年本科学习走上工作岗位时，由于英语各方面技能以及应用能力的缺乏，与社会实际需求严重脱节，无法很好地运用英语进行交际与处理问题。在这样的社会背景下，为了给社会输送满足市场需求的人才，高校必须在英语教学上采取科学、适当的措施进行改革。本章对高校英语教学基础性内容进行了介绍。

第一节　高校英语教学的内涵

一、高校英语教学内涵的体现

无论在哪个国家，外语应用环境的缺失都是外语学习者面临的一大困境，外语教学活动是否合理有序，关乎外语学习者的外语水平与语言运用能力。我国的高校英语教学也不例外。

高校英语教学是在高校内开展的、教师与学生双向互动的双边统一教育活动及其过程。高校英语教学与普通教学是特殊与一般的关系，高校教师通过教学引导学生学习英语，其内涵主要体现在以下三点。

1. 高校英语教学具有目的性

高校英语教学的目标设置会随着阶段变化、领域变化、层次变化而变化。

2. 高校英语教学具有计划性、系统性

高校英语教学具有计划性，主要体现在教师传授学生基础英语知识的过程中，教师在教学之前，会对英语的读音、词汇、语法、阅读、写作等具体知识讲解做好规划；高校英语教学具有系统性，受到多层管辖，教学目标与大纲的设置由专门的部门负责。

3. 高校英语教学的合理性

高校英语教学要采取合理的教学方法和教育技术。在信息技术飞速发展以前，高校英语教学已经积累了众多教学方法与教育技术，信息技术的进步以及互联网的发展，促成了多种有效教学方法的完善，推进了教育技术合理化的进程。

所以，高校英语教学的内涵可以概括为：教师开展系统的、有计划的教学活动，按照一定的目标与计划，借助必要的工具与手段，不仅教给学生正确的英语基础知识，还在其他方面引导学生，以使其健康、全面发展。

二、高校英语教学的理论与要素

（一）高校英语教学的理论

1. 支架理论

（1）内涵

支架和辅助功能支架在英语教学中一般是指教学情景、教学语境、非语言信息、解释和说明、文化知识、模拟演练、游戏活动、反馈评价等。高校英语教师可以根据自己的实际情况和学生的具体情况，获取适合学生心理特征和英语学习程度的支架。以支架理论为基础的课堂教学活动，包括支架的建立、自主探索、学习、支架点引入、反馈评价五个重要阶段。它的内涵包括以下几点。

第一，支架性理论应该借助学生英语学习的发展方向，进行相关的支持与支持框架的构建。"学段"指的是学生的总体英语学习水平和应用能力。在建设支架理论的过程中，要根据学生的心理发展特点和需要，培养他们的能力，激发他们的兴趣，增强他们的潜能。[1]

第二，支架理论提倡协作学习。合作中，学生在教学活动中处于主体地位，可以依据原有的知识框架和储备情况，自主地进行钻研和提升，帮助学生明确正确的学习方向和目标，有利于挖掘学生的各种潜能，提高学生的综合素质，达到培养复合型人才的预期目标。在探索时期，高校学生能通过自主意识的投入进行知识的探索。教师带领学生进入这个阶段之后，可逐步退出，真正让学生自主学习。进入合作学习时期后，学生根据合作互助可实现英语学习的持续进步。

---

[1] 肖潇. 基于支架理论的高校英语教学创新思考［J］. 海外英语，2022（8）：143-144.

(2) 高校英语中心支架理论的应用

①创建英语学习评价体系

在支架性理论中评价体系的运用，不仅局限在课堂教学当中，还可以延伸到整个教学领域，其中包含了学生的学校课堂、日常生活、学业成绩等多个方面，可以维持学生英语自主学习的有效性、连续性和综合性，促进高校复合型人才的有效培养，这就可以提高学校的整体教学水平。评分体系是一种融合师生于一体的多方面的综合评价系统。在开展评价教学模式时，学生可通过教师设定的目标，与自己的探索状况相对照，对自己进行整体的评价，从而帮助教师调整支架式教学方法，使学生对自己的学习情况形成更全面的认识。学生通过小组协作来对彼此进行客观评价，为之后的学习提供准确、细化的铺垫，帮助学生进行自我调节和提升自主学习能力。教师可以结合信息化教学手段，开展线上英语交流平台等，连线中外学生开展英语相互沟通学习，在相互学习中彼此交流给予评价，使学生能够利用已掌握的知识来巩固和挖掘自己的英语语言能力，学校还可以提供评价结果，让学生根据评价结果调整自身思维，并对实际学习方式进行细致的改进。

②满足学生的社会学习需求

支架理论的核心基础是学生的主体性需求。因此，构建学生的心理支架论可以满足学生英语学习的需要，发挥学生的主体性是实施支架论教育模式的基点。高校英语教师应该结合当前社会发展的脉络，提高对高校英语教学工作理念的认识深度，从实际角度考虑，理解应试教育的真实存在意义，并将其与支架性理论教学方法深入结合起来，从而提升自己对高校英语教学工作的认识，为构建满足学生需求的支架性理论奠定必要的基础。英语教师在构建支架理论的过程中，要对学生的想法做到充分尊重，全方位提高学生的英语应用能力，以此作为英语教学工作的目标，深入了解学生的学习兴趣、学习状态和知识掌握情况，从源头上为大学生构建能促进其发挥主体性探索作用的支架点。教学支架的构建不仅面向教师，也面向处于学习探索阶段的高校学生。在教学中，教师要结合学生的实际情况，注重学生学习英语的心理工作，提升学生对英语教学知识的深入了解，加深学生对社会需求的了解，加强学生学习英语与未来职业的必要联系，从思想层面上满足学生对学习英语的切实需要，促使学生以正确的心态参与自主合作探索英语的环节中。

③培养学生的自主学习能力

培养学生自主学习是支架理论的核心，也是培养学生英语学习的主体。教师要结合学生的整体学习情况，明确培养范围，把自主探索和合作学习两个重要学习模式有效融合。英语教师应该通过学生的英语考试结果来掌握学生对英语知识的总体优劣之处。也可以通过提问的方式，引导学生独立探究自身薄弱点。例如，部分学生的阅读水平不足，教师可以提供学生能理解但略高于学生英语学习能力的学习资料，引导学生开展英文阅读练习。通过对具体薄弱环节和问题的探究，突破阅读中存在的不足，搭建适合学生自主学习的体系，提高学生英语阅读水平和实际学习能力，继而促进学生的全面发展。再例如，在英语写作教学中，教师应该培养学生通过自主查阅英文文献的方式，来提升自己的英文作文能力。其中，英文文献检索是支持和帮助学生写作的基础，学生在写作过程中，可以引用文献中的语句、词汇等，以达到写作水平符合教学的目的，同时也能提升学生学习英语的自信心。

2. 人本主义理论

人本主义是20世纪50年代末在美国兴起的一种心理学思潮，代表人物是罗杰斯（C. R. Rogers）。该理论以其重视人的自我实现，重视对他人的关心和尊重，重视人的价值，重视人际和人类关系等而闻名于世，被称为心理学的"第三种力量"。

人本主义学习理论的核心就是以人为本，具体到教学理论上，便是"以学生为中心"。人本主义学习论者认为，不管怎样学习，不管怎样让学生学习，始终要牢记的是"人"在学习，是具有独特品质的人在学习。[1] 教师的主要任务不是传授知识，而是帮助学生明确知识的价值，鼓励学生自己去探究。人本主义心理学强调，学生要充分发挥内部潜能，进行快速高效的学习。教师和学生要一起创造宽松、友爱、理解和鼓励的人际环境。人具有对真实的、亲密的人际关系渴求的心理需要，这种心理需要对人的自我发掘和发展至关重要。良好的师生关系是调动学生积极性、促使学生主动参与学习过程、保证教学有效性的重要条件。因此，英语教师要拉近与学生的距离，建立和谐的师生关系，只有这样，英语教学的有效性才能实现，学生英语学习的质量与效率才能提高。

3. 行为主义理论

行为主义诞生于20世纪20年代，其早期的代表人物是华生（J. B. Watson）。华生对行为主义的研究主要集中在对动物和人的心理的研究上。他主张用客观的方法研究可以直接观察到的行为。华生认为，人和动物的行为有一个共同的因素，即刺激和反应。心理学只应该关心外部刺激怎样决定某种反应，而不应去管行为的内部过程。在华生看来，动物和人的一切复杂行为都是在环境的影响下由学习而获得的。他提出了行为主义心理学的公式：刺激-反应（S-R）。

---

[1] 张大均. 教育心理学 [M]. 北京：人民教育出版社，1999：65.

美国学者斯金纳（B. F. Skinner）对华生的行为主义进行了继承和发展。他在1957年出版了《言语行为》（*Verbal Behavior*）一书，在本书中，他提出了行为主义关于言语行为系统的看法。斯金纳认为人们的言语、言语的每一部分都是由某种刺激产生的。这里讲的"某种刺激"既可以是言语的刺激，也可以是外部的刺激或是内部的刺激。在他看来，人的言语行为像大多数其他行为一样，是一种操作性的行为，它通过各种强化手段而获得。在某一语言环境中，别人的声音、手势、表情和动作等都可以成为强化的手段。例如，教师可以通过语言表达赞扬、肯定、满意，从而使学生的某种言语行为得到强化。言语行为不断得到强化的同时，学生就能逐渐地学会使用与其语言社区相适应的语言形式。如果没有强化，语言是不可能被学习到的。在学习时，只有反应的"重复"出现，学习才能发生。因此，"重复"的出现在学习中是相当重要的。

行为主义和听说法有着密切的联系。行为主义中的语言学习理论为听说法的建立奠定了理论依据。行为主义研究认为，语言技能的掌握必须经历"刺激—反应—强化"的过程。因此，在具体的英语学习过程中，学生会对教师讲授的英语知识进行反应。教师应该强化学生的反应，并促使其正确的反映重复出现。同时，教师在英语教学中还要注意学生学习习惯的养成，并对其学习中的错误进行科学的处理。

（二）高校英语教学的要素

1. 高校英语教学中的教师

教师是教学活动的组织者，也是影响教学效果的最重要的因素之一。作为英语学科的教师，其在充分发挥教师主导作用的同时，也要清醒地意识到教师这一角色需要在教学过程中发挥着怎样的作用。

时代在发展，英语教师也应该摆脱英语教学的局限，转变角色，为英语教学改革做出自己的贡献。

（1）英语教师成为活动的组织者

教学活动的成功与否主要在于组织。教师作为活动的组织者，主要是使学生明白自己要干什么，为此，教师要把教学任务清楚地告诉学生，使学生明白自己的活动任务，以及如何开展活动，活动结束后如何组织评价反馈等。

（2）英语教师成为激励者

激励者是教师在以学生为中心的教学中扮演的角色。在以学生为中心的教学中，教师把课堂的控制权基本上移交给学生，自己则引导、鼓励和促进学生学习。激励者这一角色要求教师必须具备广博的知识，以及说服、激励学生的能力。

(3) 英语教师成为研究者

每一位教师要真正扮演教师与研究者的双重角色，除了必须具备一定的教育科研能力之外，还要明确自己的研究方向、研究责任，不断发现问题并解决问题，将教学与科学研究结合起来，从而完成自己的教育教学，并促进教学研究和教学实践的发展。

2. 高校英语教学中的学生

高校英语教学活动中，学生也是重要的角色，他们与教师一起，共同促进英语教学的发展。因此，我们不仅需要明确教师在英语教学中的角色，还需要明确学生在英语教学中的角色。

(1) 学生成为英语教学的主人

学生是学习的主体，也是教学活动的主体。学生对知识的探索、发现、吸收和内化等实践，不仅有助于学生逐步构建自己的知识体系，而且有助于学生形成科学的世界观、人生观和价值观。

(2) 学生成为英语教学的参与者

教师在高校英语教学中应激发学生的学习兴趣，激发学生的参与积极性，让学生乐在其中。在学习过程中，学生应充分思考，积极参与，表达观点，展示个人才能，保持浓厚的学习热情。

(3) 学生成为英语教学的合作者

英语学习是在师生、生生之间进行的，学习过程也是团队合作的过程。学生在学习中互相学习，彼此促进，共同提高。协商与互助使每个人都能感受到集体的力量和团队合作的精神。

3. 高校英语教学中的环境

环境对高校英语教学发展有重要影响，高校英语教学的环境不单指学校环境，而且还应该包括社会环境。

(1) 学校环境

学校环境主要涉及班级的大小、教学设施、教学信息、教学资料、英语课外活动、校风班风和师生人际关系等。学校是为学生提供学习场所和学习手段的最佳环境，它对高校英语教学的影响更直接。学校的教学质量、管理水平以及各项硬件设施的完善与否对高校英语教学的成败起着关键性作用。

(2) 社会环境

社会环境主要指经济发展状况、科学技术水平、人文精神、社会群体等对英语学习的态度以及社会对英语的需求程度等。[1] 社会因素是影响和制约外语

---

[1] 宋建勇. 高校英语任务型教学与评价研究 [M]. 西安：西安交通大学出版社，2017：6.

教学的重要因素。外语教学中大纲的制订以及课程标准的设置都需要以符合社会对于英语人才的需求等为依据。社会环境因素对教学具有导向作用，是高校英语教学向前发展的动力。

第二节 高校英语教学的理念

一、"以人为本"教育理念

（一）中西方"以人为本"思想

古今中外的教育家对教育意义的阐释，虽然观点纷呈、流派各异，但在重视教育的育人价值方面表现出高度的一致性，即教育的意义旨在发展学生人格、完善学生个性、开发学生创造潜力，等等。

在我国长达两千多年的封建社会中，儒家思想一直是主流，而"以人为本"的理念则一直居于儒家思想的核心地位。"仁者，人也"（《中庸·第二十章》），在儒家教育理想中，"仁"处于核心地位，重视"人"自然构成教育的题中之意。例如，在教育对象方面，孔子提出了"有教无类"（《论语·卫灵公》），这是最能体现孔子"仁爱"的教育主张；在教学方法方面，孔子强调将教育活动与学生个性差异结合起来，提出了"因材施教"（《论语·先进篇》）的原则，此外，他还采用启发式教学、问答式等教学法，师生在相互的交流中达到"教学相长"的目的。

进入近现代，尤其是五四时期后，许多教育家受到国外教育理念的影响，"以人为本"这一教育理念表现为更加重视人的全面发展。王国维提出了培养"完全之人物"[1]的教育理想。在他看来，所谓"完全之人物"就是身体和精神"无不发达且调和"[2]的人。蔡元培认为，普通教育的目的在于"养成健全人格"[3]，而"所谓健全的人格，又分四育：体育、智育、德育和美育。这四育是一样重要，不可放松一项的。"[4] 陶行知则主张知情意合一的教育，他认

---

[1] 季风. 王国维讲国学［M］. 北京：北京时代华文书局，2015：218.
[2] 王国维. 民国人文读本：中国人的境界［M］. 北京：中国工人出版社，2013：2.
[3] 李清聚. 蔡元培"以美育代宗教"思想研究［M］. 北京：中央编译出版社，2017：138.
[4] 滕浩. 蔡元培经典［M］. 北京：当代世界出版社，2016：98.

为人是知情意合一的统一体，只有实施知情意合一的教育，才能使人的身心协调发展，从而促进自身的不断完善。杨贤江主张对青年进行"全人生的指导"，使之在德智体诸方面都得到健康成长，成为一个"完成的人"。[1]

在西方，早在文艺复兴时期，人文主义教育家们就极为重视发展人的智慧与才能，呼吁培养身心和谐发展、具有开拓精神的"新人"。其后，泛智主义教育家夸美纽斯（J. A. Comenius）主张把一切事物教给一切人，他指出："只有受过恰当教育之后，人才能成为一个人。"[2] 美国实用主义教育家杜威认为，"教育即生活"[3]，重视对学生思维能力、自学能力和基本生活能力的培养。在教与学的关系上，强调学生的学习需要、兴趣爱好是教学的出发点。20世纪60年代—20世纪70年代，美国人本主义心理学家罗杰斯主张：教学要以人为出发点和归宿，教学思想与实践要研究人的问题。教学目标在于培养能够适应变化和知道如何学习的、有独特的人格特征而又充分发展的人，强调学生个性与创造性的发展，提出了以学生为中心的教学模式论和以教会学习为主的教学方法论[4]。

总之，上述教育家的教育理想在今天看来也许都存在着某些空想的成分，正因为如此，培养身心和谐发展的人这一目标引导人们不断地完善教育，教育改革永远处在进行时，不会有终点。

（二）"以人为本"的内涵解读

"以人为本"，是在对当代社会发展过程中人的主体地位和作用日益突出的反思中，尤其是在对片面追求经济增长的发展观所付出的代价的反思中提出的一种发展理念，是构建和谐社会的基本价值取向。要理解"以人为本"的内涵，首先应当对"以人为本"中的"人"有所理解。

1. 对"以人为本"中"人"的理解

"如果对人是什么还不太清楚，又何以以人为本？"[5] 因此，要理解"以人为本"的内涵，首先就要理解其中"人"的内涵。根据马克思主义关于人的三种存在形态和人的本质理论，现时代语境下"以人为本"的"人"要从外

---

[1] 高谦民. 论我国古代教育思想的基本特征及其近代发展趋势 [J]. 河北师范大学学报（教育科学版），2006（6）：24-28.

[2] 唐殿强. 实用教育学 [M]. 天津：南开大学出版社，2009：35.

[3] 陈春莲. 杜威道德教育思想研究 [M]. 北京：中国社会出版社，2017：45.

[4] 洪平，章茹，丁小燕. 人本主义视野下高校体育教师应对体育教育改革的策略研究 [J]. 南京体育学院学报（社会科学版），2008，22（4）：102-105.

[5] 张楚廷. 以人为本与教育学改造 [J]. 高等教育研究，2004，25（5）：6-10.

延和内涵两个方面来理解：

从外延上，"人"应包括：类存在意义上的人、社会群体意义上的人、具有独立个性和人格的个人以及一切中国特色社会主义事业的建设者和劳动者。从内涵上，人就是指"现实的、完整的人"。所谓"现实的人"，是指人是一个现时存在物，具有现实性。所谓"完整的人"，是指从人的完整性的不同侧面来反映人，主要是指从事实践活动的人的主体性和客观实在性的完整统一；人的需要、人的生产劳动和人的社会关系的完整统一；人的实践活动的内在性质、自我性质和外部性质的完整统一，也就是"人"与"社会"的统一。①

2. "以人为本"的基本内涵分析

"以人为本"是从人与动物的区别、不同群体的人之间的区别、个人与个人的区别三种意义上来理解人，既看到人的类存在和类价值，也看到人的社会存在和社会价值，还看到人的个性存在和个性价值，尤其把人看作是现实的人和社会的人，特别强调并关注人的社会差异和个性差异，在强调人的中心地位和价值的同时，把人的需要和社会的需要、人的发展和社会的发展有机统一起来，蕴涵了人与社会和谐发展的价值取向。

笔者就"以人为本"的基本内涵提出了自己的理解："以人为本"就是坚持以自然属性、社会属性和精神属性相统一的"人"为本，以人的主体存在为中心，以人本身为目的。它强调要尊重人、充分肯定人的价值、重视文化教育、优化人性、提高人的素质和精神境界，树立高尚的人格理想和道德追求，使人得到自由而全面的发展。其实质是始终把人作为研究的对象，以人的生存、安全、自尊、发展和完善的需要为出发点和归宿。其最根本的含义，实际上是肯定人既是目的，又是手段，肯定人的生存与发展高于一切。

(三)"以人为本"理念与高校英语教学

1. 基于"以人为本"理念，自我实现是大学英语教学的目的和核心

教学的目的在于满足学生个人自我发展和自我实现的需要。大学英语教育要满足学生个人发展和自我实现的需要，必须建立学生大学教育阶段的英语教育目标，这种目标必须切实可行、以人为本。以人为本的教育目标不应该是全面培养英语运用能力，我国还不需要，也没有足够的财力和物力要求全体劳动者都必须具有较高的英语运用能力。以人为本的大学英语教育目标应该是根据不同的经济发展地区、不同的专业性质和特征、不同的大学教育环境和条件，尤其是不同的学习主体来确立不同等级和要求的大学英语教育目标。同时，应

---

① 韩庆祥. 解读"以人为本"[N]. 光明日报, 2004-4-27.

该建立国家的专业人员外语教育目标，培养精通外语的诸如医生、工程师、设计师、大学教师和中高级公务员等专业人才，而不是把每个大学生都培养成为外语专业人才。当然，还必须建立国家外语专业人员的外语教育目标。以人为本的大学英语教育目标要求大学英语课程与教学应鼓励学习者自我发现、自我实现，允许学习者犯错误、获得反馈，表达和表现自己，直至发现自我、实现自我。

2. 基于"以人为本"理念，大学英语教学要培养知、情、意、行相统一的全面发展的完整个人

人本主义强调人的情意发展和认知发展的统一，要求突出课程和教学的情意基础。[①] 大学英语教学应将教学内容与方法根植于情意的"土壤"之中。以人为本的大学英语教学要关注学习主体对英语语音、词汇和语法结构等语言形式的认知和训练，更重要的是要关注语言内容主题和信息载体的认知和理解。以人为本的大学英语教学应根据大学生心智发展的特点和规律关注学习主体的英语学习需要、学习动机、学习兴趣、学习感受，培养学生英语学习的积极情感，为学生创造轻松、愉快的英语学习心境，磨炼学生持之以恒、坚韧不拔、锲而不舍的英语学习意志。从知情意的整体着手关注英语学习的主体。以人为本的大学英语教育应该着眼于学习主体的整体人格发展。基于"以人为本"理念，大学英语教学不仅要传授英语知识，提高英语听说读写技能水平，培养语言交际能力，而且要为学生个体的人格解放与发展提供经验，实现学生人格整体发展，帮助学生学会自律。以人为本的大学英语教学目标，应从单纯的对语言知识的认知走向对英语文本审美价值的重视和对学习主体的高度人文关怀。英语有着完整的语音、词汇和语法体系和完美的文化底蕴，英语世界里充满着无限的优美风光，通过理解、感受、创造优美的英语世界，可培养学习主体的审美情操，让学习主体感受无限的人文关怀，感悟人生的价值和意义。

3. 基于"以人为本"理念，大学英语教学应该是意义学习和自主的经验学习

基于"以人为本"理念，大学英语教学要求学生能在相当大的范围内自行选择英语学习材料，自行安排适合自己的情境，提出自己的问题，确定自己的学习进程，关心自己的学习结果。以人为本的大学英语教学要求学习主体通过体验、实践、参与、合作与交流，激发英语学习的积极性、主动性，实现英语学习目标，感受英语学习情趣与成功。大学英语教学就是要赋予学习主体独立思考的能力。学习主体将自身经验带进英语学习过程，学习主体是积极的意

---

① 李淑琼. 大学英语教学中人本主义教育观 [J]. 当代教育论坛（学科教育研究），2008，(11)：80-81.

义建构者和问题解决者。以人为本的大学英语教学要求教学内容应该与学习主体的生活和学习息息相关，大学英语教学不应该是简单的英语知识传授，而应该是学生英语知识和能力体系的自我建构，把学习英语当作培养学习主体能力的一种手段。学习主体在借助自己的知识经验解决现实问题的过程中不断重新构建英语知识和能力，不断同化英语学习材料的认知结构。以人为本的有意义的大学英语学习，一定要使学习主体具备有意义英语学习的心向，启动学能，释放学习潜力。

4. 基于"以人为本"理念，大学英语教学的重心是让学生"学会学习"

大学英语教学应该促进学生"学会学习"并增强其适应性，把学生培养成为"学会如何学习的人""学会如何适应变化的人"，从而使学生超越自己的思想，开发自己的潜在能力，个性得到充分发展。以人为本的大学英语教育目的，一方面要改进英语学习方法，探寻英语学习策略，提高英语学习效率，培养学习主体现有的实际运用英语的能力；另一方面要实现更宽泛的大学英语教育目的，如，提高学习主体的英语学习自主性，提高自主学习英语的能力，促进学习主体继续学习英语和终身学习英语。以人为本的大学英语教育要坚持以学习主体为中心，使学习主体学会学习、学会应用、学会创造。以人为本的大学英语教育要通过学生对英语学习结果的自我评价，使学生为自己的学习承担责任，使学习更加主动，更加有效，更加持久。

二、情境教学理念

（一）情境教学的内涵

情境教学是在真实情境或教师创设的情境中进行英语语言教学，是 20 世纪 20 年代—20 世纪 60 年代期间由英国语言学家创立的英语教学法。

情境教学是指创设含有真实事件或真实问题的情境，学生在探究事件或解决问题的过程中能自主地理解知识建构意义。

情境教学就是创设典型场景，激起儿童热烈的情绪，把情感活动和认知活动结合起来的一种教学模式。

李吉林教师将情境教学理解为一种"发展性的教学"，认为情境教学的特点是"形真""情深""意远""理寓之中"，这是统一的，不可分割的。①

情境教学法的核心是激起学生的情绪，它通过生活显示情境、实物演示情境、音乐渲染情境、扮演体会情境，把学生带入一定的情境之中，使他们产生

---

① 李吉林. 情境教育的诗篇 [M]. 北京：高等教育出版社，2004：46.

一定的内心体验和情绪，从而加强对教材的理解和体验，产生表达的欲望，同时也使学生受到性情陶冶。

(二) 情境教学的典型模式

1. 抛锚式教学

所谓抛锚式教学模式要求教学建立在真实有感染力的事件或真实问题的基础上，通过学生间的互动、交流，凭借学生的主动学习、生成学习，亲身体验，完成从识别目标、提出目标到达到目标的全过程。我们把这类真实事例或问题就作为"锚"，而建立和确定这些事件或问题就可形象地比喻为"抛锚"。

实施抛锚式教学的主要目的是使学生在一个完整、真实的问题情境中，产生学习的需要，并通过支架式教学、镶嵌式教学以及学习共同体中成员的互动、交流，即合作学习，凭借学生自己的主动探究、生成学习、亲身体验，完成从识别目标、提出目标到达到目标的过程。

(1) 抛锚式教学的特征

抛锚式教学不同于通常以知识传递为目的的教学，其具体特征可概括为以下几点。

①突出教学情境的真实性

教学情境的真实性包括形式和内容的真实性，发现问题和解决问题过程的真实性。通过把学生在日常生活情境中学习和解决问题的经验方法融入课堂教学，提高学生在日常生活中发现和解决问题的能力。

②关注学生间的高效合作

因为学生面对的真实问题情境通常比较复杂，仅仅依靠单个学生的力量不可能完全解决问题，这就需要小组成员间加强合作，因此，合作学习必不可少。

③强调教学的动态生成

抛锚式教学围绕预设的"锚"展开，但这并不排斥课堂的动态生成。作为学生学习的引导者，教师应该关注学生的思维"闪光点"，在课堂的动态生成中实现知识的拓展。

(2) 抛锚式教学的方法

①搭建脚手架

抛锚式教学并不是把现成的知识教给学生，而是在学生学习知识的过程中向他们提供援助和搭建脚手架。

②镶嵌式教学

镶嵌式教学产生于学生在学习过程中的需要。随着学习情境的展开，学生为解决问题必须获得一些辅助信息,然而学生不熟悉这些信息就无法进一步探索。这时,教师就可以从学习的需要出发,组织有关信息的镶嵌式教学,以排除学习中的障碍。

③学生自己生成项目

抛锚式教学以专门设计的"锚"作为支撑物以组织教学。抛锚式教学鼓励学生自己生成学习项目,主张先围绕作为支撑物的"锚"组织教学,然后过渡到围绕学生自己生成的真实项目组织教学。

④合作学习

抛锚式教学的目的之一是创设能导致合作学习的环境。

事实表明,抛锚式课程对于学业不够理想的学生无疑是一个福音,因为该课程有助于此类学生在小组学习中做出自己的贡献,从而赢得同伴的尊重。

2. 认知学徒制

(1) 认知学徒制的定义

所谓认知学徒制,是指将传统学徒制方法中的核心技术与学校教育相结合,以培养学生的认知技能,即专家实践所需的思维、问题求解和处理复杂任务的能力。在这种模式中,学习者通过参与专家实践共同体的活动和社会交互,进行某一领域的学习。

作为情景学习的重要模式之一,认知学徒制是现代教育及其理论、目标与技术环境所生发出的一种新型教学模式。它从改造学校教育中的主要问题出发,与学徒制方法进行整合。

(2) 认知学徒制的内容

领域性知识:包括概念、事实和程序性知识。这类知识尽管很重要,却没有为学生解决特定领域的问题和完成任务提供足够的帮助。只有在真实问题的解决中,学生才能够学到领域性知识应用的限定条件。

策略性知识:指专家进行问题求解和执行任务时运用领域性知识的方法。这类知识通常是隐性知识。

启发式策略:通常指对完成任务来说有效的技术和方法。许多启发式策略都是专家通过问题求解的实践,以隐性的方式获得的。

控制策略:通常用于控制、监控一个问题或任务的执行过程。控制策略一般包括策略制定、监控、诊断、修正和对问题求解过程的反思等部分。

学习策略:指学习领域性知识和策略性知识的策略。即在问题求解和复杂任务的执行过程中,有关如何学习的策略,包括从探究新领域的一般策略到知识的扩展或改组的特定策略。在学校教育中,通常关注的是学科领域知识的教学,而相对忽视策略性知识的教学。

（3）认知学徒制的特征

笔者认为，认知学徒制具有以下几点特征。

①强调知识情境化和社会化

认知学徒制认为脱离真实情境或者没有通过实践检验的知识都是浮夸肤浅的、惰性的、失真的和抽象的。

因此，在教学过程中，必须强调知识的情境性和社会性，知识必须得到实践的检验，专家通过模拟和创设各种不同的真实情境，将一些抽象的概念和一般性的知识置身于现实客观世界的真实场情境中进行学习，同时在学习过程中，注重学习的组织和参与度，让学习者浸润在真实的工作情境中，领悟和体会学习知识的目的和意义，以及知识在现实世界之中的价值，从而避免知识惰性化、片面化、零散和片段化。

②传统学徒制与学校教育相融合

认知学徒制汲取了传统学徒制的营养，将其指导、演示、支架支持等核心技术与学校教育合为一体，不仅克服了学校教育中知识缺乏实践、知识背离情境、迁移性差等弊病，同时又弥补了传统学徒制中要求较小的师生比、理论欠缺、培养层次不高、无法适应知识经济时代短时期内培养大批量高技能人才的需要等不足。

③强调学习和从简单到复杂的循序渐进的递归过程

教师提出的问题或假设要完成的任务起初是简单化，随着任务的展开，进度的加快，问题逐渐变得复杂化。学生首先由专家进行示范、指导，而后进行反思、探究，并清晰地表达自己解决思维的过程，如果学生还未完全理解问题或者操作存在误区，可以重新请示专家进行示范、指导等。

④注重对过程的评价

学习者在特定的领域从事实践操作构建知识时，教师侧重对学生的学习过程和完成任务过程进行评价，而非对某个问题解决的终极或结果评价。这样能调动学生的学习兴趣，避免对个性差异忽视的问题，导致无法全面培养人才的弊病。

(三) 情境教学理念与高校英语教学

1. 以生活为基础创设英语语境

很多大学生认为英语学习的最大障碍是没有相应的语境，尤其是在口语学习时无法进行有效的练习，而单纯的依赖教材很容易走上灌输式学习。因此，以生活为基础创设英语语境是情景教学的基础，虽然英语与汉语均是语言类学科，但是在不同语境下会形成不同的翻译。

为了使教学情景更加生活化，教师还要尽可能地将情景具象化，多引入一些实物，这样能够为学生提供更加直观的感受，吸引更多学生参与进来。同时，情景设定要紧跟时代潮流，教师要多了解学生在新时期所关注的内容，可以将这些内容作为情景设定的素材，比如很多大学生关注的就业问题，可以通过创设英语面试情景让学生了解商务英语的应用技巧，学生不仅能够从中学得知识，也能够掌握面试的技巧，甚至会打开他们将来就业选择的大门。

总而言之，情境教学要以生活为基础，只有将知识与生活融合起来，实现知识的落地才能让学生真正了解这门语言，才能提高他们学习的兴趣，才能真正实现最终的教学目标。

2. 合理设置情境导入，做好课前热身

情境教学的难点与重点在于如何科学地设置情景导入，使学生能够在课前对课程内容有一定了解，同时达到吸引学生的目的。[①] 情景导入的方法有很多种，比如课前安排学生观看某个英文电影或者向学生提出一个开放性的问题，这样不仅可以激发学生学习的兴趣，也可以实现课前热身的目的。

3. 充分运用角色扮演，实现情景教学

英语作为一门语言学科，其应用性与研究性同样重要，对于大学英语教学而言，其应用性对学生更具吸引力，所以在情景教学中，教师要将英语的应用价值尽可能地体现出来，角色扮演不仅能够让学生切身感受到英语的应用效果，同时还可以让更多学生参与进来。角色扮演的设定要根据课程内容确定，但是又不能拘泥于固定形式，教师可以与学生共同探讨，将角色变得更加丰富化，将故事更加贴近学生的现实生活。教师还可以将学生分成不同的小组，每个小组独立完成各自的角色扮演，然后采用竞演的方式激发学生的兴趣。

教师在分配角色时要重点关注角色与学生的匹配程度，角色要适合学生，学生同样也要适合角色，这也是因人施教的基本要求，教师在角色扮演的情境教学中主要作用是引导者和观察者，引导学生利用英语开展交流，同时对学生在扮演活动中的表现给予分析评判。

角色扮演是情境教学中应用最多的一种形式，并且其效果十分显著，学生参与度也相对较高，但是角色扮演需要教师具有较高的掌控力，只有科学计划才能发挥它的最大作用。

4. 借助互联网技术，实现情景拓展

近年来，互联网技术已经渗透到人们生活的方方面面，尤其是移动互联网的崛起使得教学资源、教学形式变得更加丰富，这也给情境教学创造了前所未

---

① 李瑞玉. 情境教学法在大学英语教学中的应用探究 [J]. 长春大学学报, 2019, 29 (12): 118-120.

有的机遇，借助互联网技术不仅可以实现情境教学的拓展，同时能够帮助学生利用碎片化时间集中学习。比如，圣诞节是西方文化中最为重要的节日，教师可以在圣诞节前的课程中安排圣诞节情境教学，这样既能充分借助节日氛围，还可以吸引学生参与进来，而在情景创设时可以充分利用互联网技术尽可能多地搜集素材，生动展示圣诞节的由来、西方人如何过圣诞节等内容。此外，还可以充分利用当前最热的短视频进行情景渲染，如果条件允许还可以与国外友人开展视频互动，让学生能够真实地感受西方圣诞节的文化，这样才能够对圣诞节、对西方文化有更深层次的了解。

另外，当前绝大多数高校教室都配备了多媒体设备，教师的教学也都采用多媒体技术，对于英语课程而言，教师采用多媒体技术能够丰富教学方法，同时也能将原来相对抽象的一些知识变得更加具象化、直观化，学生理解与记忆也变得更加简单容易。课堂中，教师可以充分借助多媒体构建英语语境，如在讲解听力与口语课程时，教师可以多次重复播放地道英语，然后将其与学生的口语进行对比，通过这种对比学生能够发现自己的问题以及不足，从而可以及时地进行纠正。除此之外，教师还可以利用多媒体为学生选择性地播放一些英文电影，一些研究发现，英文电影对于提升大学生的英语水平，尤其是听力以及口语水平具有很好的效果。播放电影不仅能够给学生形成视觉、听觉的冲击，还可以使其从中直观感受到文化的差异，这种形式对于绝大多数学生而言具有很强的吸引力，十分利于英语教学。当然，英文电影的选择和使用需要教师做出科学判断，既要结合课程目标的需要，同时也要注重其吸引力以及难易程度，在电影播放之后要引导学生将关注点放在英语的使用、技巧、语法等上面，而非仅仅放在电影情节之中，教师也可以通过让学生配音等形式，检验学生的学习效果，这样也能倒推学生认真学习。

第三节 高校英语教学的原则

一、真实性原则

1. 真实性的内涵

真实性不是抽象的，也不是绝对的，真实性是具体的。[①] 真实性与真实有

---

① 杨芳梦.浅析英语课堂的真实性原则[J].佳木斯职业学院学报，2017（1）：254.

不同的概念，真实性与真实是两个不同的概念。真实是一个绝对值，它表示的是语言的属性；真实性是学习者在使用文本材料的过程中对文本材料的恰当反应，是文本与学习者之间的关系。

有学者对真实性的含义做了以下的定义：其一，语言输入的真实性；其二，学习者对语言输入理解的真实性；其三，对语言学习练习活动的真实性；其四，课堂所需再现语言情境的真实性。真实性是师生对文本和学习过程真实化的结果。真实性原则是学生学习的过程和个人学习的特点。在课堂教学中，真实性与自我学习、学习动机、人际关系中的道德的过程息息相关。所以，真实性是教师和学生在学习和使用语言过程中使教学过程真实化的结果。

实现真实化要满足三个条件，即课程层面的真实性、应用真实性和个人真实性。课程层面的真实性要求教师选取的语言材料要具有真实性，而且所选取的文本材料要符合学生的特点，应用真实性要求语言材料应用的语境及学生与教师之间的课堂互动具有真实性，而个人真实性强调的是学生在英语课堂中学习的自主意识。

2. 语言材料的真实性

语言材料的真实性指的是原始的材料，比如英语报刊、广告、新闻等，这一类材料可以在不同的程度上向学生展示语言环境里的各种信息，并且引起学生的兴趣。真实性材料和材料的真实性是两个不同的概念，真实性材料是指材料本身而言；材料的真实性是指学生使用的材料与学生之间的关系，是对材料的合理运用。

传统的英语课堂中，教师会为了教学任务而编造一些脱离现实的语言材料，这不利于培养学生的真实语言交流能力。真实的材料是在实际交际活动中用到的材料，而不是为了达到教学目的而准备的材料。真实性原则可以使学生习得原汁原味的语言知识，同时还可以激起学生的兴趣。在对真实性材料的选取的过程中，教师还需要充分考虑学生的实际语言水平，如果是为初学者准备的材料则可以是简单的对话材料等，对于有一定语言基础的学生来说，小说、散文等材料就很有采用价值，对于学习商务翻译的学生来说，商务信函等材料就更值得采用。

语言材料的选择标准是语言材料应具有真实性、相关性和趣味性，同时语言材料的类型要有多样性。这样的语言材料才会引起学生的学习兴趣，使他们有学习的主动性。语言是文化的载体，因此，语言材料的真实性也包括文化真实性。课堂活动的文化真实性分为三个层面：通过适当的交流获得新信息；理解他人及外国文化和社会；在理解他人和外国文化的过程中同时理解本国文化。一些英语教材采用具有历史性的材料，但是，教师也应该注意与时俱进，采用一些能显示最新文化的材料。真实的语言材料也包括社会真实性，有一些外语教材忽略了其中的社会性，使学生对一些国家文化的禁忌或俗语有了错误的理解，在实际的应用中往往贻笑大方。

3. 课堂活动的真实性

传统的英语课堂往往把教师当作课堂的主体，而忽略了学生的主体能动性，教师只是枯燥地给学生传授知识。这种课堂模式往往会打消学生的兴趣，这种前提下，即使教师采用的材料如何真实，也无法使学生真正融入。因此，在英语课堂中应该注重教师与学生的互动，把学生而不是教师当作课堂的主要角色。当然，这不是说教师的知识授予过程不重要，知识授予过程是获取语言技能的过程，而学生发挥主观能动性的过程则是使用语言技能的过程。

为了激发学生的学习兴趣，这就需要教师在英语课堂中引入一些真实材料。教师可以引入图片，比如西方名胜古迹或地标的图片，让学生既产生兴趣又能直观地了解要学习的内容。这些课堂活动的目的不是活动本身，真实的课堂活动是参与者运用正确语法和规范获取新信息的手段。真实的活动也是现实生活的反映，是使学生具有交际能动性的活动。而传统的英语课堂往往以考试等功利性目的为学习的动机，这其实是一种非真实的交际活动。

在英语课堂中，教师应注意话语情景的真实性、话语语言的真实性以及话语内容的真实性。话语情景的真实性是指教师在课堂中构建虚拟的话语情景不能是凭空捏造的，一定要有生活对照；话语语言真实性是指课堂上教师和学生使用的语言是现实生活中实际存在的语言，这样可以使学生接触和学习现实生活中使用的语言，为生活中的现实交际交流做准备，同时也更容易激起学生的学习动机，对于英语初学者来说，教师同样可以使用真实性话语，因为语言的真实性和语言的难度没有必然的关联，教师可以根据学生的水平、语言使用的背景场合等使用相应的话语。

二、以学生为中心原则

1. 以学生为中心原则具有必要性

在高校英语课堂上，教师负责引导学生学习知识、提升能力、健全人格，扮演着引导者以及课堂主导者的角色，而学生则是教学活动的主体，要想提升教学质量就必须加强教师与学生的配合。在实际教学过程中，教师的一切教学活动都应围绕学生展开，及时为其解答疑惑，提供多样化的学习资源，创设良好的学习情境，营造良好的学习氛围。总之，教师应以学生为中心发挥自己的主导作用。

以学生为中心，发挥教师的主导作用，能够加速学生的学习进程。在学生对某一话题表现出极大兴趣时，教师应给学生一个表达想法的机会，鼓励学生积极主动发言、大胆表达；在学生面临难题时，教师应及时提供帮助，并教会学生举一反三的解决办法，培养学生的类比思维、推理思维；在学生取得明显进步时，教师应主动表扬并采取激励措施，以此维持学生学习英语的持续性热情，同时还应为学生制定下一阶段的学习目标，以此推动学生不断向前发展。

2. 以学生为中心对教师的要求

（1）制定切实可行的教学方案

教学活动的顺利开展必须依据一定的计划，而这种活动计划一般被称为教学方案。以学生为中心的教学原则要求教师按照教学目标、教学任务、教学重难点、教学评价等多种方案要求制定教学方案，使之符合英语教学实际情况并具有高的可行性，教学方案的各个环节应设计得简洁、流畅。

（2）认真分析教材，认真备课

教材是英语教学课堂中不可缺少的一部分，它包含着众多知识难点、重点，教师分析教材、认真备课有利于将教材的作用发挥到极致。教师在备课过程中应做到以下两点：首先，根据学生实际情况备课，每个学生的学习能力、理解能力等都是不同的，在教学活动中应注意观察学生，通过座谈、测试、提问等方式对班级内部情况有一个大致的了解，结合学生所处阶段，参考经典教学模式，对备课内容进行适当的调整与补充；其次，教师应积极预测学生对教学活动设计的反应，善于换位思考，将自己代入学生的角色，结合自己的教学经验，不断完善备课方案。

（3）使用多元的教学方法和教学手段

以学生为中心原则实际上就是围绕学生展开教学活动，采用多元化的教学方法与教学手段能够刺激并延伸学生的感官，观看视频、收听音频都将有效加强学生对知识的强化记忆。多元化的教学手段与方法能够为教学活动营造一种轻松愉悦的氛围，还能使抽象的知识点变得更为直观、形象。另外，还应注意的是，不同教学方法与手段的功能是不同的，教师应该充分认识课程知识内容，根据知识点类型选择最合适的教学方法与手段。

三、系统性原则

英语教学本身就是一个复杂的系统，包含非常多的内容，因此，在教学过程中，教师要明白一件事情，那就是英语教学过程不可能一蹴而就，它需要循序渐进，只有从整体上出发，在把握系统性原则的基础上，才能够保证英语教学的有序性。而要遵循系统性原则，教师就需要做到以下几点。

1. 系统安排教学的内容

英语教学内容的安排并不是随意进行的，它需要教师按计划进行。教材的编排从一开始就确立了其系统性，编排者在总结教学规律与学生学习规律的前提下编排教材，为教师与学生提供了一个鲜明的结构层次，也就是说，教师根据目录结构编排内容，本身就遵循了一定的教学规律。在英语教学过程中，教师对于生词和新的语法，不需要一次性地讲解给学生听，而是要一步步来，由浅入深，这其实也是系统性的展现。而教学内容的安排需要以教学的系统为指导，内容安排才会更加科学、合理。

2. 系统安排学生的学习

学习活动虽然琐碎，但是若从宏观上来看，可以发现，任何学习活动到最后都具有一定的系统性。因此，教师要帮助学生进行连贯的学习，让学生可以从系统的角度构建自己的英语知识结构体系。因为学生的学习意识与学习习惯养成并不容易，这就需要教师一定要有恒心，不仅在课上要时刻对学生的学习做出合理的安排，而且在课下也能对学生的学习做出恰当的安排。

另外，有些学生没有认清平时学习与期末学习的关系，教师必须帮助他们清楚认识这一关系。必须要让学生明白，学习不是可以临时抱佛脚的事情，要想在期末获得不错的学习成果，必须要在平常的学习上下功夫。学习是讲究方法的一件事情，因此，当学生陷入学习的困境时，教师要及时对其进行指导，帮助其形成适合自己的学习方法。

四、发展性原则

所谓发展性原则，是指确保所有学生的智力因素与非智力因素都该得到应有的发展。它不仅应体现在教学工作的初始阶段，而且也应体现在教学工作的结束阶段，是衡量教学效果的一项重要标准。

大学英语教学过程不仅是学生的认知、学生的英语技能、学生的学习情感交互的过程，也是整个生命体的活动过程。因此，学生的发展可以被视为一个生命体的成长过程，并且这一过程具有和谐性、多样性以及统一性的特点。要实现这一目标，需要做到如下三点。

（1）教师要对每位学生的成长予以关注，确保所有学生都能得到发展。

（2）充分挖掘课堂存在的智力和非智力资源，合理、有机地实施教学，使之成为促进学生发展的有利资源。

（3）为学生设计一些对智慧和意志有挑战性的教学情境，激发他们的探索和实践精神，使教学充满激情和生命气息。思辨能力属于学生人文素养提升的重要组成部分，对于学生的整体素质发展有着重要的影响作用。在大学英语教学的过程中，教师需要遵循发展性原则，使学生的能力与素养得到切实提高。

五、循序渐进原则

循序渐进是指教学内容、教学方法和学习负荷等的顺序安排，由易到难，由简到繁，逐步深化提高，使学生系统地掌握基础知识、技术和技能的锻炼方法。循序渐进是指根据学科知识的逻辑序列和学生心理发展序列，按一定的顺序、步骤促使学生逐渐进步，高效地完成教学任务，实现教学目标。[1]

英语教学应遵循循序渐进原则。任何事物的学习都有一个由浅入深的过程，英语教学也不例外。循序渐进包括以下三层含义。

1. 先学习基础知识，再进行能力提升

英语的学习要先从基础知识开始，在英语学习的初级阶段，教师应当先培养学生的听说能力，让学生掌握基础的语言知识，包括语音、词汇、句子结构等，然后再逐步向读写能力过度，基础知识的学习为读写能力的培养奠定了基础。

2. 语言的学习应从口语开始，然后逐渐过渡到书面语

众所周知，任何语言都包括两种形式：口语和书面语，英语也不例外。按照人类发展的规律，口语的出现大大早于书面语，口语由于在人类的日常交际中频繁使用，因此学习起来比较容易，句子结构也比较简单，学生可以通过口语的学习尽快地提升交际能力，满足日常交际的需求。而书面语的发展无疑是建立在口语的基础之上，因此，学会口语，书面语的学习自然也不成问题。

3. 英语教学是一个螺旋式上升的过程

学习本身就是一个螺旋式上升的过程，这是事物发展的规律，英语的学习同样适用这一规律。英语学习需要反复的循环，但这种循环不是毫无发展的往复循环，而是在每一次循环中不断提高和进步。学习最忌讳的就是"喜新厌旧"，只有不断重复已有的语言知识和技能，才能在此基础上得到更大的收获。

六、兴趣原则

1. 兴趣对于学生学习的重要性

学生的学习离不开兴趣的推动，兴趣才是引导学生深入学习的利器。只有

---

[1] 王林发，吴丽仪. 课堂导学：精彩课堂的有效捷径 [M]. 北京：教育科学出版社，2016：69.

学生对学习充满了兴趣，他们才会积极地去探索学习，并且体会到发现问题、解决问题的乐趣。在英语教学中，学生也应该拥有浓厚的兴趣，从而促进他们深入学习。

2. 兴趣原则对教师的要求

学生的学习成绩与他们的学习兴趣密切相关，所以教师也应该注重学生兴趣的激发。在英语教学中，教师应该采取多样化的方法，激发出学生的兴趣，让他们能够感受到课堂的快乐。

在培养和激发学生兴趣的时候，教师需要做到以下几点。

（1）了解学生的特点，尊重学生的主体性

教学是一个师生共同参与的过程，学生只有深入其中，不断尝试才能培养自己的认知能力。很显然，学生是课堂的主体，教师在教学过程中就应该从学生的特点出发，采用多种教学方法，提高其学习英语的兴趣，并培养其交际能力，鼓励学生多开口练习。

（2）挖掘和收集学生对教材中感兴趣的内容，并以此设计教学活动

英语教学要想顺利开展，就离不开教材的作用，在备课之初，教师就应该对教材进行深入分析，只有这样才能找到教学中与学生兴趣契合的点，从而调动学生学习的积极性。

在课堂上，教师可以创建一种与我们日常生活相贴近的情境，让学生之间开展交际，这样可以提高学生的学习兴趣。经过一段时间的训练之后，学生就会对日常交际更加熟练，这也可以增强他们练习其他交际场景的信心，在这样的一种良性循环中，学生的英语能力就会得到提高。

（3）增强师生交流

学生对某一门功课的态度往往就是对这一门课程态度的直接反映。学生来自不同的家庭，他们所接受的教育也截然不同，那么教师就应该充分与学生进行交流，了解学生的心理，让学生喜欢上自己，从而喜欢上这门课，这样也可以提高教学的效率。

教学是教师和学生之间进行互动的过程，在课堂的开展过程中，学生会有不同的情绪，如果遇到学生情绪良好的状况，教学就会得到更为顺利的开展。在教学的过程中，教师除了应该严格要求学生之外，还应该给学生营造一个良好的学习氛围，并且通过赞美的方式去影响学生。对于学生来说，教师的一句鼓励、一个赞赏的眼神等都会让他们自信满满。

七、以就业为导向原则

所谓以就业为导向，顾名思义就是教学的目的是为学生的就业服务的，这

一般适用于高校的学生。高校英语教学具有特殊性，教学目的与内容往往具有实用性，因此，教师在教学中必然需要坚持以就业为导向原则。具体来说，这一原则要求教师注意如下几点。

（1）在教学过程中，教师所讲授的知识需要与学生未来的职业领域相关。

（2）在具体的实践过程中，教师能够引导学生实现"零过渡"。

具体来说，高校可以与社会上的与本专业领域相关的企业进行合作，为学生提供更多实际的参与机会，为以后顺利进入职场做铺垫。

第四节 高校英语教学的现状剖析

一、高校英语教学存在的问题剖析

（一）高校英语与中学英语衔接不完美

中学英语教学与高校英语教学的完美衔接是教育界普遍关注的问题。大量的词汇基础以及翻译、听说读写的能力是高校教学中的重要内容。中学教育中英语科目的要求范围更大，其中包括：语法、语调、语感等内容。甚至在词汇量的储备方面，中学英语的词汇数实际已经超过了高等教育词汇教学数量，许多刚踏入高等院校的新生觉得具有扎实的英语基础就可以在高校英语的学习中游刃有余，对学过的知识重新教学使学生丧失对英语学习的渴望，减少学生在英语学习中投入的精力。因此，各大高校及教师需要将英语教学内容进行创新，使英语教学工作更具特色、多元化、地域性。

（二）英语教材不统一

教材是教学活动的载体，是培养学生英语能力的物质基础，其规定了教学活动中知识传递和技能培养的范围、性质和形式，是开展教学活动的基本依据。使用优秀的教材，对提高高校英语教学具有重要意义。但是由于学生生源复杂，知识结构多层次、掌握的知识参差不齐，英语基础薄弱，目前尚没有一套完整的符合高校学生使用的英语教材。

中国教材编写人员对高校教学的具体情况也不够了解，参与编写教材的英语教师发挥作用不够。大多数教材与所学专业联系不紧密，学习过程与专业相脱离。另外，在当前的各教材中，词汇量、阅读量普遍偏多，学习量过大。课后练习词汇、完型、翻译、句式、问题、写作等也比较难，这打击了学生的学习积极性。近年来，校本课程建设开始兴起，这些对缓解高校英语教材的不足起了很大的作用。但总的说来，当前高校在英语教学内容上仍然存在形式较为单一、教材过于陈旧、侧重于基础知识教学而没有结合专业教学的问题。

在目前的英语教学中，"实用"呼声可谓此起彼伏，因此，现在的高校开始积极尝试采用情景模拟教学，全盘英化，有的甚至直接或间接地套用国外的教材教法，完全忽略了语言环境这一客观事实，超过了实用的"度"，或者没有把握好"实用"的方向，与所学专业脱节。我们的学生是在中文的环境下学英文的，而所谓的"实用"都是一些英语地区的，像购物、度假、打电话、旅游，等等，这让学生有种学无所用的感觉，更别说通过实践保持记忆了。

（三）英语教学目标尚不明确

教学大纲可以明确实施的中心环节就是教学目标的确立，这与教学方式、教学内容、评价手段密切相关。[1] 当前，在英语教学中的教学目标尚不明确。比如很多高校的英语教学定位不准，为了达到英语考试合格的目的，要求学生仅仅了解基础阅读能力，对翻译以及听说读写的要求不高，将教学中心偏移至各种应试教育中。比如大学英语四六级中阅读理解的占比极高，因此学生会在阅读部分花费大量的学习时间。在当今经济飞速发展的社会中，需要越来越多全面技能型人才，高素质精英需要具备完善的英语技能储备，在与国际友人合作交流中才能够顺畅自如。因此，高等英语教学需要更加深入的改革。

（四）英语教学的模式落后、手段单一

目前，我国英语的教学模式存在呆板和落伍的问题，主要体现在两个方面：首先，我国的英语教学仍沿用传统的模式。在英语教学中，教师不但要向学生传授必要的语言知识，还应该启发和引导学生运用所学进行广泛的阅读和其他交际等实践活动。但是，在相当长的一段时间里，我国的英语教学一直都采用"书本加黑板"的教学模式。这种模式不仅忽略了教与学之间的关系，而且忽略了英语教学其根本目的是要培养学生的交际能力。此外，学生出现了独立运用语言能力差、对教师依赖性强等现象，造成很多学生"只会考试、不会实践"。

其次，教学手段单一落后。随着现代技术的发展，教学中出现了很多现代化的教学手段，它们使学生可以在更广泛的范围内接触和学习英语。但从实际

---

[1] 陈霖. 高校英语教学若干问题探讨与建议［J］. 智库时代，2019（47）：200-201.

情况来看，现代教育技术在英语教学中的应用还是不够。尽管一些学校使用了诸如多媒体、网络等教育手段，但实际效果并不理想。这一方面是由于学生数量多与现代化设备相对少两者之间存在矛盾，从而在整体上缺乏多媒体学习环境所导致的；另一方面也与学校，乃至英语教师本身不重视现代教育技术的真正作用，致使很多现代化教育设备无法发挥其训练和实践的功用有很大关系。可见，要激发学生对英语学习的兴趣，提高他们综合运用英语的能力，必须改革英语教学手段，优化学生的学习环境。

（五）英语教学评价不合理、不科学、不完善

目前，学生英语能力评价体系仍然十分陈旧落后，诸多不合理、不科学、不完善的因素仍然存在。

（1）教学目标局限于为了便于学生通过诸多等级考试的框架，忽视对学生的语言综合应用能力的评价；（2）教学内容与社会需求严重脱节，无法服务于学生将来的职业领域；（3）考试分数依然被作为评判学业的最终标准，未能摆脱应试教育的"指挥棒效应"。[①]

由此可见，高校英语教学在一定程度上还是以应试教育为主，选修课程开设不够多，英语课程单一、实用性不强的问题。通过等级考试成了衡量英语教学质量的重要尺度，教师和学生都把这种考试作为英语教学和学习的最终目的，甚至有相当一部分学生认为学习英语的目的就是为了考试或升学，甚至不惜一切代价细心钻研各种顺利通过考试的招数。

从表面上来看，传统教学常常把考试成绩和等级证书作为评价学生的主要手段，这对英语教学和学生的总体英语水平的提高确实有很大的促进作用，似乎也得到了社会的认可，但它毕竟不能全面反映学生的英语实际水平，不能检验学生真正应用英语的能力，更不能适应社会实践的需求。而且这种考试主要采用书面形式，卷面成绩就是学生水平的唯一检验标准。

当然，这种考核标准有它的优点，如评分标准简洁易掌握，费时费力少，前后比较效应性强等，但这种形式不能对学生的英语口头表达能力、灵活运用能力、实践交际能力等综合素质进行恰如其分的测试，并获取合乎实际能力的相关指标。这种考核手段导致学生的英语学习基本上仍是以模仿、重复和死记硬背为主；教师的教学以应付等级考试为核心，不注重培养学生的语言文字表达能力、运用英语获取新知识的能力、分析和解决问题的能力等。在教学评价

---

① 孙旭春. 网络环境下大学英语听说教学研究理论、模式与评价［M］. 昆明：云南大学出版社，2015：24.

上实行统一测试、统一标准，学生各方面的差异性得不到尊重和体现。在这种教学评价体系下，学生的积极性得不到发挥，英语的学习和运用能力大打折扣，这在一定程度上挫伤了学生学习英语的积极性。

因此，要应对新时期人才培养规格发生的巨大变化，正确处理好基础知识和学以致用的关系，高校必须探索和建立与职业能力标准相适应的英语课程评价体系，以及学生能力评价标准。

（六）英语教师队伍力量薄弱

众所周知，在英语教学过程中，教师起着不可替代的重要作用。教师指导或引导学生学习，是决定教育质量的重要因素。从一定程度上来说，教师素质的高低关系到英语教学的成功与否。随着我国对教育的重视，我国教育事业不断发展，特别是近几十年来，高等教育的招生规模不断扩大，毋庸置疑，这十分有助于提高我国人民的素质。但是我国教学中普遍存在师资匮乏和教师素质不高的现象。以高校英语教学为例，随着招生规模的扩大，很多高校出现了师资不足的现象。

教师除了基本的备课和授课工作之外，还有大量的作业要批改，能抽出时间看些书自我提高都很困难，更别说拿出时间专门搞科研了。反过来，科研意识的浅薄又限制了科研对英语教学的促进作用，使得大学英语教师长时间以来一直在进行经验式教学。不仅如此，有些学校为了解决师资匮乏的问题，直接请研究生担任公共英语课教师。在这样的状况下，英语教师的门槛越来越低，导致我国大学英语教学出现了师资队伍力量薄弱的问题。

二、高校英语教学存在问题之原因溯源

（一）功利主义在高校英语教学中盛行

功利主义在今天已经成为时代的精神领袖，成为所有价值的基础。教育领域也受到了它的侵袭与渗透。教育的功利化主要是指教育内容及其目的的日渐功利或功利取向的逐渐盛行。

在功利主义看来，文科教育是无用的，因为它不能让我们获得实用技能；即使是就功利教育自身而言，由于它过于关注社会对实用技能的需求，而自身的变化又远跟不上社会的变化，所以它总是无法满足社会发展之需要，因而也是无用的。显然，这里的"文科"教育模式指的是人文教育的衰微与通识教育的淡化。他认为，教育之所以无用，主要是由教育功利化的趋向及人文教育的失落所致。由于功利主义忽视了人发展的完整性，结果导致教育中本体价值失落和本真教育的迷失，大学的育人功能日渐贬损。

从中国大学产生的背景来看，中国现代大学并非慢慢演进而产生，它的出现可说是时局所迫，是在外力催生下产生来。它的价值主要体现为一种实用工具。这说明，大学诞生之初是与实用、实务、工程技术紧密联系在一起的。自产生之日起，其功用性和工具性就成为它最主要的功能。因此，外语教育功用主义的支配原则是我们无法回避的事实。

大学要满足社会需要，但又能引导社会前进。因此，大学在其本质上说，应该是孤独的，它总要与社会保持一定的距离，以保持自己的独立、责任和品性。大学的意义，不仅仅是科技进步，还包括精神建设。而后者并非立竿见影，而是潜移默化。然而，令人遗憾的是，在大学英语教学中，我们大都持有"春种秋收"的功利心态，热切地期待学生一朝毕业，就能收获完美的产品——听说读写译各项技能俱全，并误以为学生语言技能的掌握便是教学成功的表现和终点。我们知道，技能是显性的、外在的，而语言素质却是内隐于学生心灵深处的。外语的知识和技能可以用考试和量化来衡量，但是学生的人文素养却难以用考试和量化来判断。外语教育在当前形势下极易倾向重"制器"轻"育人"，重功利轻人文。因此，如果只从外部社会要求入手而不考虑内部学生个体对英语学习的真实需求和学生作为一个人的发展，反过来最终只能导致学生的英语水平无法满足社会要求。

（二）英语工具论倾向严重

大学英语教学"费时低效"的帽子之所以摘不掉，其主要原因恐怕与人们普遍认为"语言是工具"有关。

一直以来，这种工具语言论使人们只注意到了工具本身（语言系统内部如语言的语音、语法、词汇等），只关注如何利用它的属性去开发它的功能，却忽略了制约这种语言的其他因素，如语言学习者和教授者的动机、态度、价值等都属于"人"的因素，最终导致英语教学沦为了纯粹的工具使用的授受教学。

大学英语教学不能等同于语言技能的传授和训练，英语教学既不能是英语语言知识的教学，也不能只是语言技能的教学。从某种意义上来讲，把英语教学等同于技能训练是一个现代语言教学语境下的误区。我们从过分强调传授英语知识、过分关注书面语的一个极端走向了过分强调技能训练，特别是口语技能训练的另一个极端。

第三章 信息技术与高校英语课程整合探究

随着社会的发展，信息技术正在快速地渗透到社会的各个角落，这种迅猛发展的势头同样对英语教学产生了很大的影响。研究者在研究信息技术与英语学科的整合过程中，发现和总结了许多有益的问题，进一步拓宽了研究的思路，同时也为英语教学方法的改革增添了新动力，为改变传统的注重灌输、封闭的英语课堂教学模式提供了新思路。本章对信息技术与高校英语课程整合问题进行了分析与探讨。

第一节 信息技术与课程整合概述

一、信息技术与课程整合的定义

所谓信息技术与学科课程的整合，就是通过将信息技术有效地融合于各学科的教学过程，来营造一种新型的教学环境，实现一种既能发挥教师主导作用又能充分体现学生主体地位的以"自主、探究、合作"为特征的"教"与"学"的方式，从而把学生的主动性、积极性、创造性较充分地发挥出来，使传统的以教师为中心的课堂教学模式发生根本性变革，从而使学生的创新精神与实践能力的培养工作真正落到实处。

二、信息技术与课程整合的阶段

（一）以知识为中心的整合阶段

信息技术作为演示工具、交流工具和个别辅导工具，可以去辅助教学。教学仍以知识灌输为主，教师与学生仍然是灌输者和被动接受者的关系。与传统教学方式相比，这样的信息技术介入，对学生思维和能力发展并没有多大帮助。

（二）以开放式资源为中心进行课程整合的阶段

这一阶段的信息技术指的是资源环境、信息加工工具、协作工具、研发工具等，网络能给教学提供资源和工具，所以这个阶段的教学观念、教学设计、师生角色、学习方式、学习理念和策略、教学评价等都发生了很大的变化，教育者更加重视对学生主动探究、主动发现、主动建构等能力的培养，从以知识为中心转变为以资源为中心，以学生为中心，运用多种教学策略（如启发式、问题解决式、任务驱动式等）引导学生寻找资源，并完成信息收集、分析、加工、使用等。

（三）进行深度融合的课程整合阶段

第二阶段虽较第一阶段有较大进步，但是却没有达到对传统课堂教学结构的根本变革，而对传统课堂教学结构的变革恰恰是信息技术与课程深度融合的实质和落脚点。而要实现传统课堂教学结构的变革，就要先营造信息化教学环境，然后运用新型教学模式，加上正确的教育思想观念和相关教学资源的支持，才能实现变革传统课堂教学结构的目的，达到信息技术和课程的深度融合。

三、信息技术与课程整合的层次与目标

（一）信息技术与课程整合的层次

1. 以知识为中心的课程整合
（1）信息技术作为演示工具

这是信息技术用于教学的最初表现形式，是信息技术和课程整合的最低层次，也是目前高等教育所处的层次。该层次的教学对信息技术的依赖程度较小，学生只能听和看，没有实际操作的机会，在这种情况下，学生的学习是一种被动型的学习。[①]

（2）信息技术作为交流工具

讲授式教学仍然是此层次的主要教学策略，学生仍以个体作业形式完成学习任务，评价方式也与前一层次相同。教师的角色和学生的角色也基本没有变

---

① 赵呈领.信息技术与课程整合[M].武汉：湖北科学技术出版社，2006：84.

化，但是，教师多了一项工作，那就是对交流活动的组织和管理。

（3）信息技术作为个别辅导工具

在该层次上，多媒体课件实现了教师职能的部分代替，例如，出题、评定等，因此，教学的发生对技术有较强的依赖性。此外，教学还能够在一定程度上注意到学生的个别差异，提高学生学习的投入性，在教学中主要应用的技术有个别辅导软件以及教师与学生之间的交流工具。在此层次，主要采取的教学策略有个别辅导式教学和个别化学习等，虽然教学仍是封闭的、以"知识"为中心的，但是，学生有了与优秀软件相接触的机会，对学习有了较高的积极性。

2. 以资源为中心的课程整合

按照对学生能力由低到高的培养顺序，可以将此阶段细化为四个层次，每层着重培养的学生的能力分别是：信息获取和分析能力，信息分析和加工能力，协作能力，探索和创新能力。①

（1）信息技术提供资源环境

该层次主要培养学生获取信息、分析信息的能力，让学生在对大量信息进行筛选的过程中，实现对事物的多层面了解。该层次是所有后续层次教学的基础，在信息社会里，学生只有找到合适的学习资源，才能更好地开展学习活动。

（2）信息技术作为信息加工工具

该层次主要培养学生分析信息、加工信息的能力，强调学生在对大量信息进行快速提取的过程中，对信息进行重整、加工和再应用。该层次可采用任务式教学策略，在教学过程中，教师要密切注意学生信息加工处理的所有环节，在其遇到困难的时候应给予及时的指导和帮助。

（3）信息技术作为协作工具

和个别化学习相比，协作学习有利于促进学生高级认知能力的发展，有助于学生协作意识、技巧、能力、责任心等不同素质的培养，因而受到了广大教育工作者的普遍关注。计算机网络技术为信息技术和课程整合、协作式学习提供了良好的技术基础和支持环境。计算机网络环境大大扩充了协作的范围，减少了协作的非必要性精力的支出。

（4）信息技术作为研发工具

虽然我们强调对信息的加工、处理，以及协作能力的培养，但最重要的还是要培养学生的探索能力、发现问题和解决问题的能力，以及创造性思维能

---

① 夏洪文. 信息技术与课程整合研究 [M]. 武汉：湖北科学技术出版社，2005：35.

力，这才是教育的最终目标。在实现这种目标的教学中，信息技术扮演着"研发工具"的角色。探索式教学和问题解决式教学等都将信息技术作为研发工具的教学模式，并且在教学上取得了一定的成果。

（二）信息技术与课程整合的目标

一般说来，信息技术与课程整合的目标可以具体描述为以下几点。

1. 培养学生的信息素养

学生的信息素养内涵包括以下五个方面。

（1）信息获取：包括信息发现、信息采集与信息优选。

（2）信息分析：包括信息分类、信息综合、信息查错与信息评价。

（3）信息加工：包括信息的排序与检索、信息的组织与表达、信息的存储与变换以及信息的控制与传输等。

（4）信息利用：包括如何有效地利用信息来解决学习、工作和生活中的各种问题。例如，能不断地自我更新知识、能用新信息提出解决问题的新方案、能适应网络时代的新生活等。

（5）信息意识：指对信息的深度感知，如对信息内容的批判与理解能力，运用信息的能力，融入信息社会的能力。

在信息技术与课程整合时，学生必须要具备较高的信息素养，否则在教师进行网络课程教学时，学生很难及时参与进去，也无法高质量地完成学习任务。

2. 培养学生具有终身学习的态度和能力

培养学生具有终身学习的态度和能力就是让学生具有主动吸取知识的愿望，并能付诸日常生活实践，使其可以将学习视为享受，而不是负担；能够独立自主地学习，能够自我组织、制订并执行学习计划，并能控制整个学习过程，对学习进行自我评估，学习过程受本人支配，对自己的学习负责。教师只是学习的指导者、建议者，而不是学习过程的主宰者。

3. 培养学生掌握信息时代的学习方式

信息技术与课程整合，不是把信息技术仅仅作为一种辅助教学的工具，而是强调要利用信息技术来营造一种新型的教学环境，该环境应能支持有着情境创设、启发思考、信息获取、资源共享、多重交互、自主探究、协作学习等多方面要求的教学方式与学习方式——也就是实现一种既能发挥教师主导作用又能充分体现学生主体地位的，以"自主、探究、合作"为特征的"教"与"学"的方式，这样就可以把学生的主动性、积极性、创造性较充分地发挥出来，也能使传统的以教师为中心的课堂教学模式发生根本性变革。

教学模式变革的主要标志是师生关系与师生地位作用的改变，伴随着这种改变，学生的创新精神与实践能力培养工作被真正落到了实处，这正是素质教育目标所要求的。在学习中，学生不再依赖教师，而是能够从传统的接受式学习转变为主动学习、探究学习和"研究性学习"。学习者必须学会利用资源进行学习，学会在数字化情境中进行自主发现的学习，学会利用网络通信工具进行协商交流、合作讨论式的学习，学会利用信息加工工具和创作平台，进行实践创造的学习。

4. 培养学生的适应能力、应变能力与解决实际问题的能力

在信息时代，知识量剧增，知识成为决定社会生产力、经济竞争力的关键因素，知识的更新速度加快，陈旧率提高，有效期缩短。另外，知识的高度综合性和其在各学科间的相互渗透，让更多的新兴学科、交叉学科得以出现，而这些学科及其研究成果又给人们的社会生活、经济生活、政治生活带来了极大的影响。在这种科学技术、社会结构发生剧变的大背景下，一个人的适应能力、应变能力与解决实际问题的能力将变得至关重要。

信息技术与课程整合是培养创新人才的重要途径，乃至根本措施，信息技术与课程整合所要达到的目标，就是要实现创新人才的培养。这既是素质教育的主要目标，也是当今世界各国进行新一轮教育改革的主要目标。

第二节 信息技术与大学英语教学整合基本问题探讨

一、信息技术与英语课程整合的内涵解读

"信息技术与英语课程的整合"是指在英语教学过程中把信息技术、信息资源、信息方法、人力资源和课程有机结合，共同完成课程教学任务的一种新型的教学模式。[①] 信息技术与英语课程的整合，不是简单地把信息技术作为英语课堂的演练展示工具，而是把信息技术作为学生自主学习的认知工具、教学环境的创设工具、课程整合的探究工具等，使各种教学资源、教学环节得以重新构建，在整体优化的基础上产生凝聚效益。

---

① 叶文娟. 信息技术与英语课程的有效整合 [J]. 中国校外教育，2016（A2）：318.

二、信息技术和英语教学整合的优势

（一）能使学生的综合认知能力获得发展

传统的英语教学中，凭借一支粉笔、一张嘴、一本书，教师便可"走遍天下"，学生跟着教师机械操练、模仿，教学形式单一，不利于各种情景的创建。因而，学生的交际能力较差。而多媒体教学的出现，改变了这一现状，它能给学生的学习提供丰富多彩的信息资源，可以通过图像、声音让学生进行情景再现，让学生脑、眼、耳、口、手并用，促进学生综合认知能力的发展，有利于学生对文字符号的理解，易于接受、记忆新的语言材料，理解学习内容。例如，教师可通过搜集和整理合适的素材，利用计算机设计直观、形象、活泼的多媒体课件，借此触发学生自由想象的翅膀，提高学生主动探索未知世界的动力，不由自主地将形象的思维与课程学习内容结合起来，进一步提高学习课程知识的效率，为达到学习效果最优化提供一种有益的方法。

（二）能提高学生对英语的兴趣

兴趣是最好的教师，是学习的先决条件，学生对学习有了兴趣，无形之中就会大大提高自身的学习效率，甚至达到事半功倍的作用，相反，对英语没有学习兴趣，就很难达到一个较好的效果。认知学习认为，学习的最终获得是外部刺激与学习者内部心理相互作用的结果。[①] 信息技术和多媒体可以创建多种方式，提供形象直观，且有创意的英语学习情景，给学生多种感官刺激，从而加深其对学习内容的记忆，优化学习过程，提高学习效率。信息技术被有机地融入英语教学中，提高了学生学习的兴趣，增强了学习的信心，也解决了学习中的关键难题。

（三）能为学生提供自主学习的机会

计算机是一个双向媒体，不仅能呈现教学信息，还能接受学生输入信息，可以充分调动学生的主观能动性。在教学"*Why do you like pandas?*"一课时，教师可利用多媒体集成软件 Authorware，开发"my small house"模块，使用计算机辅助教学，令学生自主上机操作。学生自主选择题号，各组题目由各种趣味性的动画或图片组成，学生自己操练，回答正确就会得到掌声，相反就会听到错误音效。学生全神贯注、兴趣盎然地做着各种练习，完成重重"关卡"，

[①] 赵晓亮. 信息技术与英语教学的课程整合研究 [J]. 当代教育实践与教学研究，2016 (4)：6+5.

教师只是一个辅助者，而计算机为学生提供了自主学习、自我完善的机会，帮助学生完成了音、形、义的构建。

三、信息技术与英语课程整合的基本策略

（一）以先进的教育理念开展英语教育活动

在英语教学中，教师应该与学生建立一种民主、平等、和谐、愉快的师生关系，在这一过程中，教师起着引导、点拨作用。在整合的理念下，教师应该从传统的知识传授者与灌输者角色转变为学生学习的促进者、帮助者和监控者角色，甚至是知识研究、探索的共同参与者角色。

通过宣传、观摩、研讨等多种形式，让不同地区、不同类型的学校及教师、学生、家长真实地感受到信息技术与英语课程整合对于提高办学质量、提升学生素质的作用，从而激发政府、社会、学校推进教育信息化，激发教师进行信息技术与课程整合的自觉性与积极性。采取"走出去，请进来"的办法，组织学校领导、教师到示范学校去考察、学习；请专家来校举办讲座，教授现代化的基本理论，请优秀的整合教师来指导学校的整合实践活动；利用教研活动组织教师观看同步课堂、优秀整合课案例，学习新的教育思想和教育方法，通过不断的教学研究与实践，把先进的教育理念转变成教学行为。

（二）发挥信息技术"教学工具"的功能

信息技术是一种"教学工具"，包括演示工具、资源工具、辅助工具和探究工具等。教师可从现成的计算机辅助软件或多媒体素材库中，选出与自己课堂相关的内容，用于课堂讲解；也可编成讲演文稿或多媒体课件及图表、动画等形式，在教学过程中进行展示和创设教学情境，使学生在愉悦的氛围中获取知识。信息技术与英语课程的整合，不仅仅是把信息技术作为英语教学的工具，而是强调用信息技术构建一种理想的英语学习环境，以实现学生自主探索和自主学习的目的。

（三）构建有利于信息技术与英语课程整合的制度体系

实施信息技术与课程整合不仅要有物化环境，还要有与之匹配的管理环境、人文环境，如建立示范学科、开展课题研究、改变评价体系、建立整合指导小组、开展竞赛活动、形成分工负责与分级管理制度等。

总之，信息技术与英语课程的整合，是提高英语教学效率的有效途径，信息技术应该在促进教师教学、学生学习和学生全面发展等方面起到积极作用，通过改变传统的英语教学模式，进而大大推动英语教育改革的进程。

四、信息技术与英语课程整合过程中需注意的问题

信息技术与英语教学的整合，并不等于混合，教师在利用信息技术之前，要能清楚信息技术应用于课堂的优势和不足，以及英语教学的需要，设法找出最优方法。计算机集图、文、音、像、画、照片等功能于一体，其信息量大、传递快，起着优化课堂的作用，但是如果应用不当，反而会起副作用。

（一）应重视师生的交流和互动

信息技术和英语教学的整合，使多媒体走进了课堂，让教学信息量明显增加，学生和教师把更多的注意力放在了多媒体上，而忽略了相互间的互动与交流。教师与学生在课堂上进行的交流往往是非常有效的教与学的途径，在使用信息技术的时候，教师要积极倡导和建立师生互动的教学模式，加强师生信息交流。

（二）教学方法不能脱离教学目标

教学目标是英语教学的重要部分和指导思想，任何教学方法都不能脱离教学目标而进行。无论多么先进的教学工具，必须适用于特定的教学目标才能起到相应的作用。信息技术与英语教学的课程整合同样是为了实现教学效果的最优化，在整合信息技术的英语教学中，同样需要设置教学的目的及重点和难点，使学生时刻明白课堂中需要解决的问题，避免因偏离实际教学内容、以学生个人兴趣为主而导致形式主义问题的产生。

（三）应避免出现直观形象的教学与语言教学相脱节的情况

信息技术直观形象的优点的确能给学习者带来全新的不一样的感知，这是以前的抽象学习所无法比拟的，但仅仅靠这些还是不够的，学习还需要教师适当地引导、提示和归纳总结。学生借助多媒体进行学习，不应只注意多媒体课件的外观和动画效果，更应该通过多媒体的直观表现来加强与教学内容之间的内在联系。教师进行教学设计时，需要把握教学内容的重点和难点，更加突出教学内容而不是多媒体展示材料本身，多媒体更多的是起到一个辅助学习的作用。因此，信息技术的使用需要根据具体的教学内容来设计，切勿使直观形象的教学与语言教学形成脱节。

第三节　信息技术与大学英语课程整合之课内外整合模式

一、信息技术与高校英语课程整合之课内整合模式

"课内整合教学模式"种类繁多且复杂。这里以教学策略为依据，对"课内整合教学模式"进行分类，具体可以分为探究性、自主性、讨论性、合作学习等多种类型。其中，探究性教学模式是课堂教学中最为常见的教学模式。探究性教学模式的基本特征用一句话来概括：探究性教学模式既确立了教师的主导地位，又体现了学生的主体性地位，有利于学生自主性和创造性的发挥。下面将对目前影响较大的信息技术的"课内"整合教学模式——探究性教学模式进行介绍和分析，其主要目的是帮助广大高校英语教师更深入地理解，如何在建构主义理念下将"探究性"教学模式运用在大学英语课程的教学实践中。

（一）建构主义理念下的探究性教学模式

建构主义教学观与传统的教学观是不相同的。传统教学观，主要强调以教师为中心的教学模式，教学的目标就是将前人的知识和经验以授课的方式传递给学生，教师只要传道授业便完成了使命。在这种传统的教学观下，教师忽视了学生的主体性，学生也只能被动地接受教师传授的知识。而建构主义下的教学观完全不同于传统教学观，它认为，学习的过程就是学生在已有知识的基础上总结经验的建构活动，教师应该以此为终极教学目的，辅助学习者完成知识建构。因此，基于建构主义教学观所设计的主体学习活动是动态的。

设计应充分考虑主体已有的知识积累和学习经历、经验，主体已形成的人生观和世界观也会对知识建构产生影响，所以，在教学活动设计的过程中，也应该最大限度地考虑学生在这方面所呈现的个体差异，要在探究知识的过程中培养学生的批判性思维。在解决问题的过程中，对学生进行知识性评价，建立完整的评价体系，其评价标准主要为学生对事物的认识、理解，以及学生解决问题的能力。这样就将传统"教师决定式"或灌输式教学模式转化成了开放式，教学活动的每个环节也都会有学生主体的参与。换言之，学生掌握知识的程度不再仅取决于死记教师传授内容和知识的能力。教学不再是教师单方面的

知识传送和学生被动地接受的活动,而是实现了师生、生生的交流与互动。

建构主义提倡的学习不是学生被动地接受教师传授的知识的过程,而是学生根据自身原有知识对新信息进行改造、加工和整理的过程,这种主动改造、整理和重组知识的过程,同时也是学生自身能力提高的过程,是所有人都无法替代的过程。在这种学习观的倡导下,学生不再对知识进行简单的记忆,而是自主地将新的知识和原有知识进行整合,并在教师的指导下,搜集有用的信息,从而实现对所学进行验证、评价,甚至批判。

1. 探究性教学模式的内涵与特征

探究性教学模式与传统的以教师为中心的教学模式不同,它提倡在实际的课堂教学中,以教师为主导,以学生为主体,要求学生对课堂教学的内容进行自主性、主动性、探究性的学习和交流,这样才能更好地实现认知与情感的相关目标。在信息技术与英语课程整合中,学生英语基础知识及技能的获得,道德修养的形成、学习态度的养成等,都可以借助探究性教学模式加以实施与实现。

2. 探究性教学模式的实施步骤

探究性教学模式在信息技术与英语课程整合的过程中,起着重要的作用。关于这一模式的实施,有着具体的实施步骤。

(1) 创设情境

实施探究性教学模式的第一步就是创设情境。创设情境是探究性教学的基础,也是学生发挥主动性、创造性和探究性的前提。创设情境的方式不拘一格,教师可以向学生提出一个能够运用原有知识进行解决的探究性问题,也可以制作一个与当前学习主题有关的课件,还可以利用生活中常见的实例抛出问题等。在具体实施时,需要注意的是,教师一定不能偏离当前学习的主题,要在贴合主题的基础上创设情境,这样才能激发学生探究问题的兴趣。

(2) 启发思考

教师可以根据学习的主题提出一些具有启发性的问题。应该注意的是,在这一阶段,教师应该鼓励学生带着问题去寻找答案,学生在寻找答案的过程中,就能实现对知识的学习和掌握。另外,教师还应该给学生提供解决问题的认知工具以及处理新问题的建议,以使学生快速地掌握知识。

(3) 自主学习与自主探究

自主学习与自主探究的过程,其实就是学生对在启发思考阶段教师提供的认知工具以及学习资源加以利用的过程。在这一阶段,学生主要对教师提出的与主题相关的问题进行自主学习和自主探究。而教师应该做的是,观察学生在自主学习和探究中的表现,并指导学生如何快速地、有效地选取和利用认知工具以及选择与利用有效学习资源等,这是教师主导作用发挥的一种表现。

(4) 协作交流

为了强化学生对知识的记忆,教师应该让学生在小组或班级内自由讨论,互相交流自己的心得体会,把知识进行深度消化,学生之间互相分享自己的学习资源和取得的学习成果,将自己的见解与别人的进行比较,就能够收获不同的理解,对学习内容的把握也会更加精确。教师在此时的作用是为学生提供协作交流的工具,把自由讨论的组织方式、合作技巧等讲解给学生,鼓励学生大胆发表自己的意见,同时,在学生交流的过程中,可以给予学生适当的指导。

基于上述操作,学生对知识的理解会更透彻、更深刻,在协作交流的过程中,所有学生都能学到知识,掌握不同的看问题的角度和方法。

(5) 总结提高

探究性教学模式实施之后教师应该对其进行总结提高,这是探究性教学的最后一个步骤,这一环节的主要目的是找出探究性教学模式的不足之处,以便教师在后来的教学中进行改善。在探究性教学模式实施的过程中有可能会出现一些突发情况,所以教学之后的总结提高是很有必要的。教师应该将教学过程中出现的问题及时记录下来,在后期找出解决办法;学生应该将学习中遇到的问题及时反馈给教师,以让教师了解自己的学习情况,同时学生之间也需要进行相互评价。

(二) 英语探究性教学模式的要素及特点

建构主义教学理论为构建大学英语探究性教学模式提供了理论支撑和基础,能让学生多渠道、多角度,并以多种方式完成知识的建构。可见用建构主义教学理论指导英语探究性教学是可行的,在构建英语探究性教学模式的过程中,教师应充分考虑教学环境和教学过程两个要素。

1. 教学环境

英语探究性教学的对象为具有一定学习能力、自主能力的学生,这就为采用建构主义教学观进行英语探究性教学提供了必要的条件。

建构主义教学观有利于培养学生的学习迁移能力、自主学习能力和探究精神,有助于学生学习和掌握英语知识和技能。在教学过程中,教师要发挥自身的引领和辅助作用,选择教材时也应该考虑学生的需求及其客观条件,最好选择有一定难度的教材,这样能激发学生学习的欲望。因此,为了构建好新的教学模式,教师应该构建符合学生需求的真实的教学环境。

2. 教学过程

一些可迁移的知识是学生的主要学习内容,教师应多准备这方面的教学材料，同时，还应该在课堂上多鼓励学生提问题，并给予学生指导，以帮助其提高自身分析、解决问题的能力。

二、信息技术与高校英语课程整合之课外整合模式

笔者主要通过"研究性学习"教学模式对信息技术与高校英语课程的课外整合模式进行详细说明。

（一）建构主义理念下"研究性学习"教学模式内涵与特征

建构主义主张在教师指导下的、以学习者为中心的自主学习。在自主学习中，强调学生的主体地位，同时教师的指导也不能缺失。教师的作用是帮助学生学习，而不是仅仅把知识灌输给学生；在知识的学习过程中，学生不再被动接受，而是主动参与，对知识的处理，学生自己是主体，是意义建构者。建构主义提倡在教与学的过程中用系统分析法、共时方法和深层阐释法分析和解决问题，旨在用"全新科学模式"取代传统的教与学的方法，注重用辩证的方法进行教与学。

1. "研究性学习"的定义

学生根据教师的指导，在所处的环境中进行研究就是"研究性学习"。在这个学习过程中，学生能发挥主观能动性，在知识的获取方面有很大的主动性，在知识的获取、理解过程中，都是主动参与的。"研究性学习"是以问题为中心，采取小组合作的方式进行研究，与科研课题的研究很相似，所以学生在学习时，能够培养探索能力和解决问题的能力。"研究性学习"模式是一种学生主体性较强的学习模式，不同于其他的学习模式，学生在学习上很被动，知识的学习都是通过教师的灌输来进行的，不利于学生创造能力的培养，"研究性学习"模式可以使学生占据较大的主动性，通过灵活多变的学习方式激发学生的学习热情，同时能够把知识在研究中深刻理解，有助于学习活动的进行。在此过程中，教师还要注重培养学生的创新精神和实施能力。

2. "研究性学习"的特征

"研究性学习"是20世纪80年代末在中国教育界广泛推崇和实施的一种全新的学习策略和学习模式。研究性教学指的是在建构主义教学思想指导下进行的一种教学和学习方法，要求在教学过程中，教师用科学的方法指导学生以研究的方法进行学习，并在教师指导下，学生充分发挥潜能去掌握知识，运用知识解决实际问题。同时，研究性教学模式要求教师具有创新思维和科学施教的本领，能够培养学生发现能力和分析、解决问题的能力。目前，"研究性学习"以其实用性而广受关注。不过"研究性学习"还在初期阶段，有些理论

和实践还有待完善，需要长期的探索才能把"研究性学习"模式完善起来。归纳起来，"研究性学习"的特征如下：

（1）强调学习的自主性

在"研究性学习"实施的过程中，教师需要把学生的主动性激发出来，让学生有更大的积极性投入学习中。学生可以按照自己的兴趣来选择研究的内容，自主完成研究的成果，并与同学和教师进行交流。学生在学习的整个过程中都是占据主导地位的，无论研究内容的提出还是研究计划的制订都是学生自主完成的，教师扮演的角色仅仅是辅助性角色，帮助学生完成研究，学生才是研究的主导者。

（2）强调学习的交互性

"研究性学习"是一种交互性很强的学习模式，体现在研究课题和研究方式上，这种交互性在师生、生生之间也能很好地体现。不同的研究课题具有不同的研究方向，所以制订的研究计划也是不同的，在研究课题的进行过程中，研究方式的建构需要根据研究课题制定，所以交互性是很常见的。

（3）强调学习的开放性

开放性是"研究性学习"模式的又一个特点。在"研究性学习"中，教师不再进行传统的封闭式授课，而是打破常规，建立一种开放、自由、多元的学习环境，学生不再仅仅局限于课堂，而是走出课堂，在自然和社会环境中进行学习。学习方式更加开放，学生能够选择不同的学习方式，对知识的理解也更加深刻。

（4）注重学习的实践性

"研究性学习"更加注重学习的实践性，在学习过程中，学生不仅仅学习理论知识，更加重要的是，要完成对实践的探索。不同的实践活动的开展，锻炼了学生的动手和动脑能力，学生参与实践活动，将理论转化为实践，能够对知识理解得更加透彻。

（5）注重过程及学生的体验

学习过程和学生的体验是"研究性学习"比较重视的，研究的结果反而不是很重要，在学生的学习过程中，学生亲自参与课题的研究，从问题的发现到得出结论都是学生自己参与进行的，整个学习过程都是学生主动参与的。因此，过程的体验是很重要的，学生的主动参与能够带来最直观的体验，对于知识的理解也是有益的。

（6）强调师生间的平等

"研究性学习"的进行需要轻松愉悦的环境，学生在这样的学习环境中学习会比较放松，这能使学生在学习过程中获得一个发现世界、探索世界的宽松环境，让他们主动思考，勇于问，敢于想，善于做。师生关系平等有助于双方感悟彼此的思维方式及看待问题的角度，增进了解，互相促进，共同提高，共同进步。

(7) 促进创造性与潜在性的统一

"研究性学习"相较于传统的学习来说，最大的特点就是能够培养学生的创新创造能力。在这样的"研究性学习"氛围中，学生的主动性得以被激发，学习的热情也比较高。教师传授知识时也不再是简单地灌输给学生，而是让学生主动参与知识的获取过程中，在"研究性学习"中探索发现，得出结论。教师在学生学习过程的作用就是辅助学生，给予他们指导，但是具体的操作过程还是学生来进行，这样不仅能够使学生学习理论知识，还能够使其将理论与实践结合起来，发挥创造力。"研究性学习"是具有主观能动性和创造性的学习，它能够帮助学生形成发散性思维，同时培养创新创造能力，使其在探索中寻找真理，也能激发教师的授课热情和学生的学习积极性。

(二) "研究性学习"教学模式的实施步骤

在建构主义理论中，学习就是在一定的环境中，通过教师的帮助，学生能获得自己所需要的知识。建构主义教学实质上是一个研究和再发现的过程。学生能通过不断的研究和再发现达到学习目的。要达到学习目的，就要有科学的学习方法。

教师应当在教学过程中采用全新的教学模式，摒弃传统的、以教师为中心的教学方法，运用全新的教学设计理念，探索适应建构主义理论需求的教学方法。建构主义理念下的"研究性学习"教学模式通常包含五个实施步骤。

1. 提出问题

这是"研究性学习"进行的第一个步骤，教师先设置一个问题情境，然后引导学生发现、提出问题，激发出学生的探索兴趣，并确立要研究的课题的主题。

2. 分析问题

"研究性学习"的第二个步骤是分析问题，在问题被提出以后就要对问题进行分析，教师先介绍分析问题的方法，比如：由点及面、由浅入深、换位思考等等；然后教师把不同性质的研究方法讲授给学生，让学生选择适合自己问题研究的方法，例如：问卷调查法、文献调研法等；最后，教师要对"研究性学习"的策略给出具体建议与指导。因为"研究性学习"有一定的复杂性，因此，在此环节中，学生在"同化"与"顺化"的过程中，教师应随时给予他们一定的帮助。

3. 解决问题

"研究性学习"的第三个步骤是解决问题，这个步骤包括两个子环节：一是初步方案，二是优化方案，这两个方案是为了更好地解决问题而设立的。在这个环节中，"研究性学习"的主体并不是固定的，它可以是学习者个人，也可以是由众多学习者组成的学习小组，以上两个研究主体可以分别进行探索和学习活动，只不过二者之间存在"自我协商"和"相互协商"的区别。一般来说，"自我协商"集中在学习活动的第一个环节中，这个环节主要由学习者通过自身的独立思考和深入分析提出解决问题的初步方案；"相互协商"则集中在学习活动的第二个环节中，即学习小组各成员就第一个环节中提出的解决问题的方案进行协商，并在此基础上得出一个更加优化的成果。

4. 实施解决问题方案

为了节约学习成本，避免不必要的浪费，在实施解决问题方案的过程中，教师度注意做好形成性评价，及时收集反馈信息，经常进行反思。根据真实问题的实施情况，随时调整或修正解决问题的方案。

5. 总结提高

"研究性学习"的总结包括个人总结、小组总结和教师总结。小组总结应以个人总结为基础，教师总结应以个人和小组总结为基础。教师的总结需要帮助学习者把对客观事物的认识由感性上升到理性，丰富与完善他们对科学概念与原理的认识，使学习者能全面、系统、完整地认识和理解问题，使每位学习者都能做到知其然，更知其所以然。

"研究性学习"有着丰富的理论基础，其中就包括建构主义。于一定意义而言，"研究性学习"的提出就是对建构主义教学法中抛锚法的发展。"研究性学习"的开展少不了建构主义的理论支撑，同样，建构主义的完善也离不开"研究性学习"的实践，二者相辅相成，相互促进，共同发展。

（三）对"研究性学习"教学模式下高校英语教学的反思

"研究性学习"的教学过程使师生都获益匪浅。以内容为依托的"研究性学习"一改传统的教师一言堂教学模式，重在激发学生的"主体"意识，学生从始至终都积极参与学习。由于"研究性学习"注重学习过程，学习中学生持续进行"联系"与"思考"活动，把"新""旧"知识进行"同化"和"顺应"，结果是学生的创新思想和思辨能力得到强化，形成了多视角、多元化、自主性的思考习惯。开展"研究性学习"需要学生之间相互分工与协作，通过课内外的协作性学习，学生的团队合作意识得到加强，人际沟通能力得到提升。这些能力的养成对于学生毕业之后尽快融入社会环境，建立良好的人际关系，顺利开展工作，是十分有益的。下面是笔者对"研究性学习"教学模式的实践所进行的反思，拟从几个不同的方面分析和探讨这一教学模式实践过程中需要注意的问题。

1. 教学观念的转变和教师角色的定位

"研究性学习"教学模式与传统的以教师为中心的教学模式有很大的不同，强调以学生为中心，提倡学生在教师指导下的自主学习。要改变学生的学习方式，首先要从改变教师的教学方式出发。教师作为教学活动中的主要参与者之一，其教学观念和教学行为都会对学生的学习方式产生很大的影响，因而教师教学方式的改变才是开展"研究性学习"的基础。教师教学方式的改变体现在教学的方方面面，但其中最重要的一点就是转换自己教学主导的角色，尽量与学生在一个平等的关系中沟通，让学生感受到其作为学习主体的重要性，只有让学生充分发挥主体作用，"研究性学习"的效果才能得到保证。教师备课过程中也应该时时想着学生，从学生的水平、视角出发设计问题，引导学生开展学习研究。"研究性学习"对教师备课质量、内容要求更高，教师备课的重点是"备学生"而不是"备书本"。

"研究性学习"不同于传统的教学方法，虽然其有着建构主义的理论基础，但是要想使其各个环节具备可行性和操作性，还需要大量其他的理论作指导，这种理论指导单单依靠自我学习是远远不够的，教师必须要经过系统的培训才能全面掌握有关"研究性学习"的教学理论、教学方法和教学管理方式等。从理论高度和客观情况出发，教师和管理人员应充分认识到了解、掌握、推广"研究性学习"的重要性和迫切性。教育教师应自觉主动地转变角色——从教学活动的主导者和包办者转变成教学活动的引导者和帮助者，从主角转向配角，从讲台深入到课堂，教学活动设计的方方面面都以学生为主，努力为学生营造自由发挥、自我控制、自我协调、自主学习的平台，为千里马提供自由驰骋的辽阔草原。

2. 学生的中心地位和自主学习

为了确保"研究性学习"的顺利进行，教师在教学中应做到以学生为中心，并不断提高学生自主学习的能力。教师必须对学生有全面、细致的了解，这样才能在学习过程中从各个层面为学生提供细致入微的引导和帮助，对学生的"研究性学习"给予充分的支持。

3. 教学机制和学习资源的配套建设

"研究性学习"教学模式的推广和完善是一个系统工程，这一教学模式的确立不但需要任课教师的参与和投入，同时也需要学校其他管理部门的支持和配合。从课程体系的角度看，"研究性学习"首先要抓住一个前提，即确立研究性课程体系，在这个体系基础上开展的"研究性学习"活动才是正确的，是有理论保障的。确立课程体系首先要明确"研究性学习"的首要目标是培养学生的创新意识和自主学习能力，强调知识学习的综合性、过程性、创新性和应用性。从教学评价的角度看，"研究性学习"需要建立配套的形成性和过程性评价体系，注重对学习者实际能力和综合素质的考查。

从研究性课程的内容看，课程提供的知识应具有交叉性、前瞻性和多元性等特点，这就要求教师应具备完善的知识结构，通常在精通一门专业的基础上还要再精通一门外语。可见，建构主义理念下的研究型教学对教师的素质和教学基本功提出了更高的要求。为了提高教师的综合素质与教学能力，要鼓励教师开展"研究性学习"的教学实践，聘请专家学者对教师定期进行培训，挖掘多种渠道让教师走出校门，接触社会，开阔眼界，掌握英语学科发展变化的前沿性信息，拓展"研究性学习"资源的渠道。

建构主义理念下的研究型教学模式非常重视学习环境的创设和学习资源的开发，提倡信息技术与课程的整合。为此，教师要掌握相应的专业知识和现代信息技术。在"研究性学习"的教学过程中，教师要具有信息安全意识，注意引导学习者区分信息的优劣，取其精华，去其糟粕，抵制网络和媒体可能对学生造成的不良影响。

总的说来，面向非英语专业学生开设专业英语课程，是高等教育改革的一项重要内容和发展趋势，顺应了经济全球化和高等教育国际化的要求。它既是大学专业课程国际化的一种形式，也可以被看作是对高校英语教学模式的革新与发展。目前，英语作为国际通用语的作用日益显示出来，开设专业英语课程的目的就是将专业内容的学习和外语学习有效结合起来。通过学习原版教材和专业领域相关的英文资料，为学生提供接触专业英语的平台，使学生了解专业前沿学科的发展状态，同时也增强英语的实际运用能力。以专业内容为依托、以英语为媒介语的学习方式，能够有效帮助学生掌握搜集和利用第一手研究资料的方法，开阔学术视野，培养创新思维，提高思辨能力，发展自主学习能力，并最终使他们成长为社会需要的复合型、创新型、高素质的国际化人才。

第四节　信息技术与高校英语课程整合的教学设计及实践

一、信息技术与高校英语课程整合的教学设计

（一）设计要点

第一，信息技术与英语课程整合教学设计的重点和核心是教学过程的设计，只有将这个过程设计得合理、可操作，才能有助于学生利用丰富的信息资源开展自主学习。需要注意的是，教师一定要在这个过程中借助相关信息技术和手段为学生创设教学情境，让学生了解信息技术为课堂学习带来的便利，让学生乐于发挥自己的主观能动性去利用信息资源。

第二，基于信息技术的英语课堂教学往往充满了现实世界中的实际问题，这些问题可能与学生平时在传统英语课堂中接触的知识性问题有所区别，这就要求学生应具备一定的分析、解决实际问题的能力。

第三，设计应该根据教学目标确定教学内容，而不是像传统教学模式那样，根据教学模块、教学课时去安排教学内容。这是一种先进的教学思维，也是在具体情况、具体分析中完成教学任务的典范。

（二）设计原则

任何教学设计都要遵循一定的原则，只有在相关原则的指导下，教学设计才能更具合理性与可行性。信息技术与英语课程整合教学设计也不例外，其不但要坚持建构主义理论的指导，更要充分利用现代信息技术。总体来说，信息技术与英语课程整合教学设计要遵循以下三个原则。

1. 强调以学为中心

教师的"教"与学生的"学"是整个教学活动中的两大组成部分，教师的"教"很关键，它关系到学生能学到什么样的知识内容，但学生的"学"才是最重要的组成部分，教师教学就是为了培养学生的问题解决能力，让学生具备一定的学习策略与技能。在这个过程中，教师可以为学生创设丰富、具体的教学情境，让学生在趋于真实的环境中学习。另外，教师要适度发挥引导和反馈作用，可以采取建立学习网站、开展多媒体教学等方法，帮助学生解决学

习过程中比较困难的问题。

2. 强调"协作学习"

信息时代，每个人获取到的信息越来越多，但是人作为一个单独的个体，信息接收量毕竟有限，这时就需要开展"协作学习"。"协作学习"不仅仅存在于学生与学生之间，教师与学生之间，更存在于教师与教师之间。在教学中扮演着不同角色的人能通过沟通信息的有无，进一步推进教学管理、教学评估工作的发展。

3. 强调针对学习过程和学习资源的评价

传统的教学方法往往注重终结性评价，以一纸试卷评判学生的学习成果，信息技术与课堂整合教学作为信息时代全新的教学模式，则从学习过程出发，以学生在学习过程中获得的知识、技能、方法等为依据，对其学习过程做出合理的评价。除此之外，这种评价方式还对学习资源，如教学材料、教学环境、资料库等，进行相关的质量评估。

(三) 设计环节

1. 确定教学目标

信息技术与高校英语课程整合教学设计的第一步是确定教学目标。教学目标制定的依据是：教学目的、学生需求评估、现实中的学习问题、工作分析或者其他一些因素。

在当前信息化环境下，现代教育发展越来越追求高阶认知目标的达成，在提升知识传递效率的基础之上关注学生能力发展，同时兼顾低阶、高阶目标的实现和达成。因此，在进行信息技术与高校英语课程整合设计时，可以以布鲁姆（B. Bloom）的教学目标为确定教学目标的依据，从而确定认知、情感和动作技能三个层面的教学目标。

2. 进行教学分析

教师需要确定目标中包含的学习类型，以及分析完成目标任务所需的步骤和技术需求，这样才能确定学生完成目标需要的能力以及了解这些能力之间的关系。当前，由于知识体系不断扩充，以及对学生能力要求的不断提升，教师应该多使用可视化软件，将知识、能力直观表述出来，从整体视角关注学生所需的英语知识以及能力体系。

3. 分析学生与情境

在教学前，教师必须明确知晓学生已经具备的知识或技能，针对先前制定的教学目标，分析学生应该具备何种基础知识或技能。同时，教师还应该明确在教学中可能会影响学生的一些学习特征，例如学习态度、学习习惯等。

在当前大数据技术、学习分析技术发展的情境下，课前诊断成为分析学生、情境的一种重要手段，课前，教师借助电子问卷、教学平台测试等工具，掌握学生的学习情况，从而更好地把控课堂教学。把握学生学情后，教学设计则向着给学生提供更精细的服务的方向发展，这一发展目标可以通过设计不同难度梯度的教学内容实现。

4. 陈述行为目标

在进行教学分析和学生基础分析后，教师应该详细描述在教学任务完成后学生能做什么。这部分内容包括学习者将要学习的行为、行为发生的条件以及完成任务的标准。

5. 编制标准参照测验

测验项目测量的内容应覆盖以上陈述行为目标中所揭示的学生习得能力。教师在设计测验项目时应该注意与行为目标的一致性。

6. 选择或开发教学策略

在这个环节中，教师要考虑如何选择或开发教学策略，如教学前或教学后的学生活动安排，知识内容呈现顺序、方式，等等。教学策略选择应该根据现有学习原理和规律、教学目标、教学内容和学习特征等因素确定。

当前，信息化环境下的教学策略呈现多元化发展趋势，以学生为中心的自主、合作、探究等教学策略进入课堂，学生主体性得到充分体现。课堂教学活动不仅仅是讲授式，还是翻转课堂、基于情境探究、小组合作等多种教学策略的融合。

7. 设计和选择教学材料

在确定运用的教学策略之后，教师需要考虑采用何种教学材料开展何种教学活动，如材料准备、测验和教师的指导等。选择这些材料、活动依赖于可利用的教学手段、教学素材和教学资源等。

当前，随着网络技术的迅速发展，网络平台中涌现出了大量优质的课程资源，例如可汗学院、MOOC等平台中汇集了来自世界各地一流名校的课程，这些课程可为广大师生提供丰富的教学资源。

此外，数字教材技术的发展同样也为教学材料的设计和选择提供了极大的便捷，其优越性体现于形象表述及媒体交互性增强了学生阅读的体验，而且，数字教材教学内容的修订和完善速度比纸质版教材迅捷。因此，教师在设计和选择教学材料时，应不仅关注传统教材，还应该充分关注更多优质的数字化资源，扩充现有知识体系，以提升教学内容的丰富度。

8. 设计和进行形成性评价

形成性评价形式可以是对个体、小组和全班的测试。每一种评价结果都为设计者提供可用于改进教学的数据或信息。课中，教师结合教学活动应用数字化教学平台开展测试，进行形成性评价，依据学生在课堂中的学习行为记录、反馈记录、互动记录、资源记录等数据快速形成诊断报告，从而了解学生知识掌握及学习情况，及时调整教学计划。

9. 修改教学

在形成性评价之后，教师总结和解释收集来的数据，确定学习者遇到的问题以及发生这些问题的原因，并修改教学步骤、优化教学设计。此环节还包括对行为目标进行重新制定或陈述，改进教学策略、方法。

10. 设计和进行总结性评价

总结性评价是确定教学是否有效的关键步骤，评价的是教学的绝对价值和相对价值，是教学结束时所进行的活动。教师通常最终以测试的形式进行评价，并且呈现评价结果。

在大数据技术支持下的学习分析与诊断能从定量角度分析教学的有效性，诊断学生学习目标的达成度，从而帮助教师掌握教学情况，进一步完善教学设计。除此之外，在信息技术环境下，教师能够实现总结性评价结果的快速展现，并将结果及时反馈给学生。教师在课程结束时，让学生进行试卷检测，目的是检测学生对知识点的掌握情况，学生答题结束后，系统很快就会形成诊断报告，教师将所有的报告收集起来就能从整体上了解全班学习的水平。

二、信息技术与课程整合下的英语听力教学设计实践

信息技术与课程整合下的高校英语听力教学设计可以分三个阶段进行，具体包括：课前任务阶段的设计、课堂任务阶段的设计和课后任务阶段的设计。

（一）课前任务阶段的设计

这个阶段为准备阶段。在教学实践中应该首先设计出各种各样的适合学生完成的任务。任务的设计要符合以下标准：一是符合课程教学目的的要求；二是能够很好地应用网络，所选择的主题要能从网络获取资源；三是选择在传统教学中遇到过的难题，尝试用不同的方式去解决它；四是所选定的主题能培养学生的思维技能，这个主题应该是开放性的，让学生能够去探索，能够去创造。

（1）引入任务，描述任务，确定目标，使学生能对将要进行的学习有个完整的了解，以便对自己的听力学习做到合理安排和规划。

（2）根据任务的难易程度或学生对话题的熟悉程度，选择性地给出相关的背景资料，并向学生提供完成任务所需要的词汇、短语和句型等。要求学生

上网查阅相关文章和新闻报道，或者相关的影视信息。对于学生熟悉和喜爱的话题，教师则可安排学生进行热身讨论，帮助学生对学习内容进行有效预测和深刻理解。这些任务应该能够体现现有教学内容、提高学生的学习兴趣、符合学生的生活实际。学生在完成任务的过程中，能对将要进行的教学内容有大体的了解，并且产生浓厚的兴趣。

（3）教师的主导作用还体现在对学习策略运用的解说和引导上，指出应该选择什么认知策略，在课前阶段，学生应了解听力学习的元认知策略，即自我计划、自我监控、选择性注意、自我评价等，这样能够帮助学生逐步认识学习策略并最终运用它，以实现自主学习的目的。

课前对学习任务的布置完全可以通过网络平台来实现。通过网络课程的建设，把预先设计好的预习任务发布到网络平台上，学生以小组合作的形式来完成每次课前预习任务。

（二）课堂任务阶段的设计

这是任务型教学的核心阶段，这部分是要在教师的指导下完成的，也是每周听力课要完成的内容。这个阶段的教学目标可以借助多媒体和网络化语言学习系统来实现。

（1）学生以小组的形式合作完成任务。学生按照任务前阶段教师所提出的要求分步骤执行和完成任务，并向全班报告任务完成的情况。完成课前任务的同时，能对英语语言、背景知识有进一步的了解和熟悉。

（2）同时运用认知策略，进行大量的训练。在这当中最重要的是听力材料的输入。材料的选择要坚持"主题相关、难易适度、策略主导"的原则。[1]首先，针对各教学单元的知识结构的主题，选取能真实反映英语国家的政治、经济、社会、文化、生活等方面知识的材料。选材既要符合教材的知识结构体系，又要体现任务的真实性特征。其次，依据学习者的整体水平来选择语速、时长、词汇等难易度和背景知识的复杂程度相当的语言输入材料。再次，语言输入材料必须适用于当前学习阶段的主体学习策略训练。认知策略包括预测、联想发挥、做笔记、推理、建立听觉形象、运用想象、整理归类等。针对学习策略，设计一系列英语听力练习的题型，为学生提供丰富多彩的听力材料和配套练习。同时，除了能对学生的学习策略做总体指导外，还能对学生的个别问题进行个别辅导和答疑，监督学生的学习进程。

---

[1] 邓杰，邓颖玲. 网络环境下英语视听说任务型教学研究——英语视听说国家精品课程建设例析 [J]. 外语教学，2007（9）：74.

（3）考虑学习者学习兴趣的不同和听力水平的差异，教师可广泛搜集不同主题、语音的听力材料，材料难度大致分为难、中、易三种。练习是根据听力的认知策略而设计的，有供学生欣赏的歌曲、视频片段等。教师可根据学生程度的不同，分别给出不同的任务，如必做题和选做题。学生完成后，教师可及时收集各个层次学生出现的问题，研究、整理、总结后将信息迅速反馈给学生，同时进行必要的指导，甚至在学生听的过程中，教师也应不断地对学生进行信息反馈。

（三）课后任务阶段的设计

这个阶段也叫巩固和提高阶段。学生在课堂完成一定的练习后会在每个练习旁边留的空白处，把自己遇到的问题及时提交给教师，以获得针对性的反馈。课后，学生可以查看教师对自己的反馈意见和其布置的进一步学习的任务。这样，在信息技术的帮助下，学生可以有步骤地完成课外学习任务。

第四章　信息技术与高校英语教学结合直观表现

随着现代化信息技术的发展，传统教育模式受到了严重的冲击，逐渐呈现出网络化、智能化、数字化的趋势。在此背景下的高校英语教学不再局限于教材，而是将网络教育资源融入其中，这就使教师从以往的主导者成为引导者，使学生从被动学习者转化为主动参与者。高校英语实现教育信息化，切实提高了学生的学习效率，对推动高校英语教育改革具有非常重要的意义。本章探讨了信息技术与高校英语教学结合的直观表现问题。

第一节　多媒体技术与高校英语教学的结合

一、多媒体技术的定义

多媒体技术就是计算机交互式综合处理多种媒体信息——文本、图形、图像和声音，使多种信息建立逻辑连接，集成为一个具有交互性系统的技术。[①]简言之，多媒体技术就是计算机综合处理声、文、图等信息的技术，具有集成性、实时性和交互性。

二、多媒体技术对高校英语教学的作用

（一）丰富了英语教学方法

传统的英语教学中，教师往往只能使用较为单一的媒介，如话语讲授、板书、播放磁带等，这大大地限制了教学方法的运用，着眼于单一媒介的教学方

---

① 程轶波、程凤龙、雷扬．多媒体技术与应用［M］．天津：天津科学技术出版社，2018：1.

法更新的余地也很小，很难有发挥的空间。而多媒体技术的运用，不仅使传统教学方法得到了强化、简化，也为教学方法提供了更多的可能性。

多媒体技术使传统教学方法强化、简化。多媒体技术通过声、光、电等手段使教师备课效率提高，在课堂中基本不需要板书，而是通过视听结合、声像并茂、动静皆宜的表现形式，生动、形象地展示教学内容。

多媒体技术为教学方法提供了更多的可能性。教师借助多媒体或在多媒体的启发下可以创造更多的英语教学方法，如通过超级链接将多个知识点串联起来，增强知识体系的稳固性；通过视频使学生身临其境，增强学生对教学内容的理解；通过网络让学生直接与英美国家学生互动，在实战中检验英语掌握水平等。多媒体技术在集合多种媒介的同时，也打通了课本知识与课本外知识、课堂内与课堂外、学生与社会的界限，使教学方法运用不再受到过多的局限。

(二) 改变了英语教学理念

多媒体技术不仅改变了英语教学的方法和环境，更重要的是改变了英语教学的理念。首先，新的技术往往蕴涵着新的理念。新技术打破了诸多条条框框，给人们带来了对世界、社会、个体的新认识，使人们的理念为之一新。这种理念的变化既可给英语教学带来启示，也可直接嫁接于英语教学理念之中。其次，新的技术为新的理念提供了坚实的基础，新的教学理念要转化为教学实践，必须以新的技术为手段，没有新技术的支撑，新理念再美好也没有实现的可能。

1. 创新集合式的理念

多媒体技术将符号、语言、文字、声音、图形、图像、影像等集合为一个整体，在同一时空内密集作用于接受者的各种感官。由于英语学习本身也是多感官结合、强化理解与记忆的过程，多媒体技术的使用可以很好地优化这一过程。

传统的教学模式使用的媒介相对单一，教学内容和教学手段不够丰富，也没有切实可行的媒介整合方法，而多媒体技术不仅使多媒体教学成为现实，也打开了集合式教学的新领域，推动教师以多种方式调动学生多种感官体验，在提高学生学习兴趣的同时，加大信息的输出量，增强语言学习的仿真性。

2. 创新交互式的理念

语言教学很重视教与学之间的双向交流，以往的英语教学中学生学习渠道较少，主要靠教师的课堂指导，为在有限的时间内加大信息输出量，教师往往只能采用灌输的方法。学生被动地接收信息，并在课后予以消化与巩固。而多媒体和网络的普及使学习英语的渠道增多，主动性增强，教师不再是信息的主要传播者，而成为英语学习的组织者、引导者和评论者，有更充裕的时间与学生进行互动。

同时，多媒体教学本身就是人机交互的过程，这种模式既发挥了人的主观能动性，也发挥了机器的功能，启发教育者意识到学习的主体应是学生，通过多媒体技术学生与教师进行对话，使课堂教学自主而不拘束，活泼而无压力。学生可以认识到英语学习的内在意义，并可以主动地检索、提高、回答、自测，而教师也可以通过学生的提问和反馈，及时发现学生的不足与症结，并予以纠正，使单向的信息传播成为双向的信息交互系统。

3. 创新非线性的理念

传统教育主张循序渐进，故而重视教材编写和教育过程的内在逻辑，但这种内在逻辑也导致了教材编写和教育过程的僵硬化，这并不适应学生的学习习惯。特别是在语言学习中，学习路径并不仅有一条，而固化的路径消除了学生的个性和学习的多种可能性。同时，线性的递进过程往往将知识点拉成一条线，与知识点自身的网状结构并不吻合，从本质上仍然体现着教育者的主体性和居高临下的姿态。

多媒体和网络重视信息的离散化。散落的信息通过超级链接串联起来，其内在逻辑可能不明显，但体现了学习尤其是语言学习的网状、立体框架。在备课过程中，教师可以把相关的信息挑选出来，进行加工整理，并以制成课件的形式介绍给学生，让学生根据自己的实际情况去选择，这改善了传统教学信息量不大、方法单一的弊病，这也是对教学信息有效地组织与管理，有助于提高学习效率。

此外，教师还可以指导学生自由地根据多媒体和网络提供的资料，进行适合自身学习条件和学习进度的信息编组和逻辑构建，从而真正实现英语学习的内化。

（三）优化了英语教学环境

语言属于技能的范畴，语言能力的获得需要学习者在合适的情境中反复实践和训练。传统的英语教学在教学环境的拟真性上存在较大的不足。英语并非我们的母语，我国对英语的使用也并不广泛，课堂上只有教师的言语讲授，课外学生只能看课本、听磁带，学生往往很难感受到英语学习氛围，这种英语教学环境使学生难以提起英语学习兴趣，不利于提升英语学习成效。

在英语教学中全面采用多媒体技术和网络，将视频图像、音响、图形、文字与课文和练习进行多层次、多角度的融合，无论课堂还是课外，学生都能随时听到纯正的英语，看到英语应用视频，并通过多样的多媒体英语活动身临其境地参与英语日常使用。多感官、多渠道、立体化的信息接收会大大强化英语教学环境的拟真性,扩大语言接触面,使学生更真切、更轻松地体会英语的运用,提高听说读写能力。

比如,在课堂教学中教师可以利用多媒体技术虚拟场景,模拟事件的发展,让学生模拟面对不同的情景,做出不同的反应。课后学生可以通过相关网络课程所创建的学习环境以个人或小组的形式进行自主学习。在这种拟真环境下,学生的学习兴趣得到激发,学习效率和解决实际问题的能力自然也会得到提高。

三、多媒体技术在高校英语教学中的实践应用

(一) 多媒体辅助课堂活动

在英语教学课堂上,除了课文内容的讲授以外,教师常常会安排一些课堂活动来激发学生的学习兴趣,帮助学生巩固所学知识,以及进行模拟实践应用。从语言环境的角度看,利用多媒体技术图文并茂、声像并举、形象直观的特点,教师可以在课堂上为学生创设各种情景,激起学生强烈的学习兴趣和学习欲望。比如在英语读写课上,为了让学生熟悉单元主题,教师可以利用多媒体安排一些热身练习,包括播放音乐或歌曲,播放视频,组织小组讨论,或让学生展示课前准备的 presentation 等。

英语听说课上,常常出现这样一个现象。很多同学面对话题感觉无话可说或由于怕出错不敢多说,导致课堂气氛沉闷,学习效果大打折扣。从输入理论角度看,可理解性输入是语言习得的必要条件和关键,教师应为学生提供大于学生目前语言能力的信息输入量。针对输入不足而影响输出的问题,教师可以让学生首先通过听相关的英语材料开始模仿,继而张口说英语。教师也可以选取适当的视频内容,先让学生观看,继而模仿,最后能够表演相关内容。教师还可以利用多媒体技术创设特定情境,组织小组讨论和分组汇报,然后让全班同学进行交流和评价。比如在练习课上,教师在学生回答问题前,可以先播放相关的音频、视频资料,让学生对该问题有进一步的了解,能够有的放矢地深入思考并做出解答。此外,教师还可以利用多媒体技术对学生进行提示或引导,帮助学生更好更快地完成练习。学生在课堂上积极地回答问题,使课堂的气氛更加和谐,从而使学生更加愿意参与到英语课堂的学习中。

(二) 多媒体辅助课外活动

多媒体技术除了在课堂上大显威力之外还可以很好地用于辅助课外活动。

英语是一门对实践要求很高的学科,仅依靠有限的课堂教学难以充分发展学生综合运用英语语言的能力,学生学习到一定程度,就会不满足于课堂知识,希望通过丰富多彩的课外活动来开阔视野、拓展知识、发挥才干。传统的英语课外活动,如英语角、英语演讲比赛、英语俱乐部等,对于场地和设备的要求不高,易于组织和参与,一直以来深受学生欢迎。随着多媒体技术的发展,英语课外活动的形式变得更加丰富多彩。

1. 英文原版影视剧

对于想要在自然环境中学好英语的学生来说,看英文原版影视剧无疑是练习英语听说的最好途径。影视剧通过声音与图像共同组成了完整的信息,将视觉刺激和听觉刺激有效地结合在一起,这是其他学习手段所不能达到的。教师可以向学生推荐适合学生学习程度的英文原版影视剧,还可以适时组织学生交流讨论。这样不但可以调动学生学习英语的兴趣,做到寓学于乐,还可以让学生学到更加地道的英语口语。

2. 英文主题小组活动

在英语听说课或其他英语探究式课程中,教师往往会要求学生进行英文主题小组活动,并在课堂上进行专题发言展示。在这一过程中,学生会围绕教师指定或学生自选的主题,利用网络、书报等各种媒体查阅资料,并进行取舍,最终形成专题发言的内容。一般说来,学生会像教师制作课件一样,在课前把主题发言制成 PPT 形式,以便课上向其他同学展示。

3. 英文墙报

教师也可以根据课程所涉及话题、学生感兴趣的话题或当前热点话题来组织学生分组制作英文墙报。在制作过程中,由于篇幅所限,学生需要从大量网络信息中选取最恰当的信息运用到墙报中去,因此墙报的制作过程实际就是一个自主学习的过程,通过制作,学生可以了解相关信息,甚至成为某方面的专家。

4. 与英语本族语者在线交流

与本族语者进行交流,是学好语言的一个有效手段。多媒体技术和网络技术打破了空间的局限,可以使学生与英语本族语者自由地进行交流。例如,学生可以给一个远在英国的学生发电子邮件,甚至使用聊天工具进行视频交流。

四、多媒体英语教学的注意事项

(一) 英语多媒体课件的制作要适度、实用

教育心理学认为:学生的接受能力是有限的,过多的信息和表现形式反而

会分散学生的注意力，不利于学生接受有用信息。[①] 因此，多媒体技术的使用并不是多多益善，而是要本着科学适用的原则，符合教学大纲，遵循教学规律，能够切实表现教学内容，有的放矢。教师在教学中要学会控制信息量，摒弃华而不实的表现形式，把课件的设计放到解决重点和难点问题上来。

（二）多媒体教学与传统教学相结合

大学英语教学通常分为听、说、读、写四个部分，并不是每一项技能都适合多媒体教学。比如口语的训练，需要人与人之间面对面的真实交流，而不是对着机器自言自语。关于运用多媒体进行写作教学，到目前为止还没有见到相关的研究。阅读分为泛读和精读。泛读篇幅长，需要速度，可以在网络上进行，教师应给出相应的指导。精读则涉及词汇、语法、背景知识、篇章分析等诸多方面，复杂多样；如果运用多媒体，必定是沿着由固定起点到固定终点的固定轨迹，缺少灵活性。

（三）正确处理教师、学生、多媒体三者之间的关系

在多媒体网络教学中，学生是学习的主体，教师起主导作用，多媒体只是辅助教学的工具。因此，人的因素是主要的。多媒体的运用不但要满足教师的需要，更要符合学生的心理认知规律，尽量做到以学生为本，激发学生学习的积极性。

再者，外语教学不同于其他学科教学，学生还处于初级水平；加之外语的实践性又很强，因此，模仿还是第一位的，比如语法、词汇的学习，只能靠记忆，而不是单纯的逻辑推理。尤其是在非母语的环境中，要想实现对第二语言的构建无异于"空中楼阁"。

总之，我们应对多媒体网络教学有一个理性的认识。作为时代的产物，多媒体走进大学英语课堂，有其必然性。但它只是辅助教学的一种工具、一种手段，应该服务于外语教学，而不是主宰外语教学。我们只有不断地改进教学方法、教学模式，从中总结经验教训，才能够真正发挥多媒体网络教学在大学英语教学中应有的作用。

[①] 王晶波. 多媒体辅助大学英语教学的理性思考 [J]. 中国校外教育（上旬），2008（S1）：1035.

第二节　大数据技术与高校英语教学的结合

一、大数据概述

1. 从对象角度来看，大数据是数据规模超出传统数据库处理能力的数据集合

目前，数据的发展演进已由数据库时代走向大数据时代，数据量处于 TB 级，乃至 PB 级，甚至更高。但是，大数据并非大量数据简单、无意义的堆积，而是在数据之间存在或远或近、或直接或间接的关联性，具有分析挖掘的价值。

传统数据库研究讲究因果关系，强调的是数据精确性，而大数据研究则侧重于相关性，强调挖掘不同事物间的相关性，并以此作为各类判断的依据。

2. 从技术角度来看，大数据是从海量数据中快速获得有价值信息的技术

传统数据库软件在应对大数据多样化格式上较为吃力，其存储、计算也难以获得满意效果，因此并不适用于大数据分析。

大数据技术涉及数据采集、存储、管理、分析挖掘、可视化等技术及其集成。该技术可以从凌乱纷繁的数据背后找到更符合用户兴趣和习惯的产品和服务，并对产品和服务进行针对性的调整和优化，因而更加适合数据的收集与管理。

3. 从应用角度来看，大数据是对特定数据集合应用相关技术获得价值的行为

企业可以将大数据分析技术用于在市场或行业内创造竞争优势，释放商业价值，开拓新的商业机会。

4. 从商业模式角度来看，大数据是企业获得商业价值的业务创新方向

大数据资源与技术的工具化运用，推动大数据产业链形成，以大数据为中心的扩张引发行业的跨界与融合。因此，企业在制定大数据业务战略时，需要分析自身业务基础和数据能力，选择适合的大数据商业模式。

5. 从思维方式来看，大数据是从第三范式中分离出来的一种科研范式

之所以将大数据科研从第三范式中分离出来，是因为其研究方式不同于基于数学模型的传统研究方式。科研第四范式不仅是科研方式的转变，也是人们思维方式的大变化。

二、大数据技术对英语教学的作用

大数据技术对英语教学改革产生了极其显著的影响和作用，使英语教学更为丰富和多元化，给传统英语课堂教学带来了极大的挑战，其影响和改变具体表现为以下方面。

(一) 丰富了英语教学资源

大数据技术拓宽了英语教学资源的获取渠道，不再局限于英语课堂上的教科书，使英语学习者能够更容易、快捷地获取优质的英语教学资源、课程计划，也使英语课程标准变得更加多元化，英语学习者可以借助大数据技术，准确地评估和筛选自己所需的英语教学资源，快速参与到英语学习活动之中，增强英语学习的主动性，提升英语学习效率。

(二) 使因材施教得以实现

大数据技术应用下的英语教学改革为因材施教提供了途径，英语学习者可以根据自己的时间和需求，自主掌握英语学习的节奏，根据自己的英语基础知识水平和接受程度，进行在线网上英语学习，较好地根据不同英语学习者的基础水平、学习效率、生活环境、语言天赋，进行个性化、高效化的英语语言学习。

(三) 促进了学生的自主学习

大数据技术可以挖掘和分析英语学习者的学习需求、成绩、习惯、喜好等特征，为学生的英语自主学习提供信息技术的有力支撑，具体表现为以下特征。

1. 自主选择与关联推荐相结合

大数据技术衍生出翻转课堂等创新教学模式，教师可以利用大数据教学分析系统，掌握学生的英语学习资源、学习习惯、学习节奏、喜好等，将海量的媒体教学与碎片化学习相衔接，为学生关联推荐适宜的、个性化的英语学习方法和内容，提高学生英语自主学习的效率。

2. 泛在学习与实时交互相结合

大数据技术可以为学生提供集成化、个性化、定制化、社交化的英语学习资源，满足学生的英语学习需求，利用泛在网络实现学生对英语知识内容的自主学习；同时，可以利用社交网络软件进行师生实时交互、讨论、反馈，提升学生的英语学习创新思维和自主学习能力。

3. 英语知识认知与情感相结合

大数据技术能够对学生的英语学习认知行为、情感、态度进行数据挖掘和分析，关注学生在英语自主学习中的英语认知和情感，使之相匹配和适应，更好地培养学生的英语自主学习习惯，提升英语主动探究能力。

（四）更新了英语教学评价方式

大数据技术对英语教学评价方式也产生了极大的改变和影响，由于传统的英语教学评价囿于技术手段的限制，难以获取英语学习者的过程信息，大多是采用相对粗糙的终结性评价方式，开展对学生的英语学习评价，对于学生的英语学习积极性产生了较大的挫伤作用和影响。而在科学先进的大数据技术应用条件下，可以极大地增加对英语学习者的英语学习过程的信息评价，提升形成性评价的权重值，全面获取学生的英语学习预习阶段、课堂学习过程、课后学习任务等信息，体现出准确性、真实性和全面性，能够客观、全面地反映学生的英语学习状态，对学生进行科学、客观的评价，促进学生进行英语学习的自我反思和总结。

三、基于大数据的高校英语教学策略

（一）转变英语教学理念

在大数据冲击各个领域的变革进程中，高校英语教学理念也要实现变革和创新，要基于大数据平台的网络技术和信息化技术，开设英语网络第二课堂。应根据学生英语学习的个性化需求，创设科学的、先进的英语网络教育信息系统，在对英语教学相关数据的采集、分析、处理和应用的前提下，设计全新的高校英语教学体系，运用先进的数字化、信息化技术，实现大数据对高校英语教学的运用。

（二）运用大数据了解学生的英语学习需求

当时代进入大数据的背景下，高校要借助于快速、便捷、丰富的大数据技术，全面了解和分析学生检索网站的访问记录，通过这种方式实现对学生英语学习需求的了解和把握，挖掘学生的英语学习兴趣偏好及行为方式。例如：高校图书馆通过学生的系统检索方式，获悉学生对一些英文原著资料的兴趣和爱好后，向学生传递和推送更具有学习价值的英语资料。这种方式具有极强的针对性和指向性，更易于被学生接受和喜爱，可以更好地在了解学生的英语学习需求之后，向学生推送英语相关信息，提升学生的英语学习效果。

(三) 开展大数据下的英语阅读与欣赏教学

在大数据的背景之下,英语阅读与欣赏教学要实现对接,不仅要能够从英语阅读中获得英语语言知识,还要能够从英语阅读和欣赏之中获得情感上的熏陶和浸染,获得思想上的启迪。[①] 基于大数据平台之下的高校英语阅读,要使学生大量接触英美原语期刊文章,通过英美报刊获悉完整的英美社会文化形态及思维态度等,可以采用小组讨论、口头陈述、书面写作等方式,引领学生进入大数据下的自我阅读体验状态,保持兴奋、积极的思维和学习状态,实现不同文明形态的对话,用宽容、开放的阅读心态,进一步提升学生的英语批判性思维能力。

四、基于大数据的高校英语个性化教学实践

(一) 大数据在英语个性化教学应用的优势分析

1. 有利于开展英语个性化教学的需求分析

当前,社会生活的方方面面都会产生大量数据,随着数据收集技术的不断发展,其效率和质量大大提升,大数据的规模成倍数增长,已经形成了庞大的数据资源系统。当然,社会生产、生活等各个系统中产生的英语应用数据也在持续扩大、种类日益繁多,所以英语教育教学可以充分利用大数据资源的规模优势和分析处理优势,对英语教育需求进行全面、科学的分析,并对未来社会发展对人才英语素质的需求进行科学预测,进而为大学英语的个性化教学提供基本的借鉴依据,让英语个性化教学更有针对性。

2. 有助于加快英语个性化教育资源建设

随着高等教育事业的发展和大数据作用的凸显越来越多的高校开始意识到大数据作为一种资源的重要性。在高校人才培养过程中,通过大数据可以为高校的人才培养、专业设置、课程教学等提供科学准确的分析。具体到英语的个性化教学上,可以通过大数据分析未来英语个性化人才的需求数量和方向,制定针对性的英语教学策略,开发建设个性化的英语教育资源。

总之,大数据中隐藏的巨大资源和教育价值对英语个性化教学活动的开展影响重大,未来高校必将利用大数据资源来开发建设个性化的英语教育资源,有效对接学生多元化、个性化的英语学习需求。

---

① 逯曼.大数据平台建设对高校英语教学效果的作用研究 [J].新课程研究(中旬),2017(5): 36-37.

3. 有助于提高英语个性化教学的智能化水平

当前，大数据在经济社会发展和教育领域中发挥的作用日益凸显，人们通过大数据分析得到有价值的信息，为各项活动的顺利开展提供指导。大数据分析通常涉及对数据的深层次挖掘和分析，而不仅仅局限于简单的统计和计算，因此，对英语教育数据的分析在准确性和智能化水平方面会更具优势。近年来，人工智能发展迅速，也为大数据分析提供了新的技术能力。人工智能的发展极大地推动了计算机硬件性能和软件技术的发展，为快速准确处理海量数据提供了技术支持，因此，未来大数据处理离不开人工智能，大数据在英语个性化教育领域的应用，也必然会提高个性化教学的智能化水平。

4. 有利于实现英语个性化教学与多领域融合

随着大数据作用的强化，各领域的融合趋势将愈发明显。由于大数据分析涉及多种技术，如云计算、物联网、移动网络技术等，随着技术革新，还将有新的技术应用其中，大数据未来将成为各种技术的集合体。除此之外，大数据将促进多领域跨学科人才的培养，未来大数据在英语教育领域的应用范围将会不断扩展，这对实现个性化教学与多领域融合将会形成有效的促进，进而让英语个性化教学更具层次化和针对性。

（二）基于大数据的高校英语个性化教学的实施

1. 制定个性化教学目标

大数据背景下实施英语个性化教学的首要任务是制定个性化教学目标，这样教师才能围绕准确的教学目标开展教学设计。

首先，教师要利用大数据技术调查统计学生的个人状况及英语学习状况，例如专业、英语基础、英语特长、学习能力、兴趣爱好、未来发展方向等，然后将所收集的数据进行总结分析并作为教学目标制定的依据，保证教学目标更加个性化。

其次，教师要分析教学内容，根据学生的不同状况分层次制定教学目标，依据学生个体学习和发展需求制定不同的分层目标，由此指引学生向多元化发展。例如，在依托教材培养学生的阅读能力时，公共目标是强调学生阅读并掌握课文内容，发展基础阅读能力；分层目标则要求学生按照兴趣爱好及专业发展方向选择合适的阅读材料，可以从报纸、杂志、网络等资源中选取。选择自己感兴趣的阅读内容可以有效提升学习效率，实现教学目标。可见，个性化教学目标能够使学生更有针对性地学习英语知识，有助于学生实现英语知识与能力结构的自我完善。

2. 选择个性化教学内容

当前，高校英语教学中，教学内容对教材的依赖性较大，教师依托英语教材开展各种教学活动，教学重点也放在教材中各种词汇、语法、句型、文章等的讲解方面，这样一来学生所学知识内容受到一定限制，综合英语素质的培养也不够均衡。尤其是高校不同学生的专业和未来发展目标有所不同，期望有更加丰富和有针对性的教学内容来满足其个性化需求，因此，运用数据技术和资源选择个性化教学内容至关重要。

大数据背景下，各种网络英语资源不仅丰富而且能够保证实效性，英语教师对教学资源的获取和推送也具有很大的便捷性，甚至可以结合学生的个性化需求实施差异化推送，使学生能够接触到真正需要的英语知识和学习信息。与此同时，通过大数据分析，教师可以很清晰地了解不同专业及职业所需的英语知识和技能，进而优化教学内容体系，可以保证教学内容更好地符合学生的兴趣爱好和职业发展需求，实现个性化教学，并为学生选择个性化的教学内容，满足学生的个性化需求。这时，英语教师需要针对不同的教育对象对教学内容进行个性化设计，确定合适的教学内容来指导学生开展个性化学习，有效对接其职业发展需求。

3. 使用个性化教学方法

教学方法的选择是否科学有效，很大程度上影响着各项教学活动的实施效果与教学目标的顺利实现。要保证英语个性化教学的顺利实施，必须改变以往过于统一和笼统的教学方法，充分利用大数据技术来创新教学方法体系，满足英语个性化教学的实施需求。

首先，教师要充分运用互联网和信息技术来创新教学方法，如慕课、微课、翻转课堂等教学方法，在大数据技术的辅助下可以发挥更大的作用。利用慕课可以获取海量、有针对性的学习资源和最新的英语资讯；利用微课和翻转课堂能够将知识点制作成各种学习视频，满足学生随时随地开展自主学习的需求，打破英语教学的时空限制，进而推动个性化教学的实施。其次，依托大数据技术创新教学方法，可以促进师生互动交流。教师可以运用大数据环境下各种现代信息交流工具与学生进行沟通，如利用微信、QQ、钉钉等平台丰富师生对话的渠道，更加准确地了解学情，由此提供更加有针对性的教学内容和方法，促进个性化教学的顺利开展。

4. 采用个性化教学组织形式

不同的教学组织形式下学生的学习方法和状态亦有所差别。以往的英语教学中教师大多只是机械地按部就班地教学，教学组织形式常常一成不变，学生的学习兴趣不高，个性化教学难以实现。同时，当前高校英语教学的组织形式缺乏个性和多样性，大部分英语教师仍在沿用自上而下的灌输性教学形式，淡化了教学组织过程的创新，没有充分考虑学生在英语水平方面的个体差异和个性化发展需求，个性化教学也就无从谈起。

对此，教师要根据大数据等分析工具的科学应用，对学生状况进行整体分析，并采用个性化教学组织形式，将不同层次学生有效纳入教学组织体系当中，提升教学质量和针对性。小组合作学习是当前受到广泛认可的教学组织形式，按照英语能力水平将学生分为平行小组，然后将组内成员按照兴趣特长、英语水平、性格特点等安排不同的职责，这样一来，每个学生都能得到符合自身需求的针对性学习和锻炼，共同完成教学任务，英语个性化教学也得以实现。此外，还可以通过游戏、表演等方式组织教学，使学生在娱乐活动中心情放松，学习兴趣大大提升，个性化学习需求可以得到满足，大大提升学习效率。

5. 开展个性化教学评价

个性化教学评价可以帮助教师更加准确地了解学生的学习状况，辅助教师改进教学过程，促进师生对话和提升教学质量。因此，高校要积极改进原有的评价体系，充分利用大数据技术辅助教学评价体系的构建与创新。对此，要将大数据技术有效应用到过程性评价、形成性评价当中，克服终结性评价的片面性，提升评价的科学度。在进行教学质量以及学生学习成果评价时，不能仅仅参考学生的日常考试结果，而应该把学生在日常学习中的表现，通过定量或定性指标加入评价体系中，由此全面衡量英语教学状况。此外，大数据技术也可以提供评价支持，将学生日常在线上所完成的学习量以及学习任务数据进行汇总分析。通过数据，教师可以清晰地了解学生的学习频率、时长、准确率、检测结果等，构建完善、科学的个性化教学评价系统。此外，评价体系中还可加入学生互评和自评部分，让学生从自身角度出发评价教学质量和学习效果，并让学生充分借鉴大数据技术支撑下的评价结果，提升评价的个性化和规范化。

第三节 云计算技术与高校英语教学的结合

一、云计算技术的概念

作为一种全新的 IT 技术，云计算被认为是 IT 领域中继 PC 和 Internet 之后出现的第三次革命。就高等教育领域而言，云技术在给大学英语教学改革带来巨大机遇的同时，也带来了诸多的挑战和不利影响。比如，云技术可以实现英语教学模式的远程化和虚拟化；云技术可以使各种英语培训模式无场地化或无教材化等等。本书主要探讨时下广为流布的云技术给大学英语教学改革带来的有利和不利影响和挑战，以期丰富后现代英语教学模式的变迁和推陈出新。①

二、云计算技术在高校英语教学中的应用价值

云计算在英语教学中的应用，将为英语教学带来一场变革，其在技术上的先进性、资源上的共享性和方式上的灵活性，将重构英语教学方式和学习方式，实现英语教学资源的全面整合，促进英语教学质量和学习效果的全面提升。首先是技术的先进性，云计算通过技术手段打破了英语教学的时空限制，使得英语教学从技术层面完全具备了实现空间教学模式的能力，英语教学不再受制于学校和课堂的限制，教师和学生可以在线上线下随时随地进行互动。教学将真正做到以学生为主体，拥有了充足的教学资源和灵活的教学方式，教师将有更多的时间花费在学生身上，教师可以根据学生的特点和需求制定个性化的教学方案。其次是资源的共享性，云计算通过跨地域和全学科的资源整合，将促进英语教学资源的极大丰富，整个学科、学校、机构和教师能够按需调配海量资源，资源的不平衡和不对称的状况得到根本性改善。最后是方式的灵活性，云计算技术在英语教学中的应用，不仅能够打破时空的限制，同时可以开发出多种多样更为灵活的学习工具。比如云课堂和云数据库的搭建，学生可以通过电脑、手机、平板等多种媒体，以及安装多种应用灵活访问英语学习资源。在英语教学资源极大丰富的同时，学生在相当程度上可以和教师获取同样的海量资源。教师可以轻松管理学生的学习过程。并且学生可以根据自身特点和需求设定学习目标，在教师的帮助下制定合理高效的学习计划，通过有目的性和针对性的学习和训练，英语学习将变得更为高效，更重视趣味性和应用性。

三、云计算技术给高校英语教学改革带来的巨大机遇

（一）云计算技术加快了远程英语教育模式的推进历程

远程英语教育是一种依托互联网思维而形成的一种教育模式。这种教育模式规避了几千年以来所形成的班级现场授课制度。在远程英语教育模式下，教育者可以通过电脑终端把上课和英语考试的一般信息传达到被教育者的电脑

---

① 张楚昕. 云技术对大学英语教学模式的影响 [J]. 长江丛刊, 2017 (11): 81.

里，被教育者只要熟悉一般的电脑操作就能轻松浏览或下载相关英语课程的教学大纲、考试大纲和教学视频，考试方式也可以采取机考的方式。

(二) 云计算技术正改变着传统英语培训模式的特点

传统的英语培训模式具有人际互动交流的现场性特点，教者和被教者必须面对面地进行"be-to-be"式的语言或肢体活动，培训者和被培训者也必须进行一对一的见面和沟通。而伴随着科学技术的进步，特别是云计算的开放式和分布式蚂蚁算法的推行，就使得传统的英语培训模式发生了巨大的变化。在云技术模式下，培训者和被培训者不必面对面，但可以实现在线沟通和交流。各个客户端可以借助云数据库来迅速找到自己的切入点，从而获得自己想学习的英语资料或英语试题。这样就大大简化了复杂的传统程序，优化了现代英语教育培训机制和理念。

(三) 云计算技术拓宽了高校英语学生知识获取的速度和渠道

云计算是一种能够将动态伸缩的虚拟化资源通过互联网以服务的方式提供给用户的计算模式，用户不需要知道如何管理那些支持云计算的基础设施，在这种模式下，大学英语学生知识获取的速度和渠道会发生很大的变化，那种只要上自习就必须到图书馆的英语习得理念已经落伍了。由于图书馆电子功能的加强，绝大多数英语学习者可以从云服务器里调出所需要的所有资料和服务信息，有些英语教师的试题都可以从云端得到搜索和下载，这就大大节省了考试成本和学习时间。

(四) 云计算技术正改变着高校英语学生多媒体上课模式的效率

在现有媒体环境下，学生可以通过声光电的叠加技术实现三维甚至六维的动画演示，视觉的刺激可以大大激发大学英语学习者的脑部浅层细胞，进而提高学习者的清醒意识，进而提高英语习得效率。在云技术环境下，大学英语学习者的立体化课程模式就应运而生。学习者不仅受到强烈感性刺激，而且还会受到现实空间风光水电雷等的陪衬和铺垫，因而学习效率会大大提升，情景化教学会大大提高英语教学的正规化进程。

四、云计算技术与高校英语教学结合的措施

(一) 建设复合型教师队伍

对于非计算机专业的英语学科管理者和教师而言，云计算属于跨学科技术，软硬件环境搭建和应用部署具有很强的专业性，作为平台和应用的使用者，英语学科教育从业者即使不必从深层次了解其底层技术架构，但对其基本理念和原理应该有充分的了解，对于业务应用和操作层面更应该熟练掌握。只有这样，才能保证需求方全程参与到平台的需求分析、实施部署、测试调优的整个流程，英语教育从业者才能和云计算技术人员一道定义本学科的云计算应用标准，从而才能保障云平台从开发阶段就以需求为导向，使得基于云计算开发的平台和应用符合英语教学的特点，满足英语教学的要求。由此可见，培养复合型教师队伍，是促进云计算技术在英语学科应用的关键所在。

推进云计算在英语教学的应用，教师队伍建设是根本性要素，培养英语学科和云计算技术复合型教师队伍需要在三个方面努力。一是加强专业知识培训，通过集中组织和自学等多种方式，加强英语教育从业者对云计算基础知识和理念的理解。二是积极参与项目建设，云计算在英语教育领域实施的项目，从业人员必须积极参与其中，这样项目成果才能满足英语教学的实际需求，从业人员也能够大幅提升云计算知识水平。三是加强实际应用，英语教育从业者不仅需从观念上理解和支持云计算技术的应用，在实际的教学工作中更应该加强实践和提高应用水平，并根据教学实际不断提出更高的需求和标准，从而推动教学和技术的相互促进和共同发展。

(二) 完善英语教学资源池

英语教学资源池的建立是一项长期的系统性工程，英语教学资源包括搭建云平台的软硬件资源、师资力量、教学内容、教学工具、教学方法论等等。在国家完成前期的云平台软硬件基础设施的搭建之后，要进一步加大对其他内容的建设力度，技术的应用和平台的搭建是基础和手段，内容的丰富和完善才是提升英语教学水平的关键。学校和其他教育机构也是一样，在各自完成虚拟化平台和数据中心的搭建之后，要将工作重点放在应用层和业务层。国家要在云端统一规划建设英语学科教学资源库，站在全局的角度对英语学科教学资源进行全面整合，学校、教育机构、企业和学生要主动融入统一资源共享体系，主动成为资源的分享者和利用者。在资源池不断得到丰富和完善后，英语教学从业人员将可以获得国家英语学科共有云平台、企业和社会机构公有云、学校和机构自建私有云，企业付费搭建专有云等资源，英语教学从业者可以最大限度免费获取或者有偿定制所需教学资源，为教学工作提供全面支撑和保障。

(三) 建立以学生为主体的空间教学模式

云计算通过资源池的建设和云课堂的搭建，从技术层面打破了教学的时空限制，学生可以随时随地获取最优质的学习资源，教与学的模式将发生根本性的改变。学生在家中通过电脑、手机等多种媒介，就可以实时参与国内外知名学校的课堂学习，将来还可能通过虚拟现实技术身临其境般与课堂中的师生进行互动；学生可以更自由地安排和支配学习时间，不必为错过某节课程和讲座而烦恼，他们可以通过资源池学习昨天甚至几年前的音视频内容，还可以针对某个知识点和疑惑给教学者留言和互动。英语的教学模式也随之发生改变，最大化利用学生的学习时间，真正做到教学以学生为主体，课堂教学只是英语教学过程中的一个环节。空间教学模式在英语教学中要根据学生的特点，将教学资源池中的资源向学生推荐和分享，在云课堂中布置作业、互动交流、开展测评等，引导学生课上课下、随时随地、有针对性地开展自主学习。

（四）加强以结果为导向的学生自主学习模式

随着英语学科云计算软硬件环境的不断完善，学生的英语学习的自主性将持续得到提升，传统单一灌输式的教学将失去生存空间和价值。在云计算辅助英语教学环境下，所有软硬件的配置和教学资源都以学生为中心，学生可以从海量的英语学习资源中进行个性化选择，可以线上线下随时随地开展自主学习，通过在线英语学习云课堂，师生、生生之间可以开展更加高效的互动交流。学生自主学习应以结果为导向，根据自身需求设定学习目标，无论是应试、社交、商务和留学等学习目的都能得到满足，可以根据自身知识结构和特点选择词汇、语法、阅读、口语、写作、翻译等模块进行强化学习，以结果为导向的自主学习将极大提升学习兴趣和效果，从而实现英语教学和学习的双赢。[1]

第四节　虚拟现实技术与高校英语教学的结合

一、虚拟现实技术应用于高校英语教学的理论基础

（一）虚拟现实技术的特性

虚拟现实技术（VR）具有 3I 特性：沉浸性（Immersion）、交互性

---

[1] 闫卫芳. 云计算技术在英语教学中的应用 [J]. 吕梁学院学报, 2016, 6 (4)：91-93.

（Interaction）、构想性（Imagination）。具身理论是将虚拟现实应用到英语教学的基础。

沉浸性是指用户在进行某一特定情境体验时，全身心投入当下情境，忽略时间、空间等外界因素的干扰，获得心理满足。通过视觉、听觉、触觉的三大反馈，最大限度地为用户提供了"当下"的真实感，弱化了外部事物对用户注意力的分散作用。

交互性，指用户与系统之间的信息双向传递。用户在特定情境下做出行为时，系统可给予用户及时反馈，进而指导用户的下一步行动，反之，用户行为也决定了系统程序的走向，能够触发不同事件的发生。虚拟现实技术也是媒介，用户之间可以以虚拟现实技术为载体，进行联机对话，实现用户与用户之间的双向信息交流。

构想性是指基于人类的想象，通过技术模拟出真实世界不存在或较难存在的情境。可虚拟建构宏大场景、脱离物理常识运动等，用户可借助虚拟现实技术进入想象国度。

在虚拟现实技术与现代计算机技术飞速发展的背景下，虚拟现实技术的含义不断拓展。当今，虚拟现实技术泛指与现代虚拟现实技术相关并可创建虚拟现实环境的软硬件设备、设施，以及与虚拟现实技术相关的技术方式等。利用虚拟现实技术创建的虚拟现实环境内，若外部现实环境与虚拟电子环境在负责传感交互设备促使下形成闭环控制系统，较为系统化的输出行为与期望行为间出现偏差，进而通过反馈闭环消除偏差得到期望系统性能，则受操作控制影响，使用者与虚拟环境间交互即可能对外部现实环境产生相关反应信息，如身体动作、声音等。

虚拟现实技术在英语教学中主要体现出三个特征。

首先，虚拟现实技术具有真实性。英语教学中虚拟现实技术的真实性即为学生关于学习内容的可操作程度，并以操作为基础反馈的自然程度。现代教学在虚拟现实技术作用下，学生可在虚拟学习环境中产生虚拟触觉信息，尤其在语言类教学过程中，学生可与虚拟世界中的人或物进行英语语言对话，并产生与真实人或物交互的真实感。进而，在语言对话，情景交互的过程中加强学生角色真实感，营造真实性语言氛围，提升学生学习质量。

其次，虚拟现实技术具有创新性。创新性即在虚拟现实技术所营造的学习环境中，具备开创学生想象力，进而实现英语教学对学生知识范围拓展及延伸的空间。虚拟现实技术在英语教学中的应用，可将真实场景还原加以情景再现，可模拟真实场景不存在的虚拟场景。在高校英语教学中，除常用基本英语教学外，还有一部分专业性英语内容教学，在传统英语教学方法中，教师通常采用学生与学生间的对话模拟现实场景，其特点是真实度与专业度较低。利用虚拟现实技术可构建真实学习环境，将学生引入真实职业工作中，迎合现代学生心理需求，促使教学质量提升。

最后，虚拟现实技术具有夸张性。通过电脑制作的 VR 虚拟现实场景，可对事物本质以夸张或减小的方式进行表达，进而强化其需表达的内容。在利用虚拟现实技术构建的英语学习环境中，涉及多元化信息内容，如动画类内容等。虚拟现实技术可将动画中的角色造型、角色所处环境进行夸张性展现，进而激发学生学习兴趣，加深学生对课程的印象，促使学生学习质量得到提升。

（二）具身认知的理论

具身认知（Embodied cognition），是心理学中一个新兴的研究领域。柏拉图、笛卡尔的"二元论"认为，物质世界与精神世界是相互分离、互不干涉的。与"二元论"持相反的观点，具身认知理论认为，身体行为影响意识，意识指导身体行为，且身体、意识都与所处的环境紧密相关。具身认知的六种观点如下。（1）认知处于特定情境。认知活动在真实环境中发生，并持续地影响感知与行为。（2）认知处于时间压力下。必须在实施与环境的交互作用的压力之下理解认知。（3）我们将认知卸负于环境。因为我们的信息处理能力有限（例如，有限的注意力及工作记忆力），所以借由环境减轻认知负担。我们让环境保持甚至操纵信息，从而可只在需要了解的基础上收集信息。（4）环境是认知系统的一部分。信息在思维与世界中密集、持续地流动，因此对科研人员来说，仅仅分析思维是不够的。（5）认知的目的是行动。思维的作用是指导行动，必须从感知、记忆等认知机制对情境适当行为的最终影响的角度理解它们。（6）离线认知基于身体。即使从环境中解耦，思维活动也植根于与环境相互作用而发展的机制——感觉处理和运动控制机制。[1]

根据具身认知理论，我们可概括得出：认知的发展与特定的情境有关，须由某一具体的事件触发刺激其发展；通过及时反馈理解认知；环境是一个重要的因素，它承载信息，参与感知的过程并与认知协同发展；认知指导人的行动。

根据 CMT（概念隐喻模型），无形、复杂的抽象概念植根于有形、简单的具体概念，人们通过具体的感知觉经验把握与抽象概念相关的信息，因此，身体经验与抽象的思维不是独立无关的。在具身认知背景下，空间隐喻、温度隐

---

[1] 常莞嘉，王冬. 虚拟现实技术支持下高校英语教学生态系统重构 [J]. 黑龙江教育学院学报，2019，38（9）：138-140.

喻、洁净隐喻、明暗隐喻、触感隐喻与重感隐喻对人抽象认知的架构、感知的变化有着重要影响。并基于研究结果，进一步归纳得出，进化过程、早期经验以及身体活动特性等因素共同塑造了隐喻模型。

具身理论研究及隐喻模型的构建与 VR 的三种特性巧妙地融合在一起，具身理论的研究及隐喻模型的构建为我们证实：我们可以通过具体的、特定的场景，采取对某一事物的特定学习，化抽象为具体，从而获取信息，学习知识；VR 技术的三种特性则提供了具象化的场景，将难以实现的场景制作出来，令用户参与其中。

二、虚拟现实技术与高校英语教学的结合的优势

应用虚拟现实技术构建虚拟学习环境，创建解决问题场景，使得学生的学习积极性和主动性得到了极大提高。因此，从学生学习过程的构建主义来看，学生有了更多的自由性，同时虚拟现实技术带来了浸入式体验打破了学生与虚拟环境的距离感，从而提升了学生学习投入度和专心度。

（一）培养学生自我探索的能力

虚拟现实技术构建的学习场景，使得学生能自主分析和探索学习内容，在自我学习过程中逐渐构建起良好的学习习惯，以此丰富自身的知识储备。教师还可以在虚拟场景中利用虚拟现实技术设定好语言难度级别，在不同级别下配置相应的支架协助，满足学生不同的选择和学习需求，同时也能帮助学生依据自己的知识水平选择语言难度级别，从而完成不同级别的学习。这种知识习得的平台也能帮助学生依据个性指定针对性学习计划，科学评价自己的学习效果。总之，虚拟学习场景中，学生的学习参与能力可以得到大大提升。

（二）培养学生合作学习的能力

高校英语教师通过构建起合适的虚拟学习环境，将不同个性的学生集中引导到同样的学习环境中。在同一个虚拟世界里，学生能开展合作，共享学习资源和成果，从而获得更多的知识技能。通过培养学生的合作学习能力，学生在小组学习以及合作学习模式下，自我探索精神被强化，从而建立起一个知识分享网络，在探索、合作中产生新知识。

（三）培养学生创造性思维的能力

英语教师要认识到，培养学生创造性思维能力的重要教育意义。虚拟学习环境下，教师为学生提供了自由表达意见、充分展示自己的平台和机会。例如，在虚拟学习环境下，教师创设出讨论学习环境，并布置特定讨论话题，鼓励学生围绕话题积极开展讨论，在产生不同观点的同时，在虚拟学习环境下不受约束的交流、互动与反思。学生在交流沟通中也能认识到自己的不足，吸取他人的优势，分析对方提出的下一层问题，从而不断进行思考，最终使得自身的思维意识得以充分发挥出来。

三、虚拟现实技术支持下的高校英语教学生态系统构建

生态学原理对课堂监控的影响包括：找出限制因子，最适度为关键因素，最终实现教育平等。VR 设备的应用可为学生与教师提供特定的、具体的场景，最大限度地提升学生的临场感，应用视觉、听觉、触觉、嗅觉等感官使得教师和学生都能参与其中。我们可通过设定具体的本土化英语场景，提供地道、真实的对话形式，探究阻碍学生英语学习的限制因子：知识难度超出学生当前的认知层次，无法理解对话内涵？还是学生的基础较差，不能熟练使用单词？VR 场景能为教师和学生提供具身认知的环境，可通过时间层面上的不同尺度，找出适合记忆的时间最适度；不同于传统教学模式，无课桌与讲台的阻碍，在"临场感"这一教学背景下，教师与学生地位平等，这有利于教师与学生换位思考，教师了解不同学生的所想所需，从而实现课堂内教育资源的合理分配。

我们将课堂视为一个完整的生态系统，其要素包括：人（教师与学生）、资源（信息、空间）以及环境（课堂整体氛围）。存在于系统中的各要素有着联系：教师与学生、学生与学生、教师与课堂环境、学生与课堂环境等。在此生态系统中，要努力实现资源（信息）分配合理、个体（学生、教师）找寻到合理生态位、打破花盆效应，促进生态系统的良性发展。只有给予学生正确足够的信息，学生才可根据自身能力吸取信息，处理信息，发展自身的能力；教师可针对不同学生扮演不同的角色，教师与学生才可找准自身在课堂生态系统的位置；根据自身能力以及所处生态位，学生可知离开课堂环境后，自己所能触及的信息，在课堂外的生态系统努力提升自己竞争力；课堂生态系统中的每个要素得到充分发展后，生态系统趋于良性循环。

虚拟现实技术支持下英语教学生态系统可通过两种模式付诸实践，解决教学问题。

（一）角色扮演型模式

角色扮演型模式是以经典文学作品，如"哈姆雷特"为例，将 VR 背景定位为故事发生时的丹麦王国，辅以符合时代背景的场景设置，渲染文化氛围的

模式。背景设定完成之后，创建角色，给定台词文本，令学生选择感兴趣的角色来扮演，学生选择完成后，随机将出场人物划分为小组，每组任务用英文完成该场景演出。

与传统戏剧表演相比，虚拟现实技术构建的角色扮演模式降低了表演难度，在现实世界中，戏剧表演对于演员的要求较高，某些学生因不自信等缘故，难以参与到表演中；虚拟现实技术搭建了符合经典文学作品的文化氛围，学生更易感受到人物的性格，有利于他们理解经典，激发对经典的阅读兴趣。

每一幕的表演时长比较固定，由于学生自身参与表演，调动了所有感官，可以保持学生的注意力，也避免了教师因为教学进度的安排出现"赶时间、赶进度"情况的出现，减少了填鸭式教学发生的可能。

（二）任务驱动型模式

通过 VR 给定完整的世界线，如感恩节的由来。在世界线展开叙述的过程中，设定种种任务，通过与 NPC 对话，寻找必要物品，从而开启结局叙述。学生分成小组，人数定量，以第一视角躲避英国政府对清教徒的迫害（可设定为躲避英国政府的追捕，被发现则出局）、乘坐"五月花"号到达美洲（可设定为海上存在风浪，需按给定顺序操作船上各个部位，超时或未按规定操作出局）、与印第安人对话、学习钓鱼和种植等技能（可设定为需根据印第安人讲话做出相应动作，未成功学习技能出局）。数轮淘汰过后，若剩余学生在场内，则可开启结局。

在任务完成的过程中，设置检索信息的步骤，如学生在登船时需要输入密码，而密码存在于前人留下的信件中，此时插入文献检索的方法，帮助学生获取正确信息。以开启结局为目的，以游戏的方式参与其中，有利于激发学生的好奇心；小组内每个成员缺一不可，需要相互配合，能够让学生意识到自己的价值，增强他们的自信心。在共同的目标面前，促进学生自身能动性的提升。

教师以促学者的身份参与这种模式，给予学生群体帮助，加强与学生的联系。通过阅读英语文本、理解英语文本、表演英语文本，了解学生的英语基础、现阶段的英语认知能力、经典文学的储备，合理分配教学资源；通过主动的小组分工、以开启结局为目的完成任务，对话 NPC 的方式，更看出学生的不同性格特点——是否具有领导特质、是否能黏合集体、逻辑思考能力是否较强、模仿能力是否较强等等，促进个性化教学，确定学生在教室生态系统中所处的生态位，让学生之间互帮互助，达到"协同进化"的效果。

四、虚拟现实技术在高校英语教学中的应用策略

(一) 应用虚拟现实技术制作高校英语教学课件

在英语教学活动中,教师通过应用虚拟技术改革和创新教学模式,在实践探索中应首先从优化创新教学课件设计活动方面入手,并依托 VR 虚拟现实建模语言以及 Open GL 开放图形程序接口以等,有效融合英语教学资源中的文字、图片、视频、动画等,从而创新并制作出高校英语教学课件。在这种教学课件支持下,英语教学活动的开展就更具创新性和科学性。同时,教师将虚拟技术应用到英语课堂教学实践中,也要重点关注教学活动是否具备真实的沉浸感与互动性。学生在虚拟语言环境中,可以与创设出来的虚拟人物和虚拟教师沟通交流,使学生感受到自己处于真实的语言交流环境中,不断锻炼自己的英语口语能力,并增强了英语教学活动的吸引力,从而提高学生英语学习的效率。[①]

(二) 创设多样化的虚拟学习情景

英语教师创设出多样化的虚拟英语学习情景,也是进一步推进虚拟现实技术应用的关键。通过不断探索多元化的虚拟学习环境,积极探寻虚拟现实技术应用于高校英语教学中的深层次教学价值,这有助于教师对高校英语教学内容以及教学方法的创新。

首先,在虚拟现实技术下,通过创新英语语言教学环境,将传统语言教学与现实生活情景融合起来,让学生在熟悉的生活语言环境下开展英语语言交流,锻炼英语语言实际应用能力,学习英语交流沟通日常小技巧,从而获得良好的语言体验。学生在虚拟语言交流环境中,能更加积极和活泼地与人沟通,充分发挥了自身的主观能动性。另外,高校英语教师还可以在语言环境下融入图片、音频资源,使得整个学习环境变得更加生动和自由。在虚拟语言环境下,每个人都处在语言环境中,每个人都可以与任何语言环境中的人开展合作学习,教师也可以在语言环境下针对性地指导学生开展更多的学习活动。例如,在高校商务英语教学中,教师通过为学生创设虚拟英语商务交流情景,分配给学生英语语言任务,包括扮演客户、经理、外来客商等,并设计出相应的情景任务,学生在虚拟交流环境中完成自己的语言表达任务,身临其境感受英

[①] 饶卫民. 虚拟现实技术在构建主义指导下的英语教学中的应用 [J]. 大众标准化, 2020 (2): 110-111.

语语言交际场景，这对培养其英语学习能力和语言自信心有着较好帮助。

其次，应用虚拟现实技术创设英语语言文化环境。语言文化作为英语教学中重要部分，教师应引导学生学习和掌握英语语言文化背景知识，这对强化学生跨文化交际能力有着积极作用。例如，教师通过创设虚拟"商务餐饮英语"教学环境，旨在让学生在参与虚拟语言活动中切身体会和感受国内外餐饮文化差异，从而提高跨文化交际能力。教师可以要求一位学生扮演英国的商务宴客人，通过观看相关的商务餐饮视频，学生学习并模仿英国商务用餐礼仪和基础的语言交流，从而在虚拟环境中模拟出来，与共同参与者进行交流互动。如此一来，学生在虚拟商务英语语言环境中的跨文化交际能力也能得到有效培养和提升。[①]

最后，利用虚拟现实技术构建英语教学资源，实现资源的共享。例如，高校在缺乏专业英语语言教师的情况下，就可以利用虚拟技术在虚拟环境中创设出中外著名的英语教师教学场景，实现同步教育。虚拟现实技术丰富了高校英语教学资源，虚拟环境的创设实现了教学情境的共享，不仅能优化英语资源利用，也是全面提高高校英语教学活动水平的有效手段。

(三) 利用虚拟现实技术创新高校英语教学，完善教学评价体系

在实现高校英语教学改革创新的过程中，教学评价系统至关重要，教师必须利用虚拟现实技术完善教学评价系统，进而提升教学改革与评价系统的契合度，大幅加快英语教学方式现代化的脚步。因此，教师应结合虚拟现实技术对教学评价体系创新改革加以系统化研究，创建完善科学的教学评价发展体系，进而对高校学生的英语学习情况做出真实、准确、客观的判断，为不同学习情况的学生提出符合其自身发展规律的教学指导。具体操作方法如下，第一，利用大数据对互联网中高校学生英语学习信息进行分析，全方位了解学生在VR虚拟场景中英语学习的基本状况，并客观地对学生学习水平做出判断。第二，教师在确定高校学生学习情况后，将具体数据输入相关系统，系统通过线上及线下整合分析，做出判断，并为学生深化学习英语知识提供帮助。第三，通过利用文本分析与指数计算板块，教师对学生主观表现加以分析判断，系统化了解学生英语学习情况。教师结合上述基本情况，利用虚拟现实技术模拟同水平场景，进而提升学生英语水平。

---

① 梁颖珊. VR技术在高校英语教学中的应用研究 [J]. 佳木斯职业学院学报，2019 (2): 210-211.

第五章 翻转课堂教学模式探究

近年来翻转课堂在高校迅速发展，因其体现了全新的教学理念并兼具线上线下两种教与学之长而倍受广大师生的青睐，在大学应用日趋广泛。翻转课堂突破了传统教学局限，带来全新的教学体验。

第一节 翻转课堂概述

一、翻转课堂的源起和发展脉络

"翻转课堂"最早的探索者应该是美国人萨尔曼·可汗（S. Khan），在为小孩辅导数学功课的过程中，想到了制作教学视频，让更多学习有困难的孩子享受辅导资源。2006年11月，他制作的第一个教学视频传到了YouTube网站上，并很快引起了人们的关注。

如果说萨尔曼·可汗主要还是对学生进行学习辅导的话，科罗拉多州林地公园高中的化学教师乔纳森·伯尔曼（J. Bergmann）和亚伦·萨姆斯（A. Sams）则进行了颠覆传统课堂的尝试。在2007年春天，乔纳森·伯尔曼和亚伦·萨姆斯把结合实时讲解和PPT演示的视频上传到网络，以此帮助课堂缺席的学生补课。更具开创性的一步是，他们逐渐以学生在家看视频听讲解为基础，开辟出课堂时间来为完成作业或做实验过程中有困难的学生提供帮助。不久，这些在线教学视频被更多的学生接受并广泛传播。两位教师的实践引起越来越多的关注，经常受邀在全国各地介绍这种教学模式，很快他们的讲座遍布北美，逐渐有更多教师开始利用在线视频来在课外教授学生，回到课堂的时间则进行协作学习和概念掌握的练习。翻转课堂，不仅改变了小镇高中的课堂，来自世界各地的越来越多的教师，开始尝试在不同学段、不同学科的教学中，采用这种方式进行教学。

尽管翻转课堂的模式已经初步成型，但因为视频资源较少，并没有被迅速传播开来，这一问题被萨尔曼·可汗解决了。2011年，他建立的非营利性在线视频课程"可汗学院"在比尔·盖茨（B. Gates）等人的资助支持下迅速红遍全球，其原因不仅仅是他的教学视频受到无数人的喜爱，他所设计的课堂练习系统因为能快速捕捉到学生被问题卡住的细节，教师能及时施以援手，从而成为更大的亮点，同时他还会对学业好的学生进行徽章奖励，后来人们把这种方式称为翻转课堂的"可汗学院"模型。[①]

二、翻转课堂的内涵与特征

通常意义上，大家对翻转课堂最朴素的解释就是，将传统的课堂学习和课后作业的顺序进行颠倒，即将知识的吸收从课堂上迁移到课外，知识的内化则从课后转移到课堂，学生课前在网络课程资源和线上互动支持下开展个性化自学，课堂上则在教师引导下通过合作探究、练习巩固、反思总结、自主纠错等方式来实现知识内化。

目前看到的最初的翻转课堂实施结构模型来自美国富兰克林学院数学与计算科学专业的 Robert Talbert 教授，他在"线性代数"等很多课程中应用了翻转课堂教学模式并取得了良好的教学效果。

随着教学过程的颠倒，教与学的流程、责任主体、师生角色、课内外任务安排、学习地点和备课方式等方面都发生了明显变化。与传统意义上的课堂教学结构相比，翻转课堂颠覆了人们对课堂模式的思维惯性，改变了学生学习流程，从新的角度揭示了课堂的新形式、新含义。

首先，翻转课堂颠覆了传统的"课上授课+课下作业"的教学流程。在传统的大学英语课上，教师往往借助口头讲解、板书及多媒体课件等方式将英语单词短语、语法句型、听说读写技巧等知识传递给学生；课下，学生通过预习、完成教师所布置的作业以及复习等方式内化课上所传授的知识。翻转后的大学英语课堂则与之相反，课下，学生通过自主学习教师所设计、提供及可获取的多样化资源完成相关英语知识的传递；课上，学生在教师的指导和帮助下，通过独立探索、与教师及其他学生面对面交流、答疑、团队协作探究等各项活动完成知识的内化。

其次，翻转课堂改变了传统的"以教师为中心"的教学模式，重新定位了师生角色。在传统的大学英语课程中，教师是课堂上的讲授者，是知识和信

[①] 陈杰，欧炜，陈睿，薛文霞. 初中卷 翻转课堂与微课 [M]. 北京：中国轻工业出版社，2016：5.

息的拥有者及传递者，是知识交互和应用的中心；学生是知识的被动接受者，根据教师所传授的知识，以既定的步伐进行被动的学习。在翻转后的大学英语课堂中教师不再是学习的中心，而成为学生学习的指导者、促进者及推动者，即教师成了学生便捷地获取资源、利用资源、处理信息、应用知识到真实情景中的脚手架；而学生成为整个学习过程的中心及主体，在实际的参与活动中通过探索及协作完成任务从而主动地建构知识。

再次，翻转课堂改变了传统的课堂安排，重新规划了课堂时间。在传统的大学英语课堂中，虽然师生和生生间也会有互动，有交流讨论，但由于教师需在有限的时间内向所有学生传授既定的内容，教师讲授占据了课堂的大多数时间，师生和生生之间很难开展真正的有针对性的交流与互动；而在翻转后的大学英语课堂中，由于学生课前已根据教师提供的资源和提出的要求完成了相应的知识传递，教师课堂讲授时间可大大缩短，从而为学生留出更多的时间来进行基于现实生活中真实情境而构建的学习任务及活动，让学生在交互协作下积极主动地完成学习任务，实现知识的内化与建构。

最后，翻转课堂为教师和学生提供了多样化的教学手段、资源及多元化的评价体系。在传统的大学英语课程中，教师主要借助口头传授、板书及多媒体课件等方式将既定教材中的有限知识传递给学生，以及依据学生的卷面成绩对学生进行终结性评价。而在翻转课堂中，由于翻转课堂更多的是一种将课堂注意力从教师转移到学生和学习上的思维方式，因此每一位选择翻转课堂的教师都可以根据自身教学特色和学生的具体情况选择不同的做法；并且教师为学生所提供的学习资源也将不仅仅局限于教材，而可以在充分考虑学生兴趣、意愿、需要及能力的前提下，为学生设计及提供更丰富、更多样化的资源，学生自己也可以在教师的指导下在大数据时代的海量资源中选择自己感兴趣及适合自身的资源。不仅如此，教师还可以在课堂上对学生即时予以评价反馈，采取在内容、形式及标准等方面更多元化的体系，对学生进行形成性和终结性的综合性评价。

三、翻转课堂实施的理论依据

学习金字塔理论、掌握学习、建构主义、有效教学等理论，从教学本质上为翻转课堂实施提供了理论依据。它们从知识观、学习观和教学观等方面为翻转课堂的实施提供了理论指导，也印证了翻转课堂实施在促进学生学习成果取得和多元发展上的现实价值。

(一) 学习金字塔理论

美国学者埃德加·戴尔（E. Dale）1946年率先提出"学习金字塔"理论，它用数字形式形象显示了学习者采用不同的学习方式在两周以后还能记住的内容多少（平均学习保持率）。用耳朵听讲授，知识保留5%；用眼去阅读，知识保留10%；视听结合，知识保留20%；用演示的办法，知识保留30%；分组讨论法，知识保留50%；练习操作实践，知识保留75%；向别人讲授，快速使用，知识保留90%。由此可以看出，不同的学习方法达到的学习效果不同，研究表明在两周之后，学生对知识的保持率，从5%~90%不等。[①]

学习成效金字塔理论通过定量分析，揭示了从简单的照本宣科灌输式学习到多种感官参与的深入体验式学习给学习者带来的学习效率的改变，描述了提高学习效率的途径，启示应以学生主动学为主，眼、脑、手、口、耳多种器官综合参与学习。学生只有主动掌握知识，才可以真正实现由知识到能力的进一步转化。

(二) 建构主义

建构主义也译作结构主义，是西方教育心理学的最新教学理论，其最早提出者可追溯到瑞士心理学家让·皮亚杰（J. Piaget）创立的儿童认知发展。建构主义教学遵循两条基本原理：一是知识不可能被动接受，只可能被主体创造；二是认知功能具有适应性，并适应于经验世界的构造。建构主义主张教学应以学习者为中心，学生积极主动地建构知识，在教学过程中它关注学生的已有生活经验和知识背景，关注学生的实践活动和直接经验，关注内容的革新和探究式教学的运用，关注学生的自主探索与合作交流，关注学生的学科情感和情绪体验，使学生投入丰富多彩、充满活力的学习过程中去，使学习具有价值，富有意义。

建构主义从知识观、学习观和教学观三方面与翻转课堂的现实价值相匹配。建构主义学习理论认为，知识不可能独立存在于个体之外，真正的知识应该与学习者融为一体，学习者通过自己的知识背景建构属于自己对某个问题的认识。这也是翻转课堂成为学习者乐于接受的学习模式的真正原因。建构主义强调，学生在学习中，应根据已有经验对新的知识进行加工和处理，所有知识的含义都是动态发展的。翻转课堂正是通过学生课下有效自学、课上与教师互动，促进他们原有知识因新的经验而发生调整和改变，从而达到更好的学习效

[①] 孙惠敏，李晓文. 翻转课堂我们在路上 [M]. 杭州：浙江大学出版社，2018：28.

果。建构主义教学观认为，教师要以学生现有知识体系和经验为出发点，引导学生在原有知识的基础上，通过纳入新的知识和经验而重新构建新的体系，通过否定之否定实现教学效果质的飞跃，即从旧知识体系中生长出创新与感悟。翻转课堂通过学生课下合作学习和自我探索，打破了教师教学环节和知识的垄断性，通过教师在教学过程中的积极引导促进学生实现自我成长与发展。

（三）有效教学

西方学者对有效教学的解释可以归纳为目标取向、技能取向和成就取向三种基本取向，到目前为止并没有一个统一的解释，也很难找到一种最佳的界定角度或框架。综合国内外学者的研究成果，对有效教学的界定主要有以下几种。

一是沿用经济学上效果、效益、效率的概念来解释有效教学。这种观点认为，教学有效性是指教师遵循教学活动的客观规律，以尽可能少的时间、精力和物力投入，取得尽可能好的教学效果，从而实现特定的教学目标，满足社会和个人的教育价值需求。

二是从"有效"和"教学"两个概念出发来界定有效教学。这种观点认为，有效教学是一种现代教学理念，其目的是提高教师的工作效益，强化过程评价和目标管理。它的核心是关注学生的进步或发展，关注教学的效益。所谓"有效"，主要是指通过教师在一段时间的教学之后，学生所获得的具体的进步或发展。所谓"教学"，是指教师引起、维持或促进学生学习的所有行为。

三是以学生发展为取向来界定有效教学。这种观点认为，凡是能够有效地促进学生的发展，有效地实现预期的教学结果的教学活动都可以称之为"有效教学"。

四是从表层、中层、深层三个层面对有效教学进行结构化分析。这种观点认为，从表层分析，有效教学是一种教学形态；从中层分析，有效教学是一种教学思维；从深层分析，有效教学是一种教学理想。实践有效教学，就是要把有效的"理想"转化成有效的"思维"，再转化为一种有效的"状态"。翻转课堂在教学主体上强调教师的引导性和学生的主动性，并且对于教学过程的实施有别于传统课堂的教与学，从时间、精力以及未来发展上与"有效教学"的目标取向、技能取向和成就取向相契合，致力于促进学生多方面的学习进步和发展，关注学生学习成果。

（四）掌握学习

"掌握学习"是学生在最佳教学、足够时间条件下掌握学习材料的一种学习方式，原是20世纪60年代初期由美国北卡罗里那大学的约翰·卡罗尔（J. Carroll）最早提出的。他认为，学生的学习虽有快慢之分，但只要给以足够的时间，几乎每个学生都能学会——也即"掌握"课程要求的各项教学内容。其后，芝加哥大学心理学家本杰明·S.布卢姆（B. S. Bloom）在卡罗尔的基础上进一步延展了其观点，提出"掌握学习"教学法，该理论在20世纪后半叶的世界性教学改革热潮中产生了广泛而深远的影响，目前有3000所学校采用这种教学方式。布卢姆认为掌握学习是一种有效的教学策略。其核心思想是许多学生之所以未能取得最优异的成绩，问题不在智力，而在于未能得到适合他们各自特点的教学帮助和学习方法。因此，若能在教学中使学生得到教师的帮助，并适应其个别需要，就能保证每个学生都能达到掌握水平。

布卢姆的研究表明，如果正确运用这种方法，就可以使"百分之八十的学生掌握百分之八十的教学内容"，这就大大超过了美国一般学校的教学效果，对解决一些学校教学质量低下的问题也起了很大作用，有助于帮助学生真正掌握规定的各学科内容，破除分数、等第观念。乔纳森·伯格曼和亚伦·萨姆斯也坦承，他们是受布卢姆掌握学习理论的启发而开始翻转他们课堂的，"为了实施这一灵活自主的制度，我们采取了布卢姆研究基础的掌握学习系统"。

第二节 翻转课堂的优势与劣势分析

一、翻转课堂教学模式的优点

翻转课堂教学模式改变了教学方式。教师在课堂上不再是站在学生的前面跟学生不休止地讲解30~40分钟。这种激进的改变让我们以不同的角色定位教师与学生之间的关系。可以从以下三个方面论述翻转课堂教学模式的优点，这也是为什么我们要实施翻转课堂教学模式的原因。

（一）教师方面

1. 增加教师与学生之间的交流，让教师更好地了解自己的学生。随着网络技术的发展，远程教育有了快速的发展。在远程教育快速发展下，有些人提出了学校的"消亡论"。然而这种论断忽视了教师与学生之间的交流对学生成长的意义。

2. 有利于教师的职业发展。通过观看其他教师制作的微视频知道自己的同事如何教授一个概念，为各自的教学提供一个被了解与改进的窗口。有网络提供的开放性的窗口让"拜访"每个教师的课堂成为可能。然而这对于充满繁忙的教学生活是不可能做到的。

3. 改变了教师在课堂中的角色。在传统课堂里，教师是讲台上的"圣人"。在翻转课堂教学模式下，教师走下讲台，更多时间用在帮助学生、领导小组解决问题、与理解有困难的学生一道解决问题。此时，教师是一个"教练"，引领着学生行进在学习的路上。教师有更多的机会鼓励学生，告知他们：他们所做的什么是正确的，解除他们的疑惑。

（二）学生方面

1. 翻转课堂道出了学生的心声

现今的社会，网络时刻伴随着学生的成长，微博、QQ以及其他的数字资源应有尽有。由于学校禁止学生带这些电子设备进入课堂，当学生在学校的时候，必须要把自己的电子设备关闭。然而学生还是会把自己的手机、iPad等偷偷装在小口袋里带进教室。在信息化时代，我们应该顺应时代的潮流，接受数字文化，包容数字化学习，让它们为我们学生的学习服务。在翻转课堂里，学生被鼓励带自己的电子设备，一起合作学习，与教师进行互动。[①] 这样的课堂更激发出无限的活力。

2. 教会学生对自己的学习负责

在翻转课堂教学模式下，学习的责任放在了学生的身上。为了成功，学生必须对自己的学习承担起责任。学习不再是对自己自由的一种负担，而是不被束缚和不断探索的挑战。教师放弃对学生学习过程的控制权，学生掌控自己的学习。与此同时教会学生学习的价值并不仅仅是进入学校学习拿到分数和教师的评分。翻转课堂促使学生去学习而不是去记忆，让学生成为真正的学习者。

3. 翻转课堂帮助繁忙的学生和学习困难的学生

在翻转课堂式教学模式下，繁忙的学生不用担心自己因为要去参加学校的竞赛等活动而落下自己的课程学习。因为主要的课程已经传到网络上。现在学困生是让教师、学校很头疼的事情。在课堂上，能够引起教师极大关注的往往是那些学习成绩优异或者性格开朗的学生。对于那些在课堂上保持沉默的学生，教师自然关注度比较低。在传统的课堂教学中，教师无论是对学习能力强的还是对学习有困难的学生都是以统一的步调讲解知识。对于学习存在困难的学生来说，在他们还没有理解清楚这个概念的时候，教师已经讲到下一个知识

---

① 陈晓丽. 高校英语慕课与翻转课堂教学模式研究 [M]. 成都：电子科技大学出版社，2017：85.

点，这种疑惑越积越多，到最后这些学生的积极性和自信心越来越受挫，导致他们不再想学习，学困生就是这样产生的。翻转课堂可以为学生提供弥补的机会。

4. 学生可以自定步调学习

在传统的课堂里，教师授课，学生在课堂里只是作为"静听者"。作为教育者，我们有特定的课程需要呈现在课堂上。学生被期望以一种给定的框架学习知识体系，教师极其希望自己的学生能够理解在课堂上所呈现的知识。然而即使是最好的演讲者，课堂中仍然有落后或者不理解必须理解的内容的学生。当我们翻转我们的课堂时，我们给予学生自行控制的权力。学生可以根据自己的理解程度适时按下"暂停键"。

5. 学生有机会向其他教师学习

大部分学生偏爱自己教师录制的教学视频，但是一些学生会发现看其他教师的教学视频后，自己会从另一个角度来理解相关的问题。位于美国密歇根州的维克森林大学在全校所有学科实施了翻转课堂，学生除了观看自己教师制作的视频也可以观看其他教师制作的视频。每个教师有不同的思维方式，对知识解读的方式也不一样，学生或许在观看其他教师的视频中会获得意想不到的收获。

6. 增加了与教师个性化的接触时间

在传统课堂里，由于教师是讲台上的"圣人"，学生与教师的接触仅限于课堂中少有的互动环节。在翻转课堂里，学生在自由讨论环节，教师在教室里巡视，可以针对学生的具体疑问进行解答。这样的课堂增加了学生与教师之间的互动时间和交流，教师对学生的学习情况将有进一步的了解。

(三) 课堂教学方面

第一，课堂时间被重新分配，得到高效和创造性地利用。在传统课堂里，课堂大部分时间被教师用来讲授，真正用来与学生交流的时间仅仅限于课堂的有限时间中。在翻转课堂教学模式下，教师用更多的时间教学和促进学生学习而不是站在讲台上说教。学生在交流中、在做中学。当学生在家遇到学习困难的时候不再感到无助，教师可以利用课堂时间与学生进行有意义的交流，观察、引导和帮助学生。

第二，翻转课堂教学模式让课堂动手操作活动更深入。动手操作活动帮助学生以另一种方式学习。这在科学课程中尤为明显。学生在相关课程里不能仅仅学习理论性的知识，他们必须通过实验才能完成深度的学习。当学生进行实验操作的时候，他们正是在实验过程中、在体验中建构科学理论知识。

(四) 家长方面

翻转课堂也为家长了解学生的课程学习提供一个可视化的窗口。大部分家长也许随着时间的推移已忘记之前自己做学生时的相关知识。当孩子问自己所遇到的难题时，家长会感到很沮丧。他们感谢学校里的教师在课堂上对学生的疑问进行解疑。此外，在翻转课堂教学模式里，家长可以与自己的孩子一起观看教学微视频，与孩子一起学习，更新自己的知识库。这种交流方式在某种程度上有利于家长与孩子之间的情感沟通。同时，家长可以随时了解到孩子学习的进程，关注到孩子的学习的进步，了解到孩子在学校的表现等。

因此，无论从学生、教师、课堂教学还是从家长方面，翻转课堂教学模式都在一定程度上克服了传统教学模式的弊端，有利于实现学生的真正的发展。

二、翻转课堂教学模式的不足

翻转课堂为学生、教师、课堂教学及家长带来益处的同时，也通过查阅外文文献、分析教学案例总结出翻转课堂教学模式的不足之处。

（一）教学视频方面

教学视频的质量也许是不佳的。一些教师在面对面的教学中也许很出色，但或许在制作高质量的教学视频方面存在欠缺。课堂教学中，教师面对真实的学生，他的讲授有真实的群体存在。但录制教学视频时，现场并没有学生群体的存在，教师只是根据课程的安排，独自在录制教学视频的设备旁边。各种因素，诸如周围环境、设备和教师自身的状态等因素，都会影响到教学视频录制的质量和水平。教学质量录制的水平直接影响到学生课前知识学习的水平，进而影响到学生课堂活动的参与与知识的内化。由于在翻转课堂教学模式中，教学视频是知识传递主要的依托，教学视频质量的好坏直接关系到学生的学习质量的高低。

（二）学生学习方面

第一，在翻转课堂教学模式中，知识是通过教学视频传递的。学生可以用一切移动终端完成教学视频的学习，理所当然的是所有的学生可以用自己的电脑观看教学视频。然而在一些情况下，对于学生来说观看教学视频来学习也会带来一些不利影响。譬如，学生在看教学视频的同时，也在观看音乐会或者足球赛。这将不利于学生课下知识的自主学习。虽然在面对面的课堂教学中也有很多干扰，但至少教师可以通过形成性评估监控理解。

第二，学生在观看教育视频过程中，会出现一些不可控因素。在课前，学生也许不会观看或不理解教学视频的内容，这样学生在课前没有完成知识的学习，将对课堂内教学活动的开展不利。因此在课堂内学生处于准备不充分的状态中，这对于课堂内的很多活动的开展有很大的影响。

第三，如果学生独自观看教学视频资料，他们也许不能向教师或者他们的同学提出问题。因此，除非学生在观看教学视频时，教师能够随时在现场，否则那些重要的能帮助学生理解材料的问题将无法在课堂上面提出，然而这种理想情况是很难实现的。

（三）第二语言学习方面

翻转课堂对于第二语言的学习者也许不是最佳的教学方式。对于第二语言的学习者来说，由于他们的语言水平有限，在课堂上的交流会出现局限性。尤其是对于初学者来说，完成课前知识的学习也会存在很大的困难。由于课前知识的学习存在困难，学生的思维受到限制，课堂上的交流将会流于形式。这样在课堂上，教师无法了解到学生存在的问题，学生之间的小组合作趋于表面化。即使第二语言学习较好者，由于语言文化的差异，需要积累更多的课外知识才能帮助学生实现知识的深度学习。

三、对翻转课堂教学模式的思考与建议

自2011年翻转课堂教学模式传入我国以来，无论是教育学界的专家、学者，还是来自一线的大学教师，都开始了对它的介绍、引进与实践探索。在近几年的时间里，有不少文章进行了对翻转课堂教学模式的介绍，对它的定义、特征、实施过程等做出明确的分析，更有一些来自一线教师对翻转课堂教学模式进行实证研究。虽然翻转课堂教学模式在中国实施仍然有一定的局限性，但是它已经引起了我国教育学者、一线教师、高校专家对我国教育现状的反思。由于美国与中国在社会体制、经济发展状况、文化背景、教育理念等方面的不同，我国在采用翻转课堂教学模式的过程中，需要结合我国实际状况找到突破点。

（一）翻转课堂彰显了学生的主体性原则

教育中首要关注的是人的问题。学生是现实社会中的人，是发展中的人，是有独立人格的人。活动是人的存在方式，"活动教学论从生存论的角度，倡导以主动学习为基本的习得方式，让课堂焕发生命的活力，主张以主动探索的发现和解决问题的方式掌握人类长期积累起来的关于自然和社会的系统知

识"。教学活动应该是师生之间互动的共同的活动，是"主—客—主"的模式。

在传统课堂里，学生以"静坐"的方式接受知识，一切活动都由教师一手"操办"，学生接受。学生成为被学校和教师"塑造"的对象，成了考试的对象。没有通过学生自己活动的学习方式必然不会与学生发生真正的生命际遇。在翻转课堂教学模式下，学生在观看教学视频过程中可以根据自己的实际掌握情况进行学习。无论是课前学生视频的观看还是课堂中学生的协作活动，不同的活动使学生获得了自己建构知识的过程。学生成为自己学习的主人，学生的主体意识得以展现和增强。

（二）翻转课堂体现了课堂交往性原则

教学不是作为知识的权威者的教师引导被教育者的过程，不是对学生的改造和塑造的过程，而是师生、生生之间思想的对话、意识的生成过程。在此过程中，学生才是独立人格的个体，才是真正的"人"。在教学的过程中，只有教师与学生实现真正的对话，学生独立的人格才会显现。

人作为社会发展到一定阶段的产物，交往是人的本性。传统课堂里，学生与教师的交往是不对等的。在翻转课堂里，教师成为学生真正的"导师"，引导学生进行深度的学习和交流。教师不是知识的权威者，而是学生学习的"引导者"。[①] 在翻转课堂里，在学生遇到问题的时候，教师给予及时的帮助。课堂中不同的活动方式，譬如小组讨论等协作活动，学生在这种交往中展现了自己的思想和价值。无论是教师与学生之间的交往还是学生与学生之间的交往都使学生在交往中实现对知识的掌握和内化。

（三）翻转课堂体现了公平性原则

在这里公平是指在课堂中学生与学生受到平等对待的权利。公平即合理地处理事情，不偏袒一方。美国哈佛大学学者罗尔斯（J. B. Rawls）提出横向公平与纵向公平。横向公平指处于相同情境的人所享受平等的待遇。纵向公平指处于不同处境的人应受到不相同的待遇。在纵向公平下，我们可以采取补救措施等。

班级授课制在一定程度上可以保证学生在固定的场所接受相同的教育。然而由于学生资质的不同、理解水平的差异，学生对知识的掌握和理解呈现不一

[①] 邓心强，刘青．论大学翻转课堂：优势、操作及其反思［J］．云南开放大学学报，2022，24（2）：25．

样的程度。再者，由于教师自身的特点表现出对每个学生的关注度也不一样。在大班制教学模式下，越来越多的学生出现厌学的情况。如何对存在学习困难的学生提供及时和适时的辅导在翻转课堂里找到了出路。

在翻转课堂教学模式下，教师制作的视频学生可以根据的自己的情况学习。这对于学习理解慢的学生来说，他们可以反复学习直到理解为止。课堂上不同的活动可以使学生拥有平等的表达思想的权利，小组间学生的交流及遇到问题及时向教师请教等都给予了学习存在困难的学生一个展示自我的平台。当他们证明了自己的能力，自信心得到增强，自我成就感不断增强。

（四）翻转课堂让课堂真正的"对话"成为可能

建构主义认为，学习是知识的建构，知识需要与学生发生真正的相遇才能成为学生自己的知识，它强调师生平等的对话。对话的实质是双方的内心世界的敞开，是对对方真诚的倾听和接纳，在相互接受与倾吐的过程中实现精神的相遇、相同。师生之间要发生真正的交往需要的是一种民主、平等、和谐的环境。在民主、平等的条件下师生双方、学生之间才能彼此打开心扉，相互接受，达到思想上的共鸣。若在课堂上教师采用强制、命令等方式要求学生，学生则被迫接受。长久以来学生在课堂上变得沉默，不敢表达自己的观点。在传统课堂里，教师与学生的交往局限在教师的提问与学生的问答，无法实现真正的对话。

在翻转课堂里，由于学生已在课前完成知识的学习，学生回到课堂里不再是毫无准备的状态，课堂也不再是教师站在讲台上居高临下对下面学生的"布道"，之前课堂上少有的课堂互动在翻转课堂里得以实现。学生之间也存在差异性，正是这种差异性才使对话变得更有价值。在对话中，学生之间可以获得丰富的资源，有利于学生思维能力的发展。

（五）翻转课堂使知识的深度教学变成现实

哲学认识论把知识当成外在于学生的成长历程的事实性知识，知识并未与学生发生真正的"相遇"。长久以来，我们都把知识当成知识来教，知识只是事物的符号表征，学生记住这些既定的、确定性的知识。把知识作为一个可以接受的直接结果来教的教学势必影响知识教学的价值与意义。知识从内在结构上由符号表征、逻辑形式和知识的意义三个部分组成。符号是知识的外在存在形式，逻辑形式是知识的认识论系统，意义则是知识的核心部分。知识的意义是内隐在符号的价值系统，三者密不可分。传统的知识教学只是停留在知识符号表征上的教学，真正让教学有价值是要使知识的教学到达知识的逻辑意义，进而向知识的意义的教学。

知识的深度的教学即追求知识符号表征、知识的逻辑形式和知识意义三者的有机统一。在翻转课堂教学模式下，知识的学习通过微视频来进行，在课前知识学习阶段完成知识的符号表征的学习及一定程度上的知识逻辑意义的学习。课堂上教师组织的不同学习活动让学生在民主、平等的课堂环境里，通过小组合作、个人展示等实现知识的内化，进而达到知识的深度化学习。

第三节　基于翻转课堂的高校英语教学设计

一、基于翻转课堂思想的高校英语教学设计思路

伴随着教学体系的创新完善，高校英语的教学方式正不断改革，正在发生着翻天覆地改变。从最初的单一教学结构转变为今天多元化的教学结构，教学效益可谓大幅提升。而翻转课堂这种新型理念正在逐步改变传统的教学模式，不再是以教师为中心，不再是"授人以鱼"的教学效果，其完全独占整个高校英语教学，深受各界人士的喜爱。

尽管中国传统的教学模式已经在国人心中根深蒂固，但是并不意味着翻转课堂就不能替代传统教学模式。只要做好以下两方面的转变，传统教学模式也可以被打破，翻转课堂便可以成功得到应用。

首先，无论是教师还是学生都应该从自身出发，做好身份角色的转变。从教师的角度来讲，之前的授课模式都是以自己为中心，如今转变为督促、监督和指导的身份，那么这个过程中就极其考验教师是否能够及时发现学生学习中的问题并且做出指导，否则不仅学生学不到有效的知识，教师也会被架空，没有尽到做教师的义务。而对于学生来讲，打破常规的翻转课堂，让学生的学习由被动变为主动，这个转变是不容易的，学生要逐步适应这种模式，锻炼自己的独立学习能力，跟上自己的学习步伐，片刻不能被懒散"拐跑"。

其次，学生应该注意翻转课堂的时间调配问题，课下要主动完成应该学习的知识任务，在课上也能将自己掌握的知识积极与教师和同学交流，将不明白、不会的问题及时提出，相互之间形成互动，不要有任何"自己提的问题会不会很愚蠢"这样的顾虑。在翻转课堂的教学模式实施过程中，不仅加深了学生与学生、教师与学生之间的交流，还开拓了彼此之间相关知识结构的层次深度。

二、基于翻转课堂理念的高校英语教学模型设计原则

（一）教学对象普遍性原则

应当把在校大学生作为研究对象，可以对他们的有代表性的学习情况进行研究。例如，实验对象口语教学和练习都在一起进行，并且彼此之间相互熟悉不陌生，这一点充分说明他们彼此之间进行交流、探讨、合作等没有问题，其思想观念、学习状态习惯都非常相似，代表普通学习者，完全适合于本次研究。

（二）教学内容针对性原则

例如将教学内容设置成一个话题，针对美国总统，在课上要学习的是相关人物的品质、品德等个人品行，而其作为与成就是学生需要通过教学视频在课前了解的。教学内容简单易懂，针对听力、阅读、语法、翻译等进行锻炼，实际操作方便。

（三）教学目标明确性原则

教学目标的设定比较明确，主要分为知识目标、情感态度目标，目标层次分明，知识目标是希望学生掌握单词等的发音、书写、意思并能够灵活运用。

三、基于翻转课堂理念的高校英语教学流程的设计

（一）高效课堂的前提条件是充足的课前准备

做好课前准备，教师对课堂的教学流程了然于心，课堂教学将更为流畅、紧凑。课前准备分为以下3个步骤：①教师要明确所教授的教学内容，设计符合教学需求的导学案，因材施教，确保每位学生都乐于参与并且有所收获，这是教学的依据、备课的蓝本。②导学案主要是引导学生主动学习，教学视频、导学案应提前准备分发并注意应符合学生适龄的学习特点。要求其课前观看视频，认真预习，自主进行教学内容学习，解决导学案中基础部分后做提高题，对难度较大的问题要做好标记并罗列出来，以便在课堂上学习时更加具有针对性。③教师在课前收取学生的导学案，进行疑难问题的归纳，待到课中辅助学生解决；学生也可用其他互动方式，与同学进行交流讨论学习。

（二）课上互学，利用导学案

教师需提前一天收集学生已经完成的导学案，逐份查看，了解跟踪学生导学案的完成情况，耐心分析、细致查找学生在学习过程中出现的知识点"卡壳"状况，以此作为对导学案完成情况的调研及学生导学案完成的小结与指导。要积极主动寻找方法，如可以多次反复播放相关教学视频，既温故复习又发现新疑问，自主高效地解决学习中的疑难点。教师也可安排各小组进行组内的互动学习，在小组交流环节再次对知识点进行强调和指导，学生要结合教师指导，进一步讨论展示内容，发挥互帮互爱的作用，让已经适应且效果显著的学生帮助仍需磨合、潜力未发掘的学生，以期每一个学生都能更好地适应所需知识，进入学习的良性循环。

（三）课后探究高效教学方法

课后教师应根据学生的课上表现及导学案反馈中学生的接收度，总结学生学习中的不足，探究较好的高效教学方法，对课堂进行优化。发现学生学习中的闪光点和亮点，对问题及时纠正且弥补不足，以促进学生的知识能在以后的学习中顺利转化吸收；而学生也可以通过新技术手段，如网络平台等与教师及时互动，依据所学习内容尽快掌握新知识，营造"共同探讨，全体进步"的学习氛围。为了更好地解决彼此个人疑问，可以催生更有效的互助式学习。当新教学与导学案分发后，主动学习并发现不能顺利接收、需要到课上解决的问题，真正发挥课堂的高效。教师与学生在课后完成课后反思，进行知识的扩展与延伸。

四、基于翻转课堂理念的高校英语教学导学案设计

通过观察法和交谈法，在设计导学案之前，分别在课前、课上和课下了解大学生学习英语的基本状况，并以此划分其学习习惯的类型及每个学生的学习特点。

（1）自主学习型。主观能动性强、计划性强、目的性强是这类学生的主要特点，总体来说是积极主动完成教师分配的相关任务并能主动进行课外学习。课堂中，在教师的引导下，能够自己发现问题、提出问题，且尽可能自己来解决问题；注意力高度集中，积极主动地回答问题；在聚精会神做好听课记录的同时，也能全方位保持注意力集中甚至听说读写的综合听课；能够独立总结课程的重点、难点、易错点；课后在没有家长和教师的监督下，做好总结，独立完成作业，对所学知识进行概括，抓住应掌握的重点和难点，及时发现不

懂的问题，主动与教师进行交流沟通。这样的学生其学习成绩一直名列前茅，已经自觉形成了适合自己的学习习惯。①

（2）半自主学习型。积极性要明显次于自主学习型学生，计划性及目的性较弱。虽能做到课前预习教师分配的任务，却不能学习课外知识来填充学习内容；无法达到举一反三的学习效果；课上会主动跟着教师的教学思路，也能够主动做好笔记，但客观来看，他们的注意力并未完全集中，甚至会走神跑偏；并未真心用脑或者说全身心投入学习，无法达到学习效果的系统化、规律化。这样的学生学习成绩并不突出，却也并非很差，没有形成自己良好的学习风格。

（3）应付考试型。很明显这类学生学习的目的只是为考试而考试，缺少正确的学习态度和良好的学习习惯。课前只会应付公事地标出考试的知识点，且多是自以为有用的；课上极为被动，当教师提到考试必考知识点时反应极大，认为万事大吉、大功告成；课下机械性地只复习所谓知识点，不会去做拓展习题，甚至想不到去简单突击，心心念念考到复习点却不会将知识引申、扩展、深化。这样的学生学习成绩一般处在班级中下游，毫无学习方法。

第四节　翻转课堂在高校英语教学中的应用

一、翻转课堂在高校英语听力教学中的应用

（一）翻转课堂模式在英语听力教学中的积极作用

1. 翻转课堂模式下的英语听力授课形式多样灵活

一般情况下，翻转课堂的教学都是借助相应的多媒体设备，所以教学资料的表现形式非常灵活多样。英语教师在此过程中可以运用多样化的教学方式来展开相应的听力教学，激发学生的学习积极性。例如，在学习《Streets Full of Heroes》这一章节时，英语教师应该在授课一周之前，在相应的学习网站发布相关的视频，然后再提出相应的问题让学生思考。教师可以提出这样的问题：你认为什么样的人才可以称之为英雄人物，举例说明一下。在实际的英语课堂教学过程中，每个学生都能够积极地表达自己对英雄人物的定义，各个英语交

---

① 陈艳，负楠，张倩倩. 现代英语教学方法研究［M］. 广州：世界图书出版广东有限公司，2019：158-164.

流小组成员之间针对英雄人物这一主题以英语对话的形式进行沟通交流，并展开了激烈讨论。在此过程中，有一个小组的成员们自告奋勇地选择以角色扮演的形式来表演根据真实事件改编成的英语情景剧，使英语课堂的教学氛围变得更加轻松愉快，而这些超出了教师的教学预期。另外，因为英语课堂的教学时间非常有限，所以教师可以通过建立微信群的形式实现与学生之间的实时沟通，学生可以在微信上向教师询问问题。而教师在此过程中不仅能够增强对学生学习情况的了解，而且还能够帮助不同学习层级的学生更好地理解相应的英语知识，提升教学的成效。同时，教师还应该根据学生的学习情况为学生布置相应的线上作业，让学生根据自己的理解写一篇英语文章，阐述他们心中的英雄，并且以朗读的形式上传相应的音频，让其他学生来打分。

2. 翻转课堂模式下的英语听力教学能够提高学生学习自主积极性

在翻转课堂教学模式下，每个学生都可以根据自己的学习需求灵活地选择学习的时间和进度，进行有针对性的自主学习，这种教学模式的应用能够有效地摆脱满堂灌教学模式的影响，改变学生只能被动接受知识的学习状态。学生在课堂教学中可以以小组合作的形式进行自由讨论，这样每个学生就能够积极地参与其中，提升自己的英语综合能力。在小组讨论的过程中，一些英语听力、口语能力比较强的学生一般都会帮助小组成员内能力相对比较弱的学生。而学生为了能够在小组讨论中有话可说，都会积极地查找可能会用到的学习资料，然后在课堂与其他小组成员一起研究问题、制定计划、实施计划、与其他小组成员进行深入的沟通，从而完成相应的教学任务。而英语教师在此过程中不仅应该承担引导的作用，适当地为学生解答疑惑，尊重学生的想法，而且还应该突出学生的主体地位，留给学生一定的空间和时间进行思考。同时，英语教师还应该在充分了解学生的学习需求之后，深入挖掘听力材料的重难点问题，为学生设计出具有不同针对性特征的英语听力练习，让学生不断地练习、复习，然后运用相应的多媒体设备为学生营造出良好的交流氛围。这种方式能够有效地激发学生的学习积极性，提升课堂的教学效率。

（二）翻转课堂在英语听力教学中的应用原则

1. 任务驱动式应用原则

英语是一门应用性较强的课程，所以英语学科的听力教学与其他学科的教学形式是不同的，它需要进行大量的声音练习，得知英语词汇的正确发音，熟知听力材料所表达的含义。因此，英语听力课程的教学成果不在于教师理论知识的传授，而在于学生能够真正地听懂、理解自己所听到的声音，并且及时做出相应的反应，所以，在英语课程进行听力教学的过程中应用翻转课堂教学模式最为合适。教师应该先为学生布置相应的听力任务,让学生利用课余时间进行反复的练习,这样学生就会逐渐理解相应的听力材料。这种方式不仅不会浪费英语课程的教学时间,反而能够有效地提升学生的听力水准。

2. 内容多元化应用原则

翻转课堂教学模式的应用使英语教学的时间有所延伸,教师在实际的教学中不再局限于课本内容。学生们在课下时间就对新知识有了初步的认识,所以,在英语课堂上教师就只需要解答学生在自主学习过程中留下的问题,这样英语课程就成了学生多元化发展的有效渠道。其实任何学科的学习都不应该只是知识的单一化灌输,虽然英语听力课程的教学侧重点应该在学生听力水平提升上,但是学生所听到的听力材料中往往会涉及生活中的许多方面,如教育、体育、生态、自然环境、购物、医疗等。因此,英语教师可以通过合理地运用这些话题对学生进行适当引导,提升学生学习英语知识的积极性,丰富学生的见识,促进学生口语交际能力的发展。这种多元化的教学内容使英语课堂不再枯燥无趣,反而变得更加丰富多彩起来。学生在此过程中也能够主动地学习英语知识,提升自身的英语综合能力。

(三)翻转课堂在高校英语听力教学中的应用步骤

教育事业的发展要以创新教学理念为基础,以优化教学材料和建设信息化的教学环境为立足点,以创新教学方法和教学模式为核心。因此,翻转教学模式的成功应用主要在于它推翻了传统的教学理念,而英语教师应该充分意识到英语听力教学不应该再让学生重复地听相应的听力材料,而应该让学生们以更轻松、实用的形式在巩固之前学到的英语知识基础上,不断进行相应的拓展学习。而教师在此过程中可以通过组织相应的学习活动来提升学生对英语知识的掌握情况,从而使学生能够更好地完成新知识的迁移和应用。当前,高校在进行英语听力教学过程中应用翻转课堂教学模式都会经过以下步骤。

第一步,教师科学地运用相应的多媒体手段编辑相应的视频、音频教学资料。由于现阶段我国科学技术的发展,人们获取学习资料变得更加便利,大部分听力教材中都配备相应的影音光盘,这为听力教学的实施提供了较大的便利,教师只需要对影音光盘进行适当地编辑和剪辑,学生就能够享有丰富的听力教材。

第二步,英语教师在选择听力材料进行听力教学的过程中,应该尽量选择一些能够提取关键信息且自带热点话题的听力材料。这是因为当前社会所推崇的教育理念并不是以记忆能力的强弱来选择或者淘汰一部分人才,而是更加注重对人才批判性思维和创新意识的关注。因此,在英语听力教学过程中,教师应该牢记社会对人才的实际需求，深入挖掘听力材料所包含的热点话题，提升学生的认知能力，开阔学生的眼界。

第三步，组织多元化的课堂活动来检验学生的学习成果，促进学生自主学习能力的发展。虽然当前翻转课堂教学模式的应用，使课堂新知识的学习变成了学生需要在课下完成的预习任务，但是英语课堂教学活动的组织依然是学生占据主导地位。教师在此过程中可以通过重复讲述、演讲、表演等形式来增强学生对听力材料的理解能力，丰富学生的文学素养，帮助学生形成健全的人格。

第四步，阶段性的反思和总结。英语教师在教学后进行及时反思，能够找出自己在教学中的不足，提升自己的教学能力。但是在现实生活中教学任务的压力和繁重的工作，使教师没有时间进行相应的教学反思。而在翻转课堂上，教师不仅有足够的时间进行相应的教学反思，而且还可以积极地参与到教学活动中，为良好师生关系的形成奠定基础条件。英语教师在设计完翻转课堂的教学思路之后，就可以思考自己在教学中的不足之处，然后有针对性地解决教学过程中出现的问题，提升英语课堂的教学成效。①

二、翻转课堂在高校英语口语教学中的应用

（一）翻转课堂模式融入高校英语口语教学的现状

高校英语口语教学在高校英语教学中仍旧处于较为边缘的地位，学生的英语口语应用能力较差。从主观方面来看，英语语言基础薄弱、对口语表达缺乏信心以及忽视英汉文化和语言思维差异是造成大学生英语口语能力和交际能力不尽如人意的主观原因；从客观方面来看，学校对口语课程重视不足、教师自身水平有限和教学设备资源匮乏以及教学观念、方式和内容落后是造成大学生口语教学效果不尽如人意的客观原因。在外语课堂教学中，我们会发现课堂上出现很多问题，如学生上课玩手机、不愿意参与小组活动等。列举出高校中外语口语教学课堂出现种种问题及产生一系列问题的原因，对比之下，通过访谈、课堂观察、课后总结及检测结果等方法，从大学生角度理解其学习英语口语的体会、对口语学习的经历及外语口语课堂教学的态度，同样从教师的角度理解学生在学习外语口语中遇到不同难题等。因此，利用翻转课堂快捷性的学习课件等优势，分析口语课堂中师生在传授及吸收知识时出现诸多问题等，为解决问题提出应用方案。

---

① 孔恬恬."翻转课堂"模式在高校英语听力教学中的应用［J］.新教育时代电子杂志（学生版），2022（23）：104-106.

1. 大学生存在口语不佳情况

撇开国内个别211及985知名高校以外，普通高校中，大部分校园普遍存在学生口语不佳的现状，很大程度跟身边环境及学生本人的学习态度有关。由于缺乏压力，缺乏父母及教师的监督学习，没有像高考之前一样投入地学习英语，原地踏步，没有学习的动力和方向，也找不到方法和途径。从抽查中发现，在专业考试、期末考试及四、六级英语考试中，多数学生在阅读及写作方面能胜任，唯独在"口语会话"这一块有待提升，不愿意用英语进行交流。即便尝试用英语交流，不仅对于连读、省音的规则完全不了解，甚至在发音方面也存在较重地方口音。因此，在有限时间内无法迅速组织语言与教师沟通和交流。在英语教学上，个别学生在和教师交流中偏向中式英语，口音不纯和交流不流利，缺乏对英语口语训练的基本认识。

2. 教师教学能力受到教学环境和专业知识影响

高校英语任课教师教学任务繁重，经常一学期担任多门课程的教学任务，加上每一位学生都具有独特性，是具有独立意识的主体，不是对所有的学科知识都感兴趣，并不愿意探究英语口语的学习方法。英语口语基础薄弱学生往往缺乏自信心，不敢开口，更别提养成勤学好问的态度。教师往往力不从心，不能及时发现问题并及时解决问题，一定程度阻碍教师的教学进度。教授英语口语的教师需要具有较强的专业知识水平，且对其英语语音规范要求较高，口语教师人才培养途径受到教学环境及自我专业知识影响往往难以突破。新高校英语课程改革理念导向下的高校英语口语课堂教学对任课教师的英语口语能力素养提出更高层次的要求，对任课教师是一个极大的挑战，需要具有较高专业学科知识，具备很强的英语口语表达能力，达到真正交流的目的。不仅需要因材施教，还迫切需要设计生动形象的课堂内容引导学生学习。[①]

(二) 翻转课堂在高校英语口语教学中应用的优势

翻转课堂是在国外兴起的一种新型教学模式，它重新调整课堂内外的时间，将学习的决定权从教师转移给学生。引用这种教学模式短暂的课堂时间内可以激发学生积极主动地进行英语口语的学习，善于研究解决问题，一方面，教师无需利用大量课堂时间来讲授学科知识，而是采用收集资料或制作微课及短小精悍的视频，指引学生在课前自主完成学习，另一方面，有效利用课堂时间让学生总结自习成果和温习教学要点。在课后，学生自主安排学习内容、学

---

① 廖绒绒. 基于翻转课堂教学模式下"英语口语"应用研究 [J]. 安徽电子信息职业技术学院学报, 2019, 18 (4): 43-46.

习规律、技巧和理解知识的方法，教师以知识引导者的身份来帮助学生个性化学习，让学生在实践中体会到学习的乐趣。教师有更多时间了解学生的实际情况。英语口语教学宗旨是使学生理解和掌握英语语音知识，短时间组织语言进行流利口语交际。翻转课堂具有丰富的信息化资源，让学生在学习过程中不受时间空间的约束；利用有效的学习资源，学生可选择自己感兴趣的课程，激发自主学习的积极性；适当的师生互动环节，让学生体会到学以致用的成就感。在翻转课堂口语教学模式中，英语口语教师成为学生学习的引导者；学生的主观能动性得到了培养，口语学习积极性能够得到调动。

（三）翻转课堂模式在英语口语教学中的应用措施

1. 引导大学生进行语言交流

对于大学生英语口语能力提升来说，最重要的就是交流和沟通，因此高校英语教师需要重视课堂讨论阶段，在这个过程中一定要鼓励学生主动、积极地与同学进行交流，而教师则需要扮演引路人的角色，尽可能地通过提出问题的方法来引导学生探究和思考。在英语口语练习的过程中，学生可以完全按照自己的想法来理解课堂内容。比如说，通过了视频学习后，学生理解了一些基础的 Body language，这个时候教师则可以引导学生创造属于自己的 Body language，进而让学生之间进行沟通和交流。在引导学生理解、掌握 Body language 的时候，教师可以用图片来举例子，比如说微笑、托腮思考、握手等手势，让学生将这些语言和生活联系在一起，来进行深入的讨论，这样使学生的积极性得到了很大的提升。①

2. 引导学生制作教学视频

翻转课堂模式在大学生英语口语能力教学中最重要的就是视频教学这一过程，为了让学生能够快速地掌握课程的重点，调动他们的学习积极性，教师可以布置一项任务，让学生在上课前制作教学视频，在制作教学视频的过程中，鼓励学生适当地进行模仿来提高教学视频的趣味性。比如说：我们围绕身体语言这门课程进行口语学习时，教师可以将"感恩"作为视频的主题，让学生们围绕这个主题来制作几分钟的短视频，在上课的过程中，教师还可以引导学生一起模仿视频中的身体语言，帮助学生更加深入的理解这些 Body language，提高他们的学习兴趣。

3. 采用小组合作学习方式

为了锻炼学生的英语口语能力，高校英语课堂可以采用小组合作学习的方

---

① 刘瑞．翻转课堂模式在大学生英语口语能力教学中的应用分析［J］．创新创业理论研究与实践，2020，3（9）：28-29．

法，利用这种学习模式能够让学生们相互切磋和学习，利用集体的智慧来解决生活和学习中的各种问题。让大学生们自愿组成多个学习小组后，教师作为他们的顾问，给学生抛出一个问题后，让他们在小组合作学习的形式中解决问题。比如说：让学生围绕不同国家文化的主题进行一次演讲，将学生分为4个小组，让他们分别代表不同的国家，来进行"联合国交流"活动，在准备的过程中，小组成员们需要分工合作，每个人收集不同的资料，然后进行讨论总结，在这个过程中每一个小组成员都了解了相关的知识，并且与小组成员进行交流的过程中也提高了自己的英语口语能力。

4. 营造良好的交流氛围

为了让学生能够融入国际化的环境中，教师可以将大学生英语口语能力教学课堂打造为一个交际的国际化环境，让学生多了解一些有关英语口语的素材，比如说课本中的交流对话、国外有名的小故事等，让学生在课堂上朗读国外优美的文章，这样能够让学生有身临其境之感，并且按照国外的交流方式来进行应答和讨论，能够快速提高他们的英语口语能力。

三、翻转课堂在高校英语写作教学中的应用

（一）翻转课堂在高校英语写作教学中应用的优势

1. 体现出以学生为本的教学理念

高校英语写作教学中应用翻转课堂教学模式，更为强调以生为本的教学理念，能够以学生的实际学情为出发点，尽可能地挖掘学生存在的学习问题，借助课上课下、线上线下的双向教学渠道进行解决。教师无须耗费更多的课堂教学时间和精力，为学生逐一灌输英语写作方法和技巧，而是让学生自由翱翔在知识的海洋中，亲自探究英语写作的学习思路、化解写作中的表达障碍，并可主动参与教学互动、讨论问题、分享成果。

2. 能够锻炼学生的自主学习能力

通过翻转课堂教学模式，学生可利用在线学习平台提前预习新知识，结合自身学习基础选择学习内容、合理调整学习进度，不断提高知识的汲取能力。通过自主预习，能够帮助学生形成独立思考的意识，锻炼其思维能力，让学生学习起来更为自信，能积极主动地参与课堂互动、举手发言；在英语写作实践的过程中，学生在课前自主学习的积累下逐渐形成了独立的自主思维模式，就能尝试自主开展写作实践；在课后在线写作互评阶段也有利于学生开展自由讨论、分享学习心得、自由表达观点，能够很好地培养学生的学习探究能力。

3. 促进教师不断发展

翻转课堂通常要依托于微课，通过录制微视频将整个教学模式先行导入，

这是翻转课堂与传统课堂的最大不同之处，它将教学内容与信息技术相互融合，形成教学的综合体。在利用翻转课堂之前，教师需要提前设计好教学内容、制定好教学过程，并将提炼的教学重难点知识制作成一段浓缩的短视频，不仅要在教学形式上丰富新颖，还要体现出视频的观赏性以及启发性作用。这就要求教师必须要有较高的职业素养，要能对教材内容、教学方法以及学生本身都进行深入了解，并能熟练掌握并应用信息化技术，灵活使用各种视频制作软件。在课堂上教师还需针对学生提出的各类问题进行深入性解答，引导学生自主思考，基于问题的深广度是不确定的，教师必然要提前做好充足的教学准备以轻松化解学生的提问，这些都需要教师不断强化自身教学能力。①

4. 帮助学生提高学习英语写作的积极性

翻转课堂的实施主要以微课为基础，而微课作为一种微视频教学与传统教学模式截然不同，通过新颖的教学形式以图片、文字、音视频、动漫等充分调动学生的关注力，借助微视频营造出轻松愉悦的英语学习环境，继而更能提高学生的学习自主性，创设出良好的学习氛围，让学生在翻转课堂上大胆提问、热烈互动，有效提高了学生的课堂主体意识，形成了"以教师为主导、学生为主体"的启发性优质教学，改变了传统教学的单一枯燥性，大大促进了学生学习积极性的提高，让学生学习起来更有动力。

5. 符合最近发展区理论

列夫·维戈茨基（Lev Vygotsky）的最近发展区理论认为学生的发展存在两种水平：第一种是学生的现有水平，也就是学生独立思考、自主学习所能到达的问题解决水平；第二种是学生可能的发展水平，也就是借助教学过程所获得的学习潜力，在这两者之间则形成了最近发展区。而翻转课堂正是着眼于学生的最近发展区，教师通过翻转课堂设计有难度的学习任务，通过课前、课中引导学生开展问题讨论探究，以此调动学生的学习主观能动性，发挥其潜在学习能力，从而超越最近发展区以达到更好地发展水平，此种递增式的良性教学，能够让学生进一步实现学习的超越，在此基础之上实现另一个更有高度的发展区。

6. 实现多维度教学反馈以及动态学习评估

在高校英语写作教学中应用翻转课堂，教师以学生自评、生生互评、教师点评的多维度评价方式，促使学生能够及时准确的认知自我，发觉自身在写作学习中所存在的不足，帮助学生从写作结构、用词表意等方面评估自身的写作实际水平和能力。同时，翻转课堂有利于学生养成"一文多稿"的写作好习

---

① 孙云. 高校英语专业写作翻转课堂教学模式利弊分析及对策 [J]. 现代英语, 2020 (24): 28-30.

惯，学生可就个人习作篇章在不同学习层次上进行多次优化修改；而教师也可结合学生的习作完成质量高低、修改层次进行动态性评估教学。

(二) 翻转课堂在英语写作教学中的应用策略

翻转课堂教学实施的关键是教师为学生在课前提供有效的学习资料，教师需要对自己的录制的视频内容进行精心的策划，要清晰地讲解英语写作的理论基础，为学生提供范文和模板帮助学生的理解和记忆，为学生提供适当的词汇帮助学生累积词汇，同时布置难度适当的课后作业。

1. 讨论环节

讨论是一个很好的提高学生在课堂主体地位的方式，能够突出学生的重要性，同时这个环节能够加深学生的理解能力，便于学生结合生活的经验理解题目，同时还有助学生自主合作解决在课前预习中遇到的问题。

2. 习练环节

写作具有很强的实际意义，与生活密不可分，所以英语写作的练习不能够仅依靠理论知识，还需要结合生活提高写作能力。英语写作练习的主要目的就是强化学生实际写作的能力，所以练习是必不可少的环节，这也是我们对学生自学成果的检验。通过翻转课堂的教学方式，教师几乎不需要在课堂上进行英语理论知识的讲解，所以有很充足的时间让学生进行练习，教师能够对学生进行写作指导，提高课堂的有效性。

3. 成果展示环节

教学中有一个重要的目标就是情感目标，也就是说，教师应该通过与学生的互动，在学生的情感和思想产生一定的积极影响，对于英语写作教学中，展示学生的作品，朗读学生的作品都是不错的方法，可以带给学生一定的成就感和自信心。在展示学生写作成果的同时，也是学生之间相互学习的过程，便于学生汲取知识和灵感。在课程结束时，教师应该对学生在课前和课上的学习内容进行巩固，适当地拓展已有的知识内容。对高校的学生而言，顺利地完成学习任务，能够促进学生养成良好的学习习惯。教师在这样的教学方式下，既能够做到新知识的传授，对旧知识的巩固，还能够进行课后的延伸和拓展，保证学生的学习效果的同时还能够满足学生的学习兴趣，大大减轻了教师教的负担和学生学的负担。[1]

---

[1] 朱丽华. 翻转课堂在高校英语写作教学中的应用浅析 [J]. 汽车世界·车辆工程技术，2019 (20)：290.

第六章 混合式教学探究

相较于其他教学模式而言,混合式教学是一个比较新颖的教学模式概念,其发展时间相对较短。为促进高校英语进一步发展,本章将介绍混合式教学的相关概念以及基本模式,并基于教学设计与优化、评价体系建构这两个层面对高校英语混合式教学展开分析。

第一节 混合式教学概述

一、混合式教学的提出

国外混合教学萌芽于20世纪70年代,发展于21世纪,学界认为混合教学是对面对面教学和计算机辅助在线学习的整合。"混合教学"的定义相对来说是一个比较新的概念,这一个概念鲜见于2000年前。相对较早的是2006年柯蒂斯·邦克(C. J. Bonk)和格雷厄姆(C. R. Graham)在《混合学习手册:全球化视野、本地化设计》(*The Handbook of Blended Learning: Global Perspectives, Local Designs*)一书中使用了混合教学(Blended Learning)这一概念。[1]

二、混合式教学的定义

混合教学的定义主要分为广义和狭义两种。从广义上看,混合教学是指基于多种教学方法的教学。从狭义上看,混合学习是人们对传统课堂上的面对面

---

[1] 朱慧芬. "互联网+"背景下的商务英语课程群 "O2O" 一体化教学模式创新研究 [M]. 杭州:浙江工商大学出版社, 2018: 8.

教学和远程在线学习进行深刻反思后形成的一种学习方式，是指面对面教学和计算机辅助在线学习的结合。

三、混合式教学的特征

（一）线上教学与线下教学相结合

首先，混合教学将"线上"与"线下"的教学形式结合起来。"线上"通常是指通过因特网进行教学，而"线下"通常是指在传统的教室中进行教学。线上教学可以包含多种形式和多种媒体，教师讲解、网络研讨会、电话会议、现场或在线会议等，也可以通过其他媒体如 facebook、电子邮件、聊天室、博客、播客、Twitter、Skype、微博、QQ、微信等。

（二）自主学习与合作学习相结合

混合教学的过程也是将自主学习（Self paced Learning）和合作学习（Collaborative learning）进行结合。自主学习意味着学习者可以管理或者控制自己的学习速度。而合作教学带来的是学习者之间知识的共享共建。两种教学方式的结合指通过实时和非实时的方式在学习社区开展文献讨论、案例讨论等。

（三）专职教师与多元教师相结合

从教学的主体来看，混合教学为专业教师和多元教师团队合作教学提供了可能性。在混合教学中，实时和非实时教学并存，同步和异步学习并行，使专职教师、学科专家、外籍教师、行业专家组成多元教师团队进行合作教学成为可能。专职教师负责教学的开展，而多元的教师团队为教学内容的更新、教学案例的丰富提供更多支持。

（四）学习、练习与实训相结合

设计科学精致的混合教学也要通过学习、练习和实训的结合。例如在教学中采用基于工作任务的教学形式，并且沿用工作任务流程进行教学，辅以基于信息技术的现实增强手段，营造商务工作场景，使学习者在这样的教学环境中借助"互联网+"的工具如在线聊天工具等，进行跨文化商务沟通学习、合作、实训。

（五）结构性教学与非结构性教学相结合

传统的教学方式包含教学大纲，以及具有严谨的逻辑性的能力要点和知识要点。然而并非所有形式的教学都是有规划、有组织，有条理的，也并非所有形式的教学都有正式的学习计划和具体顺序的内容。例如在职场的工作场景中，学习者常常是在非结构化的场景下，例如在电子邮件、视频聊天等场景下解决问题，并进行非结构化的学习的。混合教学中的在线视频资料常常是对课程进行知识树分析，进行解构和建构；而线下的讨论和案例解析很可能促进学习者积极主动捕获非结构化的事件中的知识点，并二次建构知识库中已经存在的知识。

（六）自定义内容与传统教学内容相结合

混合教学中体现了自定义内容和现有内容的结合。一般来说传统教学内容是通用的，未体现特定组织和个人的特殊背景和要求。从成本来看，由于传统教学内容常常是通用的，购买成本相对较低，而根据学习者和机构要求进行定制并融合现场经验和职场经验的教学内容的编写成本较高。混合教学中也体现了自定义内容和传统教学内容的结合，可根据学习者的需求将行业标准等内容灵活融入教学。

四、混合式教学的理论基础

（一）掌握学习理论

起源于工厂标准化、流水线式生产思想的教育教学人才培养模式，是一个要求在规定的时间内，采用标准化的教材、统一的教学方式、统一的教学媒体以及标准化的考核评价方式等实现标准化的教学过程。在教学设计的过程中，教师被迫选择以中等水平的学生群体作为参照，开展教学设计、教学进程安排和教学评价等活动，其结果必然会导致学生之间出现学习差异和成绩分化的现象。学生成绩分化的正态分布曲线反过来继续强化教师的教学设计，并最终形成一种教学设计与学习成效的恶性循环。然而，如果教学是一种有目的、有意识的活动而且富有成效，那么学生的学习成绩就应该是一种偏态分布，即绝大多数智力正常的学生的学习成绩能达到优良甚至优秀。基于上述认识，布鲁姆（B. S. Bloom）提出的掌握学习理论认为，只要给予足够的时间和适当的教学，几乎所有的学生对几乎所有的内容都可以达到掌握的程度。[①]

掌握学习理论提出后，世界各国教育界进行了大规模的掌握学习实验，但由于当时条件的限制，还不能彻底解决统一教学与学生个别学习需求之间的矛

---

① 李逢庆. 混合式教学的理论基础与教学设计［J］. 现代教育技术，2016，26（9）：18-24.

盾，尤其是优秀学生的学习需求无法得到满足，而使该理论的发展处于停滞状态。时隔半个多世纪后的今天，信息技术对于满足学生学习需求的天然优势得以彰显，掌握学习理论为混合式教学尤其是课前知识传递阶段的学习提供了坚实的理论基础。

（二）首要教学原理

美国犹他州立大学教授M. 戴维·梅里尔（M. D. Merrill）的研究表明：只讲究信息设计精致化的多媒体教学和远程教学产品，虽然这些产品的质量是上乘的、外观也颇吸引人，但由于其并非按照学生学习的要求加以设计，因此只会强化教师讲授式的教学。[①] 在结合社会认知主义、建构主义学习理论等多种代表性理论的基础上，梅里尔提出了以问题为中心的"首要教学原理"，认为当学生解决真实世界中的问题时，其学习会得到促进。

首要教学原理围绕解决真实问题的目的，提出了有效教学的四个阶段：激活、展示、运用和整合。其核心思想是，只有当教师的问题设计是面向真实世界且给学生提供相应的问题解决指导的时候，学生的有效学习才会发生，教师的教学效能才会得到提升。这一理论的提出，将教学推向了更加复杂广阔的真实世界，不仅强调教学设计要关注学生真实世界问题的设计及问题解决方面的指导，而且要求教师转变讲授式教学理念，从知识的传递者转变为学生学习过程中的指导者、协助者、促进者。

（三）深度学习理论

布鲁姆将认知过程的维度分为六个层次：记忆、理解、应用、分析、评价和创造。[②] 观察当前的课堂教学可以发现，教师的大部分教学时间仍然停留在如何帮助学生实现对知识的记忆、复述或是简单描述，即浅层学习活动。而关注知识的综合应用和问题的创造性解决的"应用、分析、评价和创造"等高阶思维活动，并没有在当前的课堂教学中得到足够重视。深度学习理论研究者正是基于对孤立记忆与机械式问题解决方式进行批判的基础上，提出教师应该将高阶思维能力的发展作为教学目标的一条暗线并伴随课堂教学的始终[③]。

在当今的大部分课堂教学中，学生需要较少帮助的浅层学习活动，发生在

---

① 孙伟，刘迪昱. 基于混合学习模式的ITCTeam开发与应用 [J]. 湖北广播电视大学学报，2017 (5)：3-7, 12.
② [美] 洛林·W. 安德森. 布卢姆教育目标分类学 分类学视野下的学与教及其测评 [M]. 蒋小平，译. 北京：外语教学与研究出版社，2009：96.
③ 安富海. 促进深度学习的课堂教学策略研究 [J]. 课程·教材·教法，2014 (11)：57-62.

教师存在的教室之中；而当学生试图进行知识迁移、做出决策和解决问题等深度学习时，却发现自己孤立无援。基于此，以翻转课堂为代表的混合式教学，将原有的教学结构颠倒，即浅层的知识学习发生在课前，知识的内化则在有教师指导和帮助的课堂中实现，以促进学生高阶思维能力的提升。

（四）主动学习理论

依据信息加工理论，所有的学习过程都是通过一系列的内在心理动作对外在信息进行加工的过程。美国加州大学圣芭芭拉分校心理学教授梅耶（R. E. Mayer）正是从这个观点出发，讨论了学习过程模式中新旧知识之间的相互作用。近年来，认知科学家的研究表明，主动学习是促进知识由短期记忆转化为长期记忆的最佳方式。结合戴尔（E. Dale）的"经验之塔"理论可以发现，被动地接受教师教学中传递的抽象经验和观察经验，学生的记忆保留时间较短，学习效率低下；由于做的经验能以生动具体的形象直观地反映外部世界，故主动参与性的学习活动能够促使记忆长期保留——这与中国近代教育家陈鹤琴先生"做中教，做中学，做中求进步"[①]的教学方法论不谋而合。

正由于此，为促进学生的记忆保留，在混合式教学中通过教师的协助和指导，学生以自主学习和合作探究的学习方式参与真实问题解决的实践活动中，并与同伴协同完成实践活动。在此过程中，学生通过观察与内省获得知识和技能，掌握问题解决的思路与方法，并不断丰富和完善自我的情感、态度和价值观，实现自我超越。

第二节 混合式教学基本模式

一、升级版传统教学模式

（一）对分课堂教学

首先介绍"信息化基础版"的对分课堂教学。传统教学包括教师课堂讲授和学生课后学习两个分离的过程，师生交互很少，学生被动接受，主动性低，难以培养思维能力和探索精神。讨论式教学通过课堂讨论引发学生主动学

[①] 张毅龙. 陈鹤琴教学法 [M]. 北京：教育科学出版社，2007：31.

习的动力,提升学习积极性,方向是正确的。然而课堂大部分时间用于讨论,讲授过少,不能充分发挥教师价值,而且具体的实施方法也不适合我国学生的现实情况。加上采用即时讨论,缺乏内化吸收过程,讨论效果很难保证。

结合传统课堂与讨论式课堂各自的优势,进行取舍折中,一个新的课堂教学模式应运而生,称为"对分课堂"。对分课堂的核心理念是把一半课堂时间分配给教师进行讲授,另一半分配给学生,以讨论的形式进行交互式学习。类似传统课堂的是,对分课堂强调先教后学,教师讲授在先,学生学习在后。类似讨论式课堂的是,对分课堂强调生生、师生互动,鼓励自主性学习。对分课堂的创新关键在于把讲授和讨论错开,让学生有一定自主安排学习的时间,进行个性化的内化吸收。对分课堂在时间上把教学清晰分离成三个过程,分别为讲授（Presentation）、内化吸收（Assimilation）和讨论（Discussion）,也可简称为 PAD 课堂。

对分课堂还可以继续分为"隔堂对分"和"当堂对分"两种形式。本节课讨论上节课的内容,这是隔堂对分教学最核心的特点,称为"隔堂讨论"。隔堂讨论的三个阶段可以更细地分为五个环节,分别为:讲授、独立思考、独立作业、小组讨论和全班交流。

在讲授环节,教师基本不向学生提问,也不组织讨论,通过单向讲授,介绍教学内容的框架、重点和难点,不覆盖细节。在讲授和讨论两个环节之间,学生有一周的时间阅读教材、完成作业,根据个人的兴趣、能力、需求,在自己最合适的时间,以最适宜自己的方式方法,深入理解,进行个性化的内化、吸收。内化吸收要求独立完成,不能与同学或教师讨论交流。

在讨论环节,教师不做讲授,让学生分组,通常四人一组进行讨论。讨论根据教师上节课的讲授内容和学生在内化阶段的学习结果进行。学生分享自己的体会、收获和困惑,互相答疑、互相启发,并把普遍性的问题记录下来。小组讨论后,教师组织全班讨论,对小组讨论中存在的疑难问题进行解答。最后做章节总结。

高校里学生因为对一些课程不重视或其他课程的学业负担比较重,在课后不愿或没有时间做作业,所有学习都必须在课堂上完成。在这种情况下,可以实施隔堂对分的一个简化形式,称为"当堂对分"。当堂对分是在一次课上完整实施五个环节。比如一节 45 分钟的课,教师先讲授 25 分钟,然后给出相关的思考题或习题,学生先彼此不交流,进行 5 分钟的独立学习和独立思考,写出自己的解答,然后小组讨论 8 分钟,最后全班交流 7 分钟。

介绍到这里,对分课堂还只是传统课堂的改良,但是当在这样的课堂中运用到"对分易"教学平台的时候就变成了信息化的对分课堂。借助"对分易"

可以方便地开展课堂分组、运用在线测试实时开展课堂反馈、实现作业实时批阅、通过微信及时互动等丰富有效的教学活动。因此这种模式可以被看作一种比较初级的混合式教学模式。

（二）雨课堂智慧教学

雨课堂是一种智慧教学工具，目的是全面优化课堂教学体验，让师生互动更多、教学更为便捷。雨课堂将复杂的信息技术手段融入 PowerPoint 和微信，在课外预习与课堂教学间建立沟通桥梁，让课堂互动永不下线。使用雨课堂，教师可以将带有 MOOC 视频、习题、语音的课前预习课件推送至学生手机，师生及时沟通反馈；课堂上实时答题、弹幕互动，为传统课堂教学师生互动提供了一种解决方案。雨课堂覆盖了课前—课上—课后的每一个教学环节，为师生提供完整立体的数据支持、个性化报表、自动任务提醒，让教与学更加了然。

基于雨课堂智慧教学软件，虽然教学的基本流程和传统教学完全相同，但是在执行这些教学流程的过程中是通过雨课堂软件提供的教学反馈数据来进行的，是一种数据驱动的教学，可以让教学更加有的放矢，实效性更强。当然这里介绍的同样是"基础版的雨课堂"教学。这种模式也可以被看作一种比较初级的混合式教学模式。

目前，市面上有很多信息化教学小软件或小平台，都可以实现考勤、分组、在线视频学习、在线作业、在线测试和反馈等，比如蓝墨云班课、课堂派，这些轻量级的软件或者平台可以非常方便地帮助教师开展混合式教学实践。

二、升级在线开放课程模式

近年来，以慕课为代表的新型在线开放课程和学习平台在世界范围内迅速兴起，它们拓展了教学时空，增强了教学吸引力，激发了学习者的学习积极性和自主性，扩大了优质教育资源受益面，正在促使教学内容、方法、模式和教学管理体制机制发生变革，给高等教育的教学改革发展带来新的机遇和挑战。

教育部在 2017 年首次启动了国家精品在线开放课程认定工作，首批认定了 490 门国家精品在线开放课程。教育部以此为契机，全面推进在线开放课程建设与应用，不断深化信息技术与教育教学深度融合，深入推进以学生为中心的课程改革、教学方式与学习方式变革，实现高等教育教学质量的"变轨超车"。

和世界范围内其他国家相比，我国的在线开放课程建设的目标和思路是独特的。西方国家建设在线开放课程主要的服务对象是社会学习者，全日制教育对采用在线开放课程资源进行人才培养的兴趣并不高。而我国政府主导的在线开放课程建设从开始就明确提出要服务于我国的高等教育改革，并且主张"建以致用"。可见，直接照搬国外的在线开放课程建设和运营的经验是不行的，我们需要因地制宜，开展本土化改造。政府给出的药方是依托在线开放课程大力开展混合式教学，最大限度地共享名校、名师的优质课程资源来辅助开展教学，这是有助于促进教育公平的。

当前国内慕课平台运营商，都开始依托在线开放课程探索开展混合式教学，比如中国大学慕课、学堂在线、智慧树、好大学在线、等等。

有的平台可提供"平台+内容+运行"三位一体的业务模式，帮助高等院校完成优质课程的引进和服务配套落地，通过观摩和分享名校名师的优质课程设计，帮助教师完成教学发展培训，协助教师建设新课程，实现教法改革，推动本校教学产生内生动力。平台上课程的教学模式多种多样，包含"在线式"和"混合式"。

有的平台在在线开放课运行期间穿插开展直播互动课。这种直播课由课程的开课教师团队成员或者专门邀请的相关领域专门研究人员通过直播的形式向全国各地区选课学校的学生开展教学活动。平台还在选课学校建设了一批"直播教室"（或者"沉浸教室"），可以实现教师和各地高校学生实时互动。直播的内容主要集中在两个方面：一方面是课程运行周期内需要更新或补充的学科热点及前沿内容，另一方面是通过直播互动开展的基于线上学习的答疑，这在一定程度上克服了完全在线学习的弊端。

在直播课程进行期间，各地高校的选课学生有组织地在固定地点参加直播课的学习，有的学校还专门为这些课程配备了辅导教师，辅助开展直播学习活动。当然，有的学校还基于在线教学平台进行了创新，充分利用线上的优质教学资源和本校的辅导教师团队联合开展教学活动，有的高校在直播教学时间之外专门组织辅导学习活动，有的还专门在线下组织课程的结业考核等。

有的平台上的课程不仅面向在校学生，还面向社会学习者。课程内容学习的门槛较低，很好地保持了慕课最原始的特点。但是平台上的绝大部分课程都采用完全在线的方式运行，教师和学生、学生和学生之间的沟通和交流也基本上通过课程平台上的论坛或者讨论区进行，实时性不够强。由于选课学生彼此之间很难识别身份，虽然他们共同在一门课程中学习，却缺少"同学"之间本应具有的社会性情感。

有的平台注册之后就可以免费参加课程的学习。这对于一些不愿意或不能在课程学习中投入经费的学习者而言是一个不错的选择。在一些课程中，开课教师通过第三方直播平台，通过语音或者视频的形式不定期组织选课学生开展直播教学活动，比如在华南师范大学焦建利教授主持的"英语教学与互联网"慕课中，课程助教就多次基于微信群和直播平台开展直播教学。直播教学的内容是课程的一些新增知识或者进行实时的课程答疑活动。

以上主要介绍了两类在线开放课程平台：一类主要面向高等教育，课程内容相对封闭，一类主要面向社会学习者，课程内容相对开放。这两类在线开放课程平台基本代表了国内目前绝大部分的运营商的特点。

三、翻转课堂模式

（一）翻转课堂概述

翻转课堂是一种教学模式，该教学模式是在"掌握学习"教学理论和教学目标分类学理论的指导下，运用现代信息技术再造了教学时空，实现传统教学环节的翻转，从而充分发挥班级授课制中学习者主体作用的一种新型信息化教学模式。

翻转课堂教学模式起源于2007年美国科罗拉多州落基山的"林地公园"高中。该模式的推动还要得益于开放教育资源运动。自从麻省理工学院的开放课件运动开始，耶鲁公开课、可汗学院微视频、TED的教育频道视频等大量优质教学资源不断涌现，为开展翻转课堂教学提供了资源支持，促进了翻转式教学的发展。翻转课堂已经成为美国日渐流行的创新教学模式，2012年年初，翻转课堂的思想传入我国，随后在国内各级各类学校的教学改革中迅速推广开来。

（二）翻转课堂本质

从翻转课堂的起源来看，所谓的翻转课堂就是把传统课堂教学的讲授和练习两个环节进行对调。在传统的教学中，教师在课堂上主要进行教学内容的讲解，然后把练习提升的环节作为课堂外的作业来完成。在翻转课堂中把这两个环节进行对调，变成了在课堂之外完成对教学内容的学习，在课堂内通过合作、探究等形式练习和提升。表面上看只是两种教学活动的对调，但是本质上却大有不同。如此翻转在很大程度上解决了班级授课组织形式下的个性化适应的问题，而且还有效地促进了深度学习的发生。在课外基于教师提供学习资源的自主学习环节，拓展了学习的时间和空间，可以充分适应学生的个别化和个性化，在课内完成练习和提升的过程中，又有同伴和教师的帮助和指导，从而有效地提升了学习的深度。

（三）常见认识误区

第一，翻转课堂不是有些研究者所说的"先学后教"。原因很简单，学和教本身就是一件事情从不同角度的表述，没有先后之分。在翻转课堂的课外环节，学生自主学习的依然是教师提供的教学资料。而在课堂面授环节，教师基本不用再进行讲授。

第二，翻转课堂不是课前的预习加课上的学习或者教学。有一部分研究者认为，课前布置一些任务，在课堂通过合作、探究的方式开展学习就是翻转课堂了。这同样是一种误解，因为这里的课前部分相当于传统教学中的"预习"环节，只不过课上不是继续由教师进行讲解，而是由学生合作学习。这种做法直接忽略了教师"讲"的环节，进一步降低了教师的主导作用，这实际上是走向了另外一个极端。一方面，这种安排对学生的要求较高，需要学生具有很强的自主性和扎实的学习基础。另一方面，这种安排从本质上看是基于主题的"研究性学习"，如果课程不是以知识目标为主，而是以提升学生的研究能力为主则另当别论。但是无论如何，这种做法不能冠之以"翻转课堂"的名称。

第三，翻转课堂的面授环节，经常会设计丰富多样的教学活动，比如提问、头脑风暴、不计分测验、角色扮演、交流分享等。但是并非在教学的过程中采用了这些教学活动就可以称之为翻转课堂或者"部分翻转"，其实部分翻转是一个伪概念，翻转就是翻转，翻转是把一个整体进行翻转，不存在把整体的一个局部进行翻转的情况。除非"部分翻转"指的只是对课程部分章节内容的教学采用了翻转课堂模式进行教学。

（四）实施翻转课堂教学改革的必要性

翻转课堂是一种教学模式，不是一种教学方法。它只是一个框架结构，这是在当前情况下最符合学习者学习规律的一种结构。至于在这种结构下教师采用何种教学方法是灵活的，与具体的学习内容特点有关，也与教师、学生、条件、环境有关。换句话说，翻转课堂不排斥对教学内容的讲授，是在哪里讲授、通过哪种形式讲授的问题。翻转课堂也不排斥练习，是在哪里练习、通过哪种形式练习的问题。如前所述，翻转课堂教学模式可以保证绝大部分学习者都有机会完成有效的学习，而且通过有效练习还可以提升学生学习的深度，实现解决问题等高阶思维能力的培养。在一些以智慧技能为主的科目中，比如数学、物理、化学，如果基本概念没有学好，后续的原理、定理等就无从谈起了。

（五）实施翻转课堂教学改革的艰难性

从已有的经验看，虽然人们基本认可翻转课堂是教学改革的趋势，但其具体实施起来却阻力重重。其中最大的阻力不来自学校，也不来自学生，而来自一线教师。因为开展翻转的前提是要有大量的教学资源，但是这些教学资源的开发何其不易。如果完全自主开发一门课程的教学资源，基本上等同于建设一门慕课。即便是有了现成的在线资源，课堂面授环节的组织以及教学活动的设计对于教师来说也基本上是陌生的。推行翻转课堂教学改革的难度由此可见一斑。这就要求在推行翻转课堂之初给予教师必要的政策倾斜，给予必要的技术支持。只有当教师获得了一些翻转课堂的实施经验且信息化教学能力得到陆续的提升之后，他们所需要的支持才会越来越少，逐渐会达到独立完成的水平。

第三节　高校英语混合式教学设计与优化

一、基于 SPOC 的高校英语混合式教学设计

（一）SPOC 混合式教学研究现状

2013 年加州大学福克斯（A. Fox）教授提出小规模私有在线课程的概念，即 SPOC（Small Private Online Course），力求实现慕课与校园课堂教学的有机融合。SPOC 倡导的是线上线下混合课程，结合实体课堂的师生互动和"互联网+"虚拟空间的泛在学习方式，能够有效弥补网络教学浅表化的缺陷，同时打破学习时空的限制，扩充课堂学习的外延，为指向深度学习的现代信息技术与课堂教学的深度融合提供了可操作模式。SPOC 混合式教学在外语教学领域日益得到关注。陈坚林提出，线上线下结合的教学方式是实现外语高效学习的有效途径。[1] 线上线下的混合也能有效克服单纯线上学习中常出现的学生因强烈的孤独感、缺乏外界协助和激励而学习效果不佳的情况。目前，已经有很多关于 SPOC 教学方面的实践和研究，取得了很多成绩。然而，这些研究大多只是局限于 SPOC 本身的特点，对基于 SPOC 的混合式教学模式的教学设计的研

---

[1] 王宪. 基于 SPOC 的高校综合英语混合式教学设计[J]. 黑龙江教育（理论与实践），2020(8)：85-86.

究却比较缺乏。

(二) 基于SPOC的高校英语混合式教学教师角色设计

教学实践证明，即使在信息技术飞速发展的今天，语言学习过程中教师仍具有不可替代的作用，教师的设计者、观察者、引导者、评价者、促进者、激励者、辅导者和情感支持者等多重角色是技术无法完全替代的。然而互联网环境下的SPOC混合式教学，教师也将面临全新的问题和挑战，更应通过自我反思、同事互动、师资培训等途径寻求解决方法。教学设计作为教学法的一个层面，受教师认知的影响，指导着具体的教学过程，是教学中极为重要的一环。教学设计是一项系统工程，教师要从教学环境、教学对象、教学内容和评价方式等方面展开详尽的工作。教师应不断扩充、更新自身教师信息，重构自身角色，顺应时代要求，在网络教学环境下开展系统的教学设计，特别是通过学习活动的精心设计，让学生主动参与、知识建构。

(三) 基于SPOC的高校英语混合式教学综合英语课设计

在高校英语专业的主干课程中，综合英语课作为语言技能课，贯穿本科英语专业学习始终。传统的课堂讲授一直以来都是综合类课程的主要授课形式，教师将课程所涉及的基础知识与技能传授给学生。当前，传统单一的课堂讲授教学的弊端越来越突显，学生学习主动性得不到激发，课堂沉闷，高阶思考能力、创新能力的提升更是无从谈起。综合英语课程的教学设计应着重培养学生实际英语的应用能力，教师应面向真实世界进行教学问题设计，引导学生解决真实世界中的问题，在必要时提供脚手架，给予适当指导，帮助学生内化知识、提升高阶思维能力。下面将介绍基于SPOC的线上线下混合式教学具体设计：

1. 授课形式与教学方法

课前课后通过学校云平台和慕课堂教学工具辅助开展教学活动，线上推送教学视频、思考题、练习题等材料；课上进行语篇分析与主题讨论。线上、线下各4学时。

2. 授课要点

篇章分析，重难点讲解；现实生活中实际案例讨论。

3. 教学目标

理解文章主题、结构、含义、写作风格；掌握文章的语言特色与修辞；理解长难句；掌握重点词汇、短语、构词法及有关语法结构；具备相关主题的基本的口笔头表达能力。

4. 教学实施三阶段：

（1）课前：在异步 SPOC 平台，推送词汇语法课件、课文涉及的相关主题等相关学习资料；发布课前预习任务，使学生了解作者的生平及主要作品，关注作者写作时所处的时代背景及个人生活经历；发布单元思考题，对课文主题内容进行探讨，引导学生利用网络资源，关注社会热点，结合现实生活中的案例进行讨论，启迪思考，做好课堂发言准备，用正确的态度对待正面和负面评价。

（2）课中：通过慕课堂对课前推送内容的学习情况进行测验；篇章赏析，语篇分析，重点难点讲解；思考题讨论；真实案例分享、讨论。

（3）课后：在异步 SPOC 平台，观看本单元相关教学视频，完成单元作业、测验、讨论题及课文读后感分享。

5. 思政融入：深耕教材，将教材内容与价值观和人文素养紧密融合。教师在讲解本单元的课文时可联系现实生活，创设问题情境，培养学生辨别是非的能力，让授课内容与思政教育资源紧密融合。

6. 预期成效：教师通过对篇章分析和联系现实生活，让学生学会区分美丑，明辨是非。

在具体的执行与实施过程中，教师应当关注以下要点：

督促学生自主在线学习完成课前知识传递。教师在正式授课之前将本课相关学习资源放置于中国大学 MOOC 学校云平台的异步 SPOC 在线课程空间，主要为课件、教学视频、课文相关主题资料等，并要求学生认真学习。课件主要提供课文涉及的词汇及语法知识点。优秀的学生在花费较少的时间掌握知识点后还可补充学习额外的相关知识，基础较差的学生只要愿意花足够的时间学习也能掌握相关的知识，仍有理解困难的学生还可通过在线平台反馈给教师以寻求帮助。这样能免去课堂中对这类内容的赘述，更有效地利用有限的课堂时间。同时，通过预习任务及相关主题学习资料的分享，引导学生结合现实生活及社会热点，积极思考并搜集资料，准备课堂讨论及发言。

课堂教学互动。针对课前学习的学情反馈，教师着重解决重点、难点。同时，学生对课前预习任务进行主题汇报、成果分享；教师可提前布置，分配学生轮流在课堂上充当主要发言人，其他学生则依据随机点名作为次要发言人；任务包干到位+随机点名的方式能有效避免课堂展示及讨论无法进行或讨论欠缺深度广度等问题。课堂上教师引导下的问题探究和讨论交流，能帮助学生修正知识，内化知识；写作探究、课业答疑等活动均可通过互动共同完成。

课后的移动式合作学习主要通过对学生分组，建立实践共同体，学习小组中学生对相关主题进行课后拓展及延伸，自主交流、协同合作、共享新知，在语言实践中运用、内化和创新知识，教师引导并适时参与、给予反馈。通过讨论、探究和英语交谈等方式让学生共同提升英语水平。

同时，在构建基于 SPOC 的高校英语混合式教学模式的过程中，教师应将过程性考核和终结性考核相结合的评价体系贯穿课堂内外。信息时代在线教学平台上的测评系统可以帮助教师收集、分析、管理数据，从而进行学习者分析，对学生学习行为及效果进行有效、合理的评价。

二、基于网络平台的高校英语混合式教学设计

（一）基于网络平台的高校英语混合式教学目标设计

网络平台下，大学英语混合式教学设计就是教师要在充分考虑教学实际和大学英语课程特点，以及大学生心理特点等前提下，根据课程标准内容设计混合式教学的课程内容、组织架构等，将其以视频形式上传至网络教学平台，供学生观看和学习。

英语教学过程主要包括两部分——线上网络平台学习和线下面授课堂教学。线上网络平台学习是学生基于教学目标，对教师上传的教学资料进行的自主学习和探究过程，这也是课前一周学生要做的导学工作。课堂教学的第一节课内容就是教师对于学生自主学习成果的检验，主要通过一问一答的形式展开，或通过设置巧妙的游戏检查学生进行视频教学的状况，并针对课程设置初期规划的重难点进行讲解和引导。第二节课就是导入文本，强化对线上学习内容的理解。课堂教学可分为网络教学和课本内容教学两部分，但实际过程中，还可以导入基于网站的报刊内容。课后一周，就要及时布置课后复习和课后作业，以巩固课堂教学效果。

一言以蔽之，混合式大学英语教学模式十分强调课前、课中、课后三个阶段的相互配合、相辅相成，更突出线上教学和课堂教学两种方式环环相扣。通过有效融合网络教学、小组讨论和课堂讲课，带动大学英语教学整体质量提高。这不仅仅由混合式教学模式的属性所决定，更是提升当代大学生综合素质和英语素养的内在要求。

（二）基于网络平台的高校英语混合式教学内容设计

导入的基于网站的报刊内容主要以国外官方网站期刊内容和报道为主。首先国外官方媒体公布的报道，从内容和词汇使用上，较国内网站报道，具有专业性更强、词汇使用更丰富多样的特点；其次，国外官方网站的报道往往是某专业领域最前沿、最专业的科学动态，对于学生及时掌握最新科学资讯、拓宽

专业视野作用是十分明显的，而这两点都是国内期刊所达不到的。基于网站报刊内容开展的线上学习，主要以观看视频、积累重难点词汇量和语法使用规则为主。

在实际教学过程中，教师要充分发挥专业能力，把控课堂节奏，通过在线讨论交流、单词竞赛、口语竞赛等方式，实现课堂教学和线上学习的有机融合，具体来说，可以从以下几方面展开：

（1）课堂讨论和线上讨论的有机融合。课堂讨论的问题主要集中在线上学习中的问题，而课堂教学中遇到的、无法在课堂上解决的问题放在丰富的线上平台进行探讨。

（2）课堂作业和线上测试的有机融合。课堂作业的布置在于为教师对学生进行当堂课教学内容的理解程度测试提供便利，其目的在于让教师及时了解学生的理解能力和知识水平，以便及时做出调整；线上测试的目的在于检测学生自主学习的过程和结果。

（三）基于网络平台的高校英语混合式教学资源设计

1. 教师资源设计

建设大学英语精读课程的教学资源时，尝试用新闻报刊和文化故事丰富当前的课程内容。新闻报刊主要是让学生能接受学术和专业英语素养的熏陶，为高校以培养"专业型英语人才"为目标的教学创新改革方案提供一种小小的路径。文化故事的目标是培养学生的人文关怀和情怀。为此，在混合式教学实践的基础上，通过自建网的形式尝试了在线教学资源的建设。

2. 学生资源设计

以学生为主体的资源建设可促进教学质量稳步提高，构建以学生为中心、以学习产出为导向的教育教学模式。学生学习资源的建设可针对学生课程学习成果和实践活动的学习成果，以学习产出驱动课程活动和实践活动。各个高校可结合本科专业的培养计划要求，利用信息技术和新技术创建基于学生学习成果的资源库。授课教师可结合自身的教学实践经验或实践活动指导经验，将学生的学习成果纳入学校的教学资源建设中。

针对自己所任教的班级，教师应努力尝试建设基于学生英语学习的各种资源，如基于教学视频的观后感微课、基于批改网的新闻语篇翻译和毕业论文摘要翻译，以及在课堂教学中引入的新闻报刊阅读成果等。新闻报刊的学习资源建设适合有一定英语基础的新生，或者已经完成大学基础英语课程、达到一般要求的学生。学生结成小组团队，根据所给材料在课外进一步搜索相关资料。每个学生在完成一定数量文本阅读的基础上，以小组为单位，在课堂做简短的学习成果汇报，具体学习内容包括：大体了解和专业相关的发展动态和信息；专业英语的词汇；专业英语文本的语篇特点；专业英语的翻译技巧。

通过一段时间的学习后，学生在课堂或课后的文本学习中能积累不少专业性较强的词汇。学生通过掌握专业领域内的常见专业词汇，提高了查阅、理解和翻译相关专业文献的技巧与能力，同时初步了解了英文科技论文的语篇结构及撰写思路。以学生为中心的 ESP 学习不仅能提升学生的语言应用能力，还能培养学生的信息获取技能和自学能力，帮助学生建立终身学习的理念和能力。小组型的学习方式也有助于培养学生团队合作能力和资源整合能力，为获取专业信息、掌握学科发展动态、参加国际学术交流等奠定良好的基础。

三、基于网络课程的高校英语混合式教学设计

（一）课前预习教学设计

预习是学习新课之前的必须，是基础，也是提高课堂阅读教学有效性的重要载体。它是教师根据教学任务对学生的实际学习情况、教师个人的教学能力等因素进行的综合分析。

1. 了解学生的基本情况

学生的基本情况主要包括学生的基础、学习特点、性格特点、心理状态等，它是教师制定本节课教学目标的重要前提。

2. 整合教学资源

教学资源是教师开展教学工作的重要载体，是直接影响教学质量好坏的重要环节。网络教学资源的复杂性和多样化要求教师要提升自身的分辨能力和优选能力，要在综合考虑学生的基本情况和心理特征的情况下，选择适合学生心理需求和教学工作开展的课件，比如考虑学生对于视频教学的青睐，在教学资源的选择上增加视频的比重。

3. 开展线上学习

线上学习是面授课堂的前提，在这个过程中，学生是课堂主体，需要学生依托教师整合优质教学资源，充分发挥自身的独立思考和自主探究能力，通过观看视频、总结问题、找到解决问题的方法等内容，以小组学习和讨论为线上学习方式，完成线上学习的目标，对本节课的知识架构有独立的感知。教师要明确认识到：学生是教学活动的核心，学生自主探究过程中的问题，首先引导学生自主思考解决办法，或者进行组内讨论，共同寻找解决办法。而那些学生无法解决的问题，教师要发挥辅助解决的作用，在面授课堂的过程中引导学生解决问题。

（二）课中研讨教学设计

面授课堂是线下教学的重要形式，不同于线上教学过程，面授课堂可以及时有效地对学生实行分层教学，通过引导、讨论、讲授、探索、汇报、点评等，对学生的实时学习情况进行评价。

面授课堂教学活动的主体依然是学生，其内容是通过学生以小组为单位进行课前预习内容的成果展示和问题探讨。教师要根据学生完成情况进行客观评价，并通过教学资源或其他教学工具辅助教学，引导学生发挥主观能动性，充分表达个人的想法和组内讨论成果，以激发学生的学习兴趣，培养学生的自主探究能力，强化学生的课堂参与感。面授课堂的过程应包括以下几方面：

首先是学生基于课前预习的任务和目标进行预习成果展示；其次是教师依据学生的成果展示进行综合评价，并根据学生问题进行讨论；最后是教师对学生反映的问题进行方法引导。

（三）课后复习教学设计

教学工作想要取得好的效果，必须做好课后复习。课后复习是学习过程的最后环节，对于学生升华对知识的理解、查找学习过程中的漏洞、发展思维的深刻性十分重要。课后复习主要是依托网络课程的在线测试功能，对课堂内容的重点、难点采取在线测试的方式，让学生了解自己对本节课内容的掌握程度，及时查漏补缺，同时进行课堂重难点的反思评价、互动交流，实现师生的共同进步。

四、高校英语混合式教学优化研究

（一）教师应充分把握国家政策

当今社会是信息化社会，国家政策的影响力因互联网的存在而渗透到了生活的每一方面，因此，对国家政策的把握与迎合已经成为决定教师教学效果优劣的重要因素。就现实而言，一方面，当前国家大力倡导英文教学与专业方向相契合；另一方面，学生也普遍对混合式英语教学表现出了疲惫感。因此，针对特定专业进行相应的英语教学方案设计已经刻不容缓。要做到英语教学的针对性，首先要使教学目标切合国家政策方向，切合教育实践；其次，要积极摸索适应现代社会需求的教学模式。要做到以上两点，首先要提高教师自身的专业素养，提高教师把握政策的能力。

（二）建构"做中学"教学模式

混合式英语教学长期以来都没有取得良好的效果，特别是在当前，线上教育高速发展，现有教育模式已经难以跟上学生的学习需求。所以，教师亟需根据现代传媒手段对传统教学模式进行革新。目前而言，短视频是一个较能适应现代教学需求的新媒体手段。将专业英语授课与短视频结合，能够大大激发学生的学习兴趣，提高学习效率，并且能够潜移默化地鼓励学生分享短视频至其社交媒体，从而提高学生的参与感。由此，学生在学到知识的同时还收获了一些不见于传统课堂之上的新鲜感，所谓"做中学"的目的也就达到了。

（三）建立英语教与学良好氛围

文化在混合式学习背景下有着重要作用，塑造一种让学生能清晰理解、赏罚分明的文化很重要，而且学校如何规划、培训和管理学生与员工，决定了文化的塑造。毫无疑问，教学改革正在经历朝着由单一教学模式向基于互联网技术的混合教学模式的道路上前进。但现实情况是，无论是课程内容设计、课堂资源分享还是课后讨论与测试，混合教学模式对现有网络资源的利用都难言充分。在混合式教学环境下，教学要素既包括传统课堂中的教学要素，如教师、教学内容、学生等，也包括在线教学要素，如移动学习资源、学生、教师、学习内容等。

除了基于课程管理系统的在线教学，教师应在课堂教学中多渠道拓展适合不同层次、特点学生的教学内容和形式。教师在进行课堂教学的延伸阅读时，应注重结合学生的需求和兴趣点。以软件工程专业的学生为例，教师在引入英语教学时，可设计符合学生学习特点的教学内容。

第一，词汇层面的教学任务。教师可通过查词竞赛、连线等方式，激发学生学习的兴趣，提高他们的课堂参与度。

第二，句子层面。专业性较强的新闻文本中有很多实用性、逻辑性很强的科技英语句型，这些句型在帮助学生的学术论文撰写、毕业论文摘要翻译等都有很大的启示作用。

第三，语篇层面。善于帮助学生挖掘语篇中的非常规语言现象。语言的特殊使用在传统教材中可能较少或已经过时，但是在新闻语篇中具有时效性。学生可以通过这样的形式，强化学生的语言意识，从而构建一定的语篇意识。

第四，在语言知识习得的基础上，帮助学生将知识或其信息用到非常生活化或者与所学专业有关的场景中。

第四节 高校英语混合式教学评价体系建构

一、基于新文科背景构建高校英语混合式教学评价体系

（一）新文科基本概念阐释

2017年，美国希拉姆学院率先提出"新文科"概念，即在语言、文学、哲学等类型的课程中融入新技术，助力学生开展跨学科综合性学习，该学院从2017年开始全面修订人才培养方案，对相关专业进行重组。在国内，中共中央在2018年8月发文强调"高等教育要努力发展新工科、新医科、新农科、新文科"，新文科概念在我国被正式提出。2019年5月，教育部召开大会启动"六卓越一拔尖"计划2.0，要求有序、全面地推进新医科、新工科、新文科、新农科建设，推动高等教育走内涵式发展道路，提升高等教育服务经济发展的能力。至此，新文科建设的序幕徐徐拉开。在这一背景下，大学英语作为新文科的重要组成，面临着教育改革发展的新要求和新机遇。高校迫切需要改革大学英语教育教学模式，从而为新文科建设提供强大助力。

（二）实现评价标准多元化

大学英语混合式教学要实现评价的多元化，必须拓宽评价内容，实现测试标准的多元化。具体来说，评价必须遵循大学英语混合式教学的多元化内容要素，高校要深刻认识到，大学英语教学不仅包括词汇、语法，还包括听说等交际实践。与之相对应，教学评价内容也要进行相应拓宽，在形式上可以采取网络评价和小组评价等方式。例如，英语教师可以对学生每一单元的学习进行形成性评价，学生收集学习资料及其研究贡献、参与小组讨论的情况和会话交流实践中的个人表现等，都可以囊括到形成性评价的内容中。与此同时，教师可以指导学生建立个人学习档案，在学习每一单元时，记录个人的学习计划、学习心得、教师评价和学习成果等内容，完整囊括学生学习的全部内容，为实现多元化测试提供依据。在终结性评价中，高校要对学生每一单元英语混合式学习的成效进行评价，学习目标是学习成效评价的主要依据。因此，终结性的成效评价首先要对应到学生对单元主题的深刻理解等维度上；其次，还要考查学生英语运用的熟练程度，包括词汇语法的准确应用、语境的契合性及语言衔接

的流畅性方面。此外，对学生英语沟通能力和英语知识应用能力的评价，高校也要结合本校大学生的实际学情制定有针对性的、多层次的测试标准，最终实现测试标准多元化。

(三) 突出评价体系综合性

大学英语混合式教学的一个显著特点就在于学生主体性得到充分发挥。而为了促进每一位大学生最大限度地发挥主观能动性，英语教师要依据学生的不同情况实施因材施教。相应地，对每位学生的评价也要因人而异。为此，第一，高校对大学英语混合式教学的评价也要设置适合学生实际的评价标准，突出评价的层次性和个性化，促进评价发挥综合效果。例如，英语教师可以借助混合式教学模式下的互联网信息技术，将每一位大学生平时的英语学习表现进行汇总，建立动态数据库，注重平时考查，特别要重视大学生在小组合作学习中的表现，为实现综合评价提供依据。第二，大学英语教师要擅长运用层次化的评价结果，对每一位学生进行有针对性的激励，从而引导学生扬长避短。唯如此，才能充分发挥出教学评价的综合性效果。

(四) 提升评价过程科学性

为了进一步提升教学评价的科学性与合理性，大学英语混合式教学要借助信息技术建立有关学生英语学习过程的数据库，存储学生的线上线下学习过程和英语会话表达等内容，真实记录学生学习英语的全过程，提升评价的科学性与合理性。同时，自主学习是学生在大学英语混合式学习中的主要方式，所以，实施有效的全过程评价必须首先依靠学生的自主评价。为此，教师要引导学生明确自身的学习目标和学习策略，自觉监控自身的英语学习状态和效果，并在此基础上进行自主反思和调整。首先，学生无论在线上还是线下学习中，都要做好自我监控和管理，这是保证自我评价科学性的关键所在。其次，为保证学生自我评价的合理性，英语教师要对学生的自主学习过程与成果进行适时监督，引导学生真正做到时刻自省，切切实实将自我评价落实到位，只有这样才能真正实现全过程评价。

(五) 丰富评价主体多样性

为了充分发挥教学评价的激励作用，高校还要进一步扩大评价主体，形成教师评价、朋辈评价等方式，从而建构多元化的大学英语混合式教学评价体系。第一，高校要在大学英语混合式教学评价中推动教师评价与朋辈评价同向同行，教师评价要侧重从学生英语语言运用的专业性出发，朋辈评价要从同伴在合作学习中的实际表现与贡献出发，这两种评价方式要在线上线下的教学评价中互为依托。同时，大学英语教师还要结合学生实际情况制定一些原则性标准，以方便学生开展朋辈评价时进行对比参照，最大限度地保证评价的公正、客观，进而充分发挥评价的激励作用，最终激发学生更大的学习积极性。第二，大学英语教师要引导学生组建英语评价小组。为了保证小组成员合作的协调性，教师要详细了解每一位学生对英语的掌握水平，根据学生的英语学习水平进行合理分组。同时，教师还要督促每位学生都能虚心听取他人意见，积极改进自身在英语学习中存在的问题。

二、基于促学评价概念构建高校英语混合式教学评价体系

（一）促学评价的含义阐释

1967年，美国芝加哥大学斯克里芬（G. F. Scriven）第一次提出形成性评价的概念，又被称为"促学评价"，指的是在教学过程中通过收集、解释和使用学习者学习进展的相关材料，指导教师、学习者下一步的教学或者学习的一种实践活动。形成性评价能够将"教""学""评"三者有效结合，最终能够达到促学的效果。[①] 促学评价能用来及时了解某阶段教师的教学效果和学生的学习进展情况及存在的问题，改进和强化学生的学习，给教师提供反馈。教师可根据促学评价及时地调整和改进教学活动。

因此，评价应以促进学习为目的，根据培养方案确定评价的内容和标准，选择科学的评价方式和方法，合理使用评价结果，及时为教学提供反馈信息。评价的目的应该为"以评促学"而不仅是"学业评价"。

（二）促学评价的基本特点

第一，多元化。这主要体现为评价主体、评价内容和评价形式的多元化。评价主体的多元化表现为：由教师单一评价转为学生自评、生生互评和教师评价相结合的评价模式，学生自评和生生互评可以有效地提高学生的自我反思能力，并且在生生互评中，学生还能够建立责任感。评价内容的多元化表现为：由对学生学习成果的单一评价转为对学生的学习态度、学习能力、学习策略等方面的全面评价。评价内容的多元化直接决定了评价形式的多元化，包括学生的出勤、作业、课堂表现、测试成绩等。采取建立学生成长档案袋的方式，将形成性评价结果呈现在学生档案袋中，帮助学生更清楚地看到自己的进步，达

[①] 宋鑫. 促学评价在混合式英语教学模式中的应用 [J]. 教育信息化论坛, 2022 (13): 6-8.

到促学评价的目的。

第二，激励性。教师要对学生开展鼓励评价、科学合理的评价，以激发学生的学习兴趣和潜在的学习能力。在具体教学中，教师要对学生的学习行为和学生成果进行正面、积极的评价，提出建设性意见，帮助学生减轻对学习的恐惧感，增强学习的成就感。评价的作用不仅仅是为了选拔学生，也不只是为了让学生发现自己的缺点或者在学习中存在的问题，而是要帮助学生看到自身的进步和优点，建立自信心，从而增强学习动机。

第三，情感性。教师要从情感维度着手，对教学评价进行优化，在对学生的学习情况作出反馈的同时，还要给予学生情感上的影响，以充分发挥教学评价在情感方面的积极作用。这就需要教师了解自己的学生，并且采用的评价方式和手段要满足不同学生的学习需求，尊重学生的个性发展，帮助学生建立积极的自我形象，促使学生产生愉悦的情绪，进而优化教学效果。

(三) 促学评价模式建构

在英语教学法课程教学评价中，教师采用的是形成性评价和终结性评价相结合的评价方式，其中形成性评价占总成绩的60%，终结性评价占总成绩的40%。同时，该课程采用线上线下混合式教学模式。在形成性评价中，线上评价占40%，包括线上学习时长、线上测试成绩、线上讨论参与度三个方面；线下评价占60%，包括课堂展示、教案撰写、课后作业和课堂表现四个方面。此外，混合式教学强调学生在线上学习、课堂研讨、小组教研和实践教学方面的表现，降低了期末成绩的占比。这也有助于提升课程的"两性一度"。教师要在学生教学试讲环节中打破评价壁垒，将教师评价与学生评价相结合，鼓励学生形成创新意识、合作能力、教研精神和教学反思能力。

为了能够及时了解和掌握学生的学习情况，在英语教学法课程教学中，教师建立电子学习档案袋制度，该过程以学生为主体，将学生的阶段性学习成果，比如撰写的教案（包括教师点评和学生互评，以及呈现学生自我反思与改进的笔记）、课前线上学习绘制的思维导图、课后作业（个人作业、小组作业）、平时测验记录、教学视频等资料，以电子版形式呈现出来。学生可以通过学习档案袋及时了解自己的阶段性学习成果，看到自己的进步，学会反思，明确学习方向。教师可通过学习档案袋及时了解每一个学生的学习成效，从而开展针对性指导，并根据学生的学习效果及时调整教学方法、教学进度，更好地满足学生的学习需求，优化学生的学习效果。开展英语教学法课程教学评价的目的就是激发学生的学习兴趣，使学生热爱英语学习，帮助学生看到自身的进步和优点，树立自信心，促进学生英语实践教学能力和教学反思能力的提高。

(四) 促学评价结果建设

英语教学法课程促学评价结果主要体现为两种形式。第一种是直接评价。这种评价形式以教案撰写、线上学习时长、课前测试、平时试讲、期末试讲、作业、课堂讨论、线上发帖为评价依据来计算各课程目标的达成度。第二种评价形式是间接评价。即采用问卷调查的方式进行评价。

(五) 促学评价问题及对策

课程目标中包括理解英语学科教学的育人内涵和价值。这类教育分为隐性教育和显性教育，隐性教育体现在平时的每节课中，如学生活动设计、课堂展示等环节；显性教育体现在如"班级管理""义务教育英语课程标准"等明确体现育人内涵和价值的章节中。在隐性教育中，教师除了在课上设计活动、加强引导之外，还可以把过程性评价、学生互评等融入活动，通过设计量表来测评学生的表现。

在线上评价环节中，教师可通过量化指标对学生的线上测试结果、学习时长、线上讨论参与度等进行评价，让学生及时发现学习过程中存在的问题，及时补救、改进。但在线下评价环节中，有些评价的时效性不强，有些问题一直到学期末才会呈现出来，导致有些学生出现教学目标达成度不高的情况。因此，在线下教学环节中，教师要注重增强评价的时效性，及时地将评价结果补充到学生的电子学习档案袋中，充分发挥电子档案袋制度在促学评价中的积极作用。

第七章　智慧课堂教学模式探究

智慧课堂是对传统课堂教学模式的突破，其更具针对性、创新性、发展性和科技性，能以学生真实的学习情况和学习需求进行个性化的把控，有效提升学习的质量与效率，创设轻松愉悦的学习环境，激发学生学习的主动性与自觉性。在英语教学中引入智慧课堂，对改善传统英语教学的刻板和机械具有极大的作用。智慧课堂能够充分发挥现代互联网和多媒体等技术，融合校内教育与校外教育、课堂教育与课外教育、线下教育与线上教育，促进英语教学模式的改良与完善。

第一节　智慧教育与智慧课堂的内涵

一、智慧教育的内涵

(一) 智慧教育的基础理论

智慧教育就是在全面实施素质教育的前提下，以教师的智慧成长为基点，以学生的智慧生成为目标，以六大行动为途径，引领师生走向幸福生活的教育。六大行动是：打造智慧的教师，培养智慧的学生，塑造智慧的校长，构建智慧的校园，造就智慧的家长，探索信息化的智慧教育。

智慧教育的哲学基础：让每一个人热爱智慧、追求智慧，让每一个人得到全面发展。

智慧教育的本体观：教育是一项智慧的事业，促进人的智慧成长、让师生拥有快乐幸福的人生是教育的使命。

智慧教育的价值观：智慧照亮人生。

智慧教育的方法观：通过六大行动，浸润师生生活学习每一天。

智慧教育的行动观：用我们的智慧创造教育神话。

智慧教育的个性观：做报国、自强、智慧的现代中国人。①

智慧教育的最终目的：让教师和学生拥有幸福生活。充满智慧的人总是快乐和幸福的，愉悦是智慧之花，幸福是智慧之果，追求智慧就是追求幸福，享受智慧就是享受幸福。教育就是将精心选择的最有力、最有价值的知识，渗透到教育者的内心世界，内化为受教育者生命的必需，生成受教育者的智慧。

智慧教育的核心：创新精神。我国近年来全面推进的素质教育，就强调培养学生的创新精神和实践能力，所以说，智慧教育是时代发展的需要。

智慧教育的基本要求：教人学会质疑，教人张扬个性，教人走向生活。中国有句古语，"授人以鱼，不如授人以渔"，这从一个侧面揭示了智慧教育的方法与内容。只有教育本身有智慧，才能培养出智慧之人。当下的教育应通过有智慧的教育活动启迪学生思维，培养他们的灵性，引导他们追求知识、亲近智慧、发展智慧。

智慧教育是一个系统，有着集成智慧体系，它是由组成智慧的各种要素——超前的预测能力、准确的自我评价能力、战略性的策划人生能力、系统的自我管理能力、艺术的自我经营能力——以科学的方法、以个体自身发展需要为根本，以一种主动生存与发展的价值观念构成一种前所未有的，具有自我组织、自我完善、自我构建、自我发展能力的，具有独特个性的完整的集成智慧体系。

（二）智慧教育的培育方向

智慧教育融会贯通。通过系统的智慧教育理论，通过系统的教学方法和手段，能够培养学生以下九个方面的能力。

智力能力：包括敏锐的观察能力、深邃的洞察能力、卓越的分析能力、系统的综合能力、高度的概括能力、出色的表达能力、精致的整合能力。

思维能力：包括鲜活的形象思维能力、严密的逻辑思维能力、绝妙的直觉思维能力、通达的网络思维能力、统合的集成思维能力。

非智力能力：包括良好的承受外界压力能力、强有力的控制自我情绪能力、健康的心理平衡能力、坚强不屈的意志力、成功气质、积极心态。

观念与思想：包括宇宙时空观、生命观、现实与虚拟观念、极限与超越观念、主动生存与发展价值观念。

创造能力：包括丰富的想象能力、完美的艺术鉴赏能力、独特的创造能力。

---

① 张一笑.智慧教育[M].太原：山西经济出版社，2007：30.

思辨能力：包括辩证唯物主义、历史唯物主义。

深刻的反思能力：超前的预测能力，运用潜意识的能力。

帮助获得科学的评价方法：你可以通过这种评价方法，对自己的智慧进行科学的评价，发现自己智慧所在和智慧特征，找到自己的智慧优势，对自己的智慧进行合理的优化，并进一步发展这种优势。通过最有效的方法，开发自己的智慧潜能；以一种主动生存与发展的价值观念，根据自己发展的需要，逐步建立起一个具有独特个性的完整的集成智慧体系。

帮助获得超前的预测能力、准确的自我评价能力、战略性的策划人生能力、系统的自我管理能力、艺术的自我经营能力：让你找回属于自己的智慧财富，实现自己的人生价值，让你真正体会到成功的感觉，撰写成功人生。

(三) 智慧教育的特点

智慧教育应该具有这样的特点。

第一，从课堂教学的内容而言，不在于教师讲授了多少知识点，而在于学生提出了多少个"为什么"；不在于学生从课本中接受了多少个观点，而在于他们质疑和评判了多少。

第二，从教学方法来说，不在于教师的讲法精益求精、由点及面，也不在于学生掌握了多少常规的方法，而在于学生是否充分参与了学习过程，对新学的东西是否具有强烈的好奇心和探究欲，并自由地表达了自己的思想与见解。

第三，从课外作业来看，不在于教师的作业是否让学生巩固强化新学的知识，而在于是否让学生尽量展开想象的翅膀，拓展广阔的心灵。

第四，从课外活动而论，不在于学生会不会弹琴作画、有各种特长，而在于他是否有丰富的内心世界和对真、善、美的渴望。

第五，从教学评价而言，终极目标不在于学生考试得了多少分，而在于他对自己的发展是否具有充分的信心，是否会思考，是否会创新。

第六，智慧教育营造的是愉悦、欢乐、幸福的氛围。

由此可见，智慧教育就是让每一个学生都充分张扬个性，能独立思考、独立学习，成为自己而不是别人的教育；是学生真正把学习当作一种乐趣、一种享受和一种幸福的教育；是学生自己教育自己，努力完善自己的教育；是让每一个教师得到幸福、让每一个学生得到进步的教育；归根结底，是用教师心灵之火去点燃学生心灵之火并使之熊熊燃烧的教育。

二、智慧课堂的内涵

智慧课堂是以完善学生的人格成长，促进学生的智能发展，提高学生的综合素质为目标的数字化课堂。在智慧课堂中要让学生触感过程，习得规律，充盈智慧。课堂既是一个传承和扩散知识的场所，更是一个智慧生成与拓展的天地。智慧的课堂应该追求教学的真质量，追求课堂的真效益。在智慧的课堂中，学生的兴趣会得到激发，探究的欲望会得到激活，知识的社会价值会得以体现；在智慧的课堂中，学生会体验到求真的愉悦和求知的快乐，师生的智慧之花会在互动与对话中绽放。可以从以下四个方面理解智慧课堂的具体内涵

（一）智慧本位

智慧课堂主张要从知识本位回归到智慧本位。特别是在信息网络化、知识爆炸化、文化多元化的知识经济时代，智慧比知识更加重要，因为有了智慧，人才能创造性地解决生活、学习和事业所面临的难题，才能在激烈的竞争中脱颖而出，成为胜利者。因此，我们的教学不能把让学生掌握知识作为首要目标，而应该把让学生获得智慧作为首要目标。

智慧具有很强的生成性，具有即时性、灵感性，往往会在一个短暂的教育情境中创造出非凡的教育效果。课堂以及所有的教育行为都具有不确定性，在这种不确定性中，教育者要敏锐捕捉富有生命气息和生成可能的教学资源，反思教学行为，予以及时调整，营造动态生成的教育氛围，使智慧得以体现。只有这样，才能弘扬学生的个性。实践表明，捕捉和利用生成性资源，构建动态教育氛围，对解放学生、活跃课堂能起到推进作用，学生的学习积极性、对课堂和教育行为的情感态度会发生质的变化。

（二）发展本位

当代学校教育的一个弊端是重学生当前学习成绩、轻学生未来发展。中国当前教育陷入了一个全民"唯成绩论"的怪圈。因而出现了很多值得深思而且令人警醒的问题：相当一部分大学生、研究生的生活自理能力较差，而且不思进取；每年都屡屡发生大学生、研究生自杀的事件；经常会发生成绩优秀的学生对同学、对恩师、对社会的违法犯罪行为而引起社会轰动；教育界提了很多年的"高分低能"现象，等等。

理论研究和权威调查都反复证明：一个人的学习成绩与他未来的成就并不成正比，往往是一个班级中成绩在 10~15 名的学生走向社会以后发展得最好，其主要的原因是这些学生往往发展得比较全面，综合能力和发展的潜力比较强。[1]

---

[1] 郝淑荣. 智慧课堂 [M]. 武汉：湖北教育出版社，2016：33.

智慧教育认为，教学的根本任务和宗旨是为学生的终身发展奠基。因此，智慧课堂的教学任务不单单是让学生学习和掌握知识，而且还要激发学生的潜能，促进学生的情感、态度和价值观的和谐发展，让每一位学生都有理想、有信仰、有自信、有责任，促进学生的身心和谐发展，促进学生生活能力的发展，促进学生社会适应能力的发展，促进学生德、智、体、美、劳全面发展。

（三）学会本位

在课堂教学中，很多人都有这样的体会：课本上不论是知识还是知识的内在联系都讲得透彻明白了，即使学生也会觉得很不错，可是在检测中却发现学生掌握情况并不如想象中的那样好。这种情况下教师自己也常感到困惑，通常的结论是埋怨学生记不住。这其实是因为学生在学习中的内在驱动力不足，即学生在教学中的主体地位未体现出来。

教学中一个常见的误区认为：学生的知识是教师"教会"的。把教师的主导作用片面理解为"主管"作用。教学过程中，只充分发挥了教师的主导作用，而忽视了学生的主体地位。由于教师在课堂上的权威作用，往往不自觉地采用"一言堂"的方式，使学生处于次要、被动的地位。学生自己也会认为学习就是背书、背教师归纳的结论。

学生在教学中为什么要处于主体地位？这是首先要弄清楚的一个问题。学生要成为教学中的中心，成为学习中的主人，这是不论从哲学高度还是现代教育心理学上都能回答的问题。这就是说，教师教材，包括一切教学手段，都应为学生的"学"服务。教师的作用是间接的，是一个非常重要的外因。

学生学习的好坏，直接原因不在于教材或教师，而在于学生自身对知识加工消化的好坏。这个问题从信息流程角度看显得更清楚：一个完整的信息流程应包括信息发出、信息输入、信息贮存、信息处理、信息输出。把人感知外界事物的过程模拟为一个信息流程，使我们认识到，学生不能只做信息的"收发室"，输入信息之后，再原封不动地输出这些信息，而应主动、自觉地加工处理来自教师、教材等方面的信息。

新的课堂理念倡导自主、探究、合作的学习方式，对于小学教学而言，要引导学生自主参与，让学生从"学会"升级到让学生"会学"。"学会"是指对现成结论、具体知识的理解和掌握，是某个具体的学习过程的结果；"会学"是在"学会"的基础之上，掌握获取知识、解决问题的方法，是"学会"的延伸，是更高一层次的学习境界。

(四)创新本位

目前,中国学生在想象力与创新力培养方面存在严重缺失,与不少发达国家还有很大差距。在传统的课堂上,教师的权威地位是很稳固的,学生很少有自己的观点或有阐释自己观点的机会。这种局面在很大程度上是由应试教育的成绩本位所导致的,教师根据教学大纲和考试大纲教授的知识点才是能够得分的"正确"答案,学生不需要花费额外的时间和精力思考"对考试无用"的自己的观点。正是这种禁锢学生独立思考自由的教育理念与方式,导致了中国教育培养出来的学生想象力与创新力极度缺失。

智慧课堂作为现代教育的产物,是一种新型教学模式,其实质就是创新。智慧课堂的应用尊重了学生的主体性,对发展学生的个性,提升学生的学习兴趣,开发学生的创新潜能等具有重要意义。

智慧课堂能够为学生在学习方面提供更多的便利性,让学生感受到知识就在身边,随时可以获取。学生的知识获取途径较多,知识内容也比较系统,对知识的认识度也更高。而智慧课堂作为一种新事物,能够让学生了解到专业知识以外的更多内容,开阔学生的眼界,便于学生更好地规划自己的学业与未来生活。而大数据下智慧课堂的构建,各种网络学习资料、海量知识内容的获取,能够让学生对知识、对网络技术有新的认知,符合学生创新性学习与发展的需求,对培养学生的创新能力具有重要意义。

第二节 英语智慧课堂的内涵与构建

一、英语智慧课堂的内涵

信息化驱动教育朝个性化、智能化、泛在化延伸,教育供给、教育内容、教育环境呈现精准化、共享化、开放化特质。英语智慧课堂承载着智慧教育的理念,呼应了信息时代的教育需求,折射了英语教育人才目标的要求。英语智慧课堂是指在信息技术的支持下,以创设和谐、共生、智能的个性化学习环境,提升学习者语言能力,挖掘学习者高阶思维和内隐性素养,实现学习的可持续发展,培养创新型人才为目标的英语课堂,是教学智慧、文化智慧、资源智慧、评价智慧的和谐统一。英语智慧课堂力求通过学习者的自主探究、自觉反思,实现从知识传授到学习发生、智慧生成的愿景。

英语智慧课堂延续智慧课堂的基本要义，倚赖互联、互通的学习空间，突出学习者的主体地位，强调学习者的个性化学习需求，支持线上线下相结合的泛在化学习模式，执行多维的课程评价体系。作为智慧课堂与单一学科的融合体，英语智慧课堂增添了语言习得的专有属性。浸入式、互动式语言情境和数字化语料资源是英语智慧课堂的独特表征。学习是一种参与情境的过程。[①] 个体与情境或他人之间的互动是语言生成和意义建构的关键。浸入式语言情境借助科技手段，利用在线平台开展情景模拟、场景再现，辅助学习者经历仿真实性语言输入，感知语言规律，感受文化差异，形成目的语的认知机制。数字化语料资源是语言输出的原料供给。多模态、情境化、个性化的语料资源投入配置有助于实现语言产出的最大化，丰富学习者的语言体验，提升课堂有效性。

二、构建英语智慧课堂的必要性

（一）创新英语教学模式的需要

在当前英语教学过程中，大部分英语教师虽围绕"以学生为中心"开展教学活动，但由于学生对于英语学习的个体需求的差异，自身学习需求得不到满足的学生课堂积极性、主动性不高。英语智慧课堂通过智慧教育平台创建更加人性化的课堂环境，实施微课、慕课、SPOC等在线课程、翻转课堂、混合式教学等智慧课程，开展线上线下互补、课内课外联系、校内校外联动、教师学生相长的新模式。[②] 充分调动学生学习英语的积极性，有效提高了英语课堂教学效果。

（二）提高学生英语应用能力的需要

掌握语言知识最有效的路径，是在实践中强化知识应用。只有不断开展实际交流，才能形成英语听说读写译的应用能力。因此，英语智慧课堂的构建要重视并致力于对学生英语综合应用能力的培养与提升。借助现代信息技术，有效应用各种优质教学资源，为学生搭建更加充分全面的英语学习平台，通过小组合作、小组交流、对话表演、角色扮演来开展思维方式、跨文化交际、文化礼仪等能力的培养，营造更加优质英语学习环境，引领学生在轻松活泼的氛围

[①] 教育部关于印发《高等学校课程思政建设指导纲要》的通知［EB/OL］．（2020-6-6）［2023-3-17］．http：//www.gov.cn/zhengce/zhengceku/2020-06/06/congtent_ 5517606.htm.

[②] 刘邦奇．"互联网+"时代智慧课堂教学设计与实施策略研究［J］．中国电化教育，2016（10）：51-56，73.

中掌握英语，养成英语核心素养，达到学以致用的效果。

（三）构建科学评价模式的需要

智慧课堂要求更全面的课堂内外评价策略，以建构主义学习理论为基础，基于以人为本的理念，跟踪学生学习，以学生学习的各个环节所产生的大量数据为依据，对学生的表现进行详细记录与全面评价。评价有迹可循、有据可依、立足过程、重视发展，更加注重形成性评价。通过教学大数据库建构知识评价体系，将语言能力、学习能力、思维品质和文化意识等核心素养和综合能力纳入评价标准，促进学生的个性化发展。

三、英语智慧课堂的构建方向

（一）满足个性化的学习需求

传统的英语课以大班为单位开展教学，有的高校甚至将不同专业合班上课，学生语言水平、学习目的、学习需求差异很大。在统一教材指导下开展的、类似劳动密集型生产方式的课堂教学并未考虑到不同层次学生的差异。尽管任课教师会有意识平衡不同学生之间的需求，但由于时空的限制，"一刀切"教学形式又会将教学目标引向应试的老路，例如，通过语言等级考试。智慧型的英语课堂则会更有针对性地满足学生的个体需求。通过设置不同类型和难易有别的语料、作业及任务，让分层、分组教学更加便捷有效。同时，以需求为导向的个性化的教学更能激发学生的内在学习动力，语言水平较差、学习主动性不强的学生不再处于班级教学环节中的"边缘地位"；他们可以根据自己的需求接受相应的信息及挑战，让学习成为个人主导而非教师要求的活动。

（二）营造开放的教学环境

相比传统的英语课堂，智慧课堂最大的特点是其开放的学习时间与空间，教与学并不受限于教室中的一个半小时。得益于信息技术的发展，"90后""00后"大学生几乎人人拥有笔记本电脑或智能手机等电子终端，可以随时随地通过互联网访问学习平台，进行学习活动，与教师沟通更为便捷和频繁，这弥补了传统英语学习中延续性较差的问题。不受时空限制的学习环境能够助力个性化学习，也为开展多种类型的学习活动创造了必要条件。

（三）开展多元的课堂活动

学习活动的选择是智慧课堂的关键。当前很多英语教学仍延续以教师进行知识传递为主的模式,"以学生为中心"的教学方式依然停留在理念当中。师生互动、生生互动以小组讨论、学生回答问题的形式开展。在智慧课堂中,学习活动不仅仅让学生完成对知识点的吸收理解,并在完成学习活动的同时,培养其多方面的能力。"互联网+"时代的课堂应该是提出问题、积极参与、解决问题的课堂。[1]

在智慧课堂中,教师和学生是合作的关系,双方共同完成教学环节和学习任务。例如,开展翻转课堂、项目制任务等活动鼓励学生预习、复习,完成任务的过程也是语言操练的过程,能帮助学生更好地发现自身的薄弱之处。在分组合作竞争的学习模式中,激励学生开放合作、积极探究,学生之间的互动、互助、互评促进学习效率的提高和思维的发展,达到知识、技能、情感、态度等多角度教学目标的统一。

(四)创设真实的语言情景

智慧的英语课堂是善于导入、注重体验的课堂。真实的情景能够提升教学效果。英语的教学目标之一是使学生能够在学习、工作、生活中使用英语。为学生创造使用语言的环境是将理论与实践相结合的过程。语言学习不仅仅强调对内容的记忆,还有对知识体系的掌握及应用。英语的教学难点并非对词汇和语法等知识点的识记,而要帮学生建立系统的语言网络,包括语言本身和其使用,这就依赖于学生在情景中的交互使用。教师利用多媒体教学、游戏教学、项目制教学等形式为学生提供真实使用语言的机会,在实践中提高语言能力。

(五)形成立体的评价体系

语言的形成性评价在智慧课堂中得到充分的体现。教师可以运用计算机辅助技术记录学生课堂活动和练习成绩,系统性地对数据进行计算,并进行个人纵向和不同学生之间横向的对比分析,实现对学习全过程的观察记录,让教师和学生本人都能直观地观察到学生在语言学习中的进步与缺失,进而形成改进教学活动的可靠依据。同时,针对小组活动的评价也更加客观。组内成员的任务分配、完成情况和进度都可以随时更新和查看,让小组活动更具目的性及更有效率。

---

[1] 刘军.智慧课堂,"互联网+"时代未来学校课堂发展新路向[J].中国电化教育,2017(7):14-19.

（六）建立积极的反馈机制

智慧课堂的教学反馈相较于传统的课堂应当更为全面、及时和积极。教师将了解每一个学生的学习态度、学习进度和学业表现，及时对学生进行引导和改进教学。学生对教师的教学评价也不再是一学期一评，可以随时实现，通过网上答疑，向教师提问答疑甚至出题挑战，教学相长。

四、英语智慧课堂的构建策略

（一）加强英语教师队伍建设

智慧课堂在英语教学中的实施离不开信息技术支持，互联网给智慧课堂的高效开展带来了很多优质教学资源，但是英语教师作为智慧课堂的指导者，应该具备专业性很强的教学素养，才能够在课堂上处理各种突发状况，维护智慧课堂的顺利开展。因此，高校应该重视加强英语教师队伍的建设工作，培训教师的各项技能。

第一，英语教师必须有非常扎实的专业基础，听、说、读、写、译的能力要强，能够针对学生的疑问给出及时且准确的答复。

第二，英语教师应该有熟练的计算机应用能力，因为信息技术在课堂上的运用很频繁，多媒体是特别先进和高效的教学辅助工具，开展智慧课堂需要经常使用多媒体，多媒体有助于教师在课堂上随时拓展课外知识，所以培养教师的信息技术运用能力很重要。

第三，教师应该有先进的教学理念和创新精神，教学理念不能一成不变，应当随着时代的进步而进行改革，因为不同的时代对学生的专业技能要求不一样，因此英语教师在注意改进教学理念的同时，也要重视培养自己的创新精神，才能培养出符合社会需要的专业英语人才。

第四，在提高教师个人能力的同时，组建教学团队。智慧课堂得益于信息技术的发展，依赖于互联网的支撑，但人的因素至关重要，智慧的英语课堂首先需要"智慧"的英语教师。开展智慧教学从改变教师角色开始。教师不再是教学的中心，更多的是承担起引导、服务、监督的作用。因此，英语教师不仅要具有扎实的学科功底，熟练的计算机网络技术，更需要有新的教学理念及不断开拓进取的创新精神。同时，智慧课堂的构建需要团队的协作。新型的课堂教学模式所需的课程设计、平台建设、资源整合单靠某个教师"单打独斗"是完成不了的，英语教师必须向团队模式发展。

(二)建立有效的技术支持

智慧教育时代,各类现代信息技术的开发和应用使学习环境发生深刻改变。在以人工智能、大数据、5G 通信技术、云计算等为代表的现代信息技术支持下,教师可以充分发挥各类信息技术的优势,综合不同特点的智慧学习平台(如 U 校园、FiF 口语平台、"云班课" App 等)和线上线下教学资源,构建智慧学习环境,充分利用技术的便捷、高效、智能,开展英语智慧学习[1]。

课堂教学中,教师可通过图像、声音、动画、文字等多种模态呈现教材内容、组织教学活动、实现课堂即时交流与个性化反馈,最大限度地提高学生英语学习兴趣,改变传统学习过程中学生被动接受陈述性、碎片化知识的应试教育模式。课下自主学习中,师生可结合课程目标及教材内容,综合利用国内外慕课平台、精品课程资源、微信公众号、抖音等直播平台、校园网自主学习平台等数字资源,对课上内容进行补充或开展专业英语学习,不断提升学生获取、内化、管理知识的能力和运用信息技术辅助英语学习的能力。此外,教室还可引入支持语言学习的智能设备,实现人机交互、手写文字识别、语音智能分析等,软硬件建设联动,为学生营造真实的语言输入与输出情境,进一步提升英语学习效果。

(三)科学整合教学资源

有了信息技术的支持,在教学当中不用发愁寻找教学资源,现在网络平台上的优质教学资源非常多,但是学生在自行选择时容易有迷茫心理,因此教师应该帮助学生筛选和整理有用的英语学习材料。

第一,英语教材就是使用最为广泛的学习材料,需要教师采取措施让英语教材在教学当中发挥最大效用,智慧课堂上不是简单地播放教学课件就能够发挥教材的作用,而是需要教师对教材进行重新编排、整合及填充,来满足不同英语学习程度的学生对英语学习的需求。

第二,教师可以对学习资料按照难易程度和专业方向进行详细划分,建立多种类型的学习资料数据库,充分满足学生的个性化要求。

第三,可以将学习小组中常犯的知识错误进行归纳总结,作为教学资源重新使用,有利于加强学生的记忆,对知识技能掌握得更加深刻。

---

[1] 黄荣怀. 智慧教育的三重境界:从环境、模式到体制 [J]. 现代远程教育研究,2014(6):3-11.

（四）建设课内外、线上下互补的教学环境

智慧课堂有个很显著的特征，同时也是最大的优点，那就是不受教学环境的影响，学生可以随时随地学习英语。

智慧课堂将教学环境分为课内和课外，课内学习主要在教室进行，由教师组织课堂进行授课。课外学习主要依靠网络进行，不受地点约束，学生可以使用通信工具登录教学平台，选择自己喜爱的英语模块进行学习。现在的网络教学平台比较系统化和专业化，比如有网络课堂、语音课堂、作业系统等，教学内容也是围绕教学目标制定的，方便学生自学。

智慧课堂还可以分为线下和线上。传统的线下教学环境以图书馆、教室、语音实验室为代表。除了投影仪、音响、电脑等初代信息设备，要实现课堂中的即时互动，可以加装无线网络、交互书写投影白板等新型技术设备。线上的教学除了个人的通信工具，更有必要建设规模性的教学平台。例如，网络课堂、在线测试系统、作业系统、语料库建设等，配合线下的教学补充教学资源供学生自学。

第三节　英语智慧课堂教学新模式探索

一、英语智慧课堂教育新模式的构建策略

（一）依托在线课程建设英语智慧课堂教育新模式

1. 以提升英语学习质量为中心

高校英语智慧课堂的教学新模式应当是教师与学生共同探索知识、创新知识的过程。高校应以学生为中心，建立有助于提升学习绩效的英语智慧课堂教育模式，引导学生从被动学习向主动学习转型，全面增强学生的学习自主性、社交沟通能力和批判思维素质。智慧课堂在线学习平台建设涉及教师、学生、平台管理者等三方利益，打造智慧课堂模式下网络学习社区的要点在于协调三方利益并扩张利益交集。智慧课堂模式下的教师应拿出一定比例的教学时间用于分享教学资源、批阅在线作业、与学生实时互动交流，分配更多教学时间帮学生补齐短板，做好查遗补缺，提升学生的学习效能。

2. 打造泛在的优质课程样板

高校应运用信息技术创新性化解传统线下英语课程教学的痛点和难点，打造横跨线上线下的泛在优质课程样板，引领英语智慧课程体系的全面建设。

第一，拓展课程资源建设。教师要运用在线课程建设契机，克服传统授课制的教学时长局限性，加强课程的深度建设和广度拓展，向学生呈现出丰富的课程相关知识，吸引学生自觉观看教学视频。强化在线课程相关资源的供给质量，有助于学生在学习中自行解决学习难点、知识盲点。对线上难以解决的问题，课代表可将问题归集提交给任课教师，由任课教师甄选出典型问题，在课堂做统一解答。

第二，完善在线测试系统建设。及时针对所学内容进行学习效果测试，是学生自评学习绩效的利器，为学生有针对性地开展后续知识的学习提供指引。在线测试系统建设应当突出"错题库"资源的管理，将"错题库"呈现在平台学生客户端的显著位置，引导学生围绕错题建构后续学习计划，形成完备的课程知识体系。

第三，交互式课程精讲教学模式。教师按照课程内知识点的关联性来设置若干教学主题，围绕课程特定关键主题来实施"一课多讲"。此举可以解决部分学生对难点知识理解力差的问题。通过这种方式，学生会找到适合自己理解能力的讲解方式，从而增强学生的学习绩效。

(二) 依托协同机制改善英语智慧课堂资源供给

1. 探索资源共享和服务供给新机制

建立高校校际英语智慧课堂教育资源共享模式，推动高校优质在线英语教学资源的深度融合与无障碍流通，是实现英语智慧课堂教育资源高水平供给的关键。

第一，高校间形成跨校的英语智慧课堂教育共同体文化，围绕"双一流"高水平大学建设战略目标，协力营造互惠互利、良序竞争、协同发展的合作氛围。

第二，高校应打造英语智慧课堂教育资源共享联盟，共建英语智慧课堂教育平台，共享师资力量、课程资源、教辅材料、设施设备。为确保共享平台的良序运作，各高校应建立校际智慧课堂教育联席会议机制和工作组机制，推动英语智慧课堂教育平台维护人员的校际交流，增强校际英语智慧课堂教育平台建设工作的协同力。

第三，高校应建立校际英语智慧课堂教育资源共享利益平衡机制。各高校在法律层面具有独立法人实体的身份，在建设校际英语智慧课堂教育资源共享机制的过程中，各主体间的基本利益诉求既有交集，也有冲突。为确保共享机制不被各高校的短期利益诉求所牵制，高校有必要完善校际英语智慧课堂教育资源共享利益平衡机制，以确保平台的日常稳定运行。

2. 采用智能技术汇聚优质教育教学资源

高校可采取网络课堂与实体课堂融合的方式，推动整合线上线下教育资源，让教师和学生更便利地获取线上教育资源以支持英语智慧课堂教学活动。智慧课堂教育资源系统包括"课程、平台、师资、项目"等内容。课程建设包括理论课、仿真实验课、实践课、创新创业课等内容，形成层次化课程配置。平台建设以智慧课堂平台为支撑，整合校内实验室、校内外实践基地、创业园，各平台资源共享、建设资金形成梯次化配置。同时，课程与平台按需配齐专业教师、实验员和辅助工，以项目为单位实施专业化师资力量管理，形成各课程、各平台之间师资资源互通有无、共享发展的格局，增进学生享有优质教师资源的机会。

3. 引导学生有序参与教学资源建设活动

与传统教学模式不同，英语智慧课堂模式强调运用即时通信技术来提升师生间信息交互的意愿和能力。激发学生主动生成用户原创知识的意愿，有助于增强英语智慧课堂在线学习平台上师生互动性水平。英语智慧课堂的开发者要着重强调学生的自主生成用户原创知识和课程知识，具体手段可以通过物质激励、外部实习机会、奖学金加分等学生激励方式来落实。借助多元化激励措施，教师可拉近师生间的社会交际距离，增强学生应用智慧课堂平台来学习的能动性。英语智慧教育模式可实施教学资源建设积分制，鼓励学生积极向平台提交英语课程相关的共享教学软件、课件、案例、行业企业数据等资源，丰富英语课程建设资源库。英语教师根据学生提交的英语教学资源质量给予合理奖励，激励更多学生参与英语课程资源建设，形成良好的共享、共有、共建在线学习社区文化。

（三）依托过程管理数据强化英语智慧课堂质控体系

1. 完善英语智慧课堂模式教学质量评价体系建设

高校应结合本校教学信息化发展阶段和师资力量水平，编制英语智慧课堂教育质量控制体系，依托学习过程数据来充实、提升智慧课堂教育质量控制体系的精准性。高校应制定标准化数据采集规则和数据运用规则，灵活运用大数据采集与分析技术，对智慧课堂模式的教学过程中产生的教与学过程数据进行伴生性采集与分析。智慧课堂模式下的教学质量评价标准要突出以人为本、技术先行的原则，以满足学生学习需求为导向，从教学内容设置、教学实施流程、学生学习反馈等方面来制定。

2. 规范英语智慧课堂模式教学质量评价步骤

高校需以教学效能和学习效率为导向，依托学习过程数据建立多维度的评价体系，为高校管理层制定智慧课堂教育决策提供科学依据。

首先，高校英语智慧课堂模式教学质量评价系统需从学生、教师、教务等层面来记录教学过程数据。其次，做学生样本指标特征与学习效率之间的关联度分析，并做各层面统计数据与教学效能及学习效率之间的关联度分析，从中找出关键影响因子。再次，运用关键影响因子建构关于教学效能和学习效率的数据分析模型，从智慧课堂模式教学过程数据中分析各影响因子对教学效能和学习效率的直接或间接影响水平。最后，将模型分析结论与智慧课堂教育质量定性分析结论相结合，形成智慧课堂教育质量评价报告，供教学质量相关人使用。

3. 深化英语智慧课堂教育质量评价结果运用水平

借助英语智慧课堂教学评价机制，高校可针对性地完善英语智慧课堂相关教学基础设施、资源开发与利用、信息化教学人才培养、英语智慧课堂模式管理制度等方面的薄弱环节，确保高校英语智慧课堂模式下的教学活动可持续发展。教务管理部门须将英语智慧课堂评价结果真实、全面地反馈给任课教师。教师根据智慧课堂教育质量评价报告来做教学反思日志，从中总结自身在教学方法、课程资源、考核方式等方面的问题，有针对性地改进智慧课堂模式的教学质量，提升学生学习效能。教务部门应围绕智慧课堂教育关键节点来实施教学质量控制工作。[①] 学生学习成绩、师生在线交互频度、课程资源质量、教学考勤等指标是具有可量化性的在线学习关键教学质量控制点，任课教师应当围绕这些要点改善教学方法和手段，以点带面地全面提升智慧课堂教学效果。教务部门则应当围绕这些要点来组织智慧课堂教育设施投资、师资力量、管理制度等方面的建设，确保智慧课堂教育质量评价体系与智慧课堂教育质量建设之间形成良性反馈机制。

二、英语智慧课堂教学新模式的设计示例

（一）英语智慧课堂教育新模式的搭建

通过对英语智慧课堂的研究背景与现状进行综合分析，针对智慧课堂的整

---

① 张玲，刘家瑞，杨翠友. 现代学徒制培养模式下智慧课堂的构建与案例分析 [J]. 职业技术教育，2017（5）：44.

体结构与内在形式进行设计，将提升培养质量与效率作为目标，同时还要将课前、课中以及课后环节相结合，使学生在任何时间段内都可以得到很好的教育[①]，如图 7-1 所示。

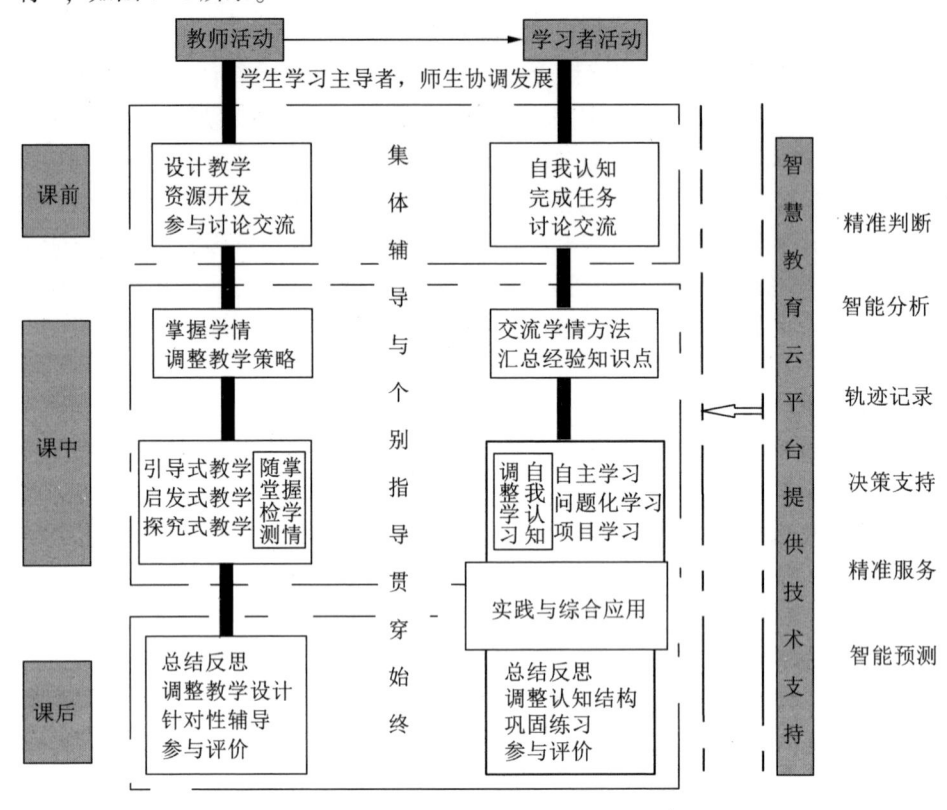

图 7-1　智慧课堂教学模式的基本框架

此外，将线下教育与线上教育相融合，能够帮助学生建立良好的学习习惯，让学生快速成长起来，通过线上线下的全面学习与实践融合，组织学生开展各类自主学习。在此过程中通过拉近师生之间的关系，使学生与教师都能够在教学过程中认识到自身的不足，进而针对薄弱环节制定强化措施。在设计智慧课堂教学模式时，无论在任何时空、任何教学环境，都要将学生作为教学主体，只有合理解决学生的各类学习问题，才能科学提升学生成绩。

---

① 屠菁. 基于雨课堂的智慧课堂教学学习行为分析——以"数据库原理与应用"课程为例 [J]. 合肥学院学报（综合版），2019（2）：67-71.

（二）相关理论基础的引入

不同的教育理论制定的教学策略也存在差异，这种英语智慧课堂教育模式将培养智慧人才作为最终目标，将生态课堂与传统文化相结合，保证学生在教育模式中可以得到更加灵活多元的教育，从而为我国英语教育行业的良好发展提供保障。生态学理论主要指的是研究生物与其周围环境之间的关系，也就是要体现出个体价值的理论。针对学生开展英语智慧课堂教育，就是要将学生作为教学主体，围绕学生开展教学内容的设计与优化，将课堂教育内容与课外教育内容相结合，使教学内容与外界社会发展接轨，这样才能保证学生时刻具备创新思维，能够更好地适应时代与社会的发展趋势。

此外，英语智慧课堂中还要合理融入多元智能理论。随着现代化技术的日益发展，能够有效提升教育质量。教育行业也要不断针对教学模式与观点进行调整优化，教师与学生在学习过程中都可以得到提升。一方面，为合理开展个性化教育，教师要深入分析不同学生的学习情况，制定合适的教学策略；另一方面，学生能够学习到渴求的知识内容，也能够强化学生的积极性，保证个性化教育计划的落实效率。

（三）英语智慧课堂教学目标的设定

教学目标作为教育计划的核心部分，需要针对当前的教育现状进行分析，在制定相关改良政策后还要预估改良效果，同时也是教学策略、教学资源、教学评价以及教学实施环节的主要依据。教学目标不仅是一切教学措施开展的起点，也是教学措施需要达到的终点，本书设计的智慧课堂的教学目标，如图7-2所示。

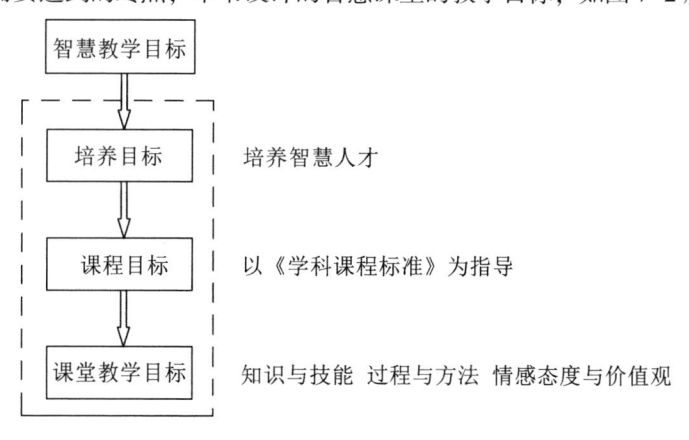

图7-2 智慧课堂教学目标框架

英语智慧课堂的教育目标总共分为三个环节，也就是课程目标、培养目标以及教学目标，同时智慧课堂还将培养智慧人才作为核心目标，将各类技能与学习方式相融合，还要强化学生的自主学习观念。这样才能保证智慧人才培养计划的顺利完成。

（四）英语智慧课堂实施条件的创设

在开展英语智慧课堂教育中肯定会出现各类问题，也会存在相关方面的要求，本书针对智慧课堂教学模式的设备、资金以及技术服务情况进行整合，并且根据实际需求情况做出调整，主要面向学生开展信息化教学[①]。在教学过程中，将相关课程资源、教学平台、教师移动教学终端、学生学习终端等有机结合，依靠大数据技术在网络中构建以云服务为基础的教学体系，这样不仅能够优化教学环境、提升教学效率、融合教学资源、降低教学成本，还能够使学生接触更多的学习资源，让学生能更能够有自主学习的侧重点和选择面，更深层次地激发学生的学习兴趣。[②] 突破传统教学体系的各种约束条件，将课内教育成功延伸到课外，使线下教育与线上教学都能够为学生提供可靠的帮助。

第四节　智慧课堂在英语教学中的具体应用

一、智慧课堂模式下的英语阅读课教学

（一）设计思路

英语阅读课智慧课堂的基本流程分为课前、课中和课后三个部分。

课前进行教学设计、借助平台发布问卷调查等了解学情、上传预习任务，学生自主预习，平台自动生成测评结果，教师根据预习结果和学情进行针对性教学。

在课中阶段，教师通过视频、图片、微课以及各种平台上的资源等力图创设真实的课堂教学情境，并导入阅读任务，让学生在活动中内化且运用语言知

[①] 张元. 基于 MOOC 的 SPOC 数据库课程教学新模式探讨 [J]. 计算机时代, 2017（5）：64.
[②] 李德强. 基于 SPOC 的深度学习智慧课堂教学设计与实践——以 Web 应用开发技术课程为例 [J]. 计算机教育, 2019（6）：72-76.

识，在自主学习和合作探究中，锻炼独立思考的能力和合作交流的意识，在分享展示中树立语言学习的自信心和认同感，在巩固提升创新中塑造思维品质，增强文化意识，提高创新能力。平台的手写文字快速识别、语言理解、智能评测以及大数据分析等手段更是提高了教学的效率。

在课后阶段，教师通过平台布置个性化作业，学生进行针对性学习，完成个性化拓展任务，及时互动交流，分享讨论学习成果。

（三）活动流程

1. 课前阶段

教师对阅读文本和学生进行分析，确定以培养英语学科核心素养为目的教学目标进行教学设计；教师通过智能平台教师端发布学习任务，进而通过问卷调查、测评等方式了解学情，推送包括课件、教案、学案及音视频等微课预习资料，学生自主预习，进行测试；学生完成问卷调查、测评或预习测试，智能评价系统自动生成结果，教师根据预习结果反馈，掌握学生对相关内容的了解情况，发现共性错误和薄弱知识点。

2. 课中阶段

课中阶段是智慧课堂的核心部分，教师需要精心设计教学活动，使学生能够轻松愉悦、高效地进行智慧学习。智慧课堂英语阅读课的课中阶段主要分为六个具体环节。

第一，创设学习情境，激发学习动机。教师可以通过设计一个驱动性任务或问题，运用英文歌曲、演讲视频或与主题密切相关的各种英语微视频、图片以及系统自带的各种资源等，利用同屏工具分享，创设能激发学生学习和探究动机的情境，让学生在进入情境后能够被相关问题或任务所吸引，从而在情境的感染与作用下形成学习的心理准备，并产生探究的兴趣和动机。

第二，自主学习和合作探究相结合，以合作探究为重。在进行智慧课堂阅读课教学时，教师利用作业与动态评价工具发布学习探究任务，并组织学生进行自主学习和组内合作探究活动。自主学习活动侧重于学生对基础知识的把握。智慧课堂英语阅读课更侧重于师生互动、生生互动，因此课堂教学的开展更应该以组内合作探究作为课堂活动的重点。

第三，学生分享展示成果。成果分享展示可以通过智能平台实现，也可以通过课堂展示来完成。学生可以将自主学习和合作探究的结果上传至智能平台，实现师生共享。平台上手写文字识别系统能够快速高效地识别学生的手写字体，使展示内容更加清晰明了。

第四，组织实时检测，进行评比奖励。为进一步检测学生对文本的理解程度，教师可以制作检测题，利用作业与动态评价工具分享检测题，当堂测验，学生完成测试练习题并及时提交。通过平台上智能评测手段进行主观题智能阅读，测试报告快速生成，教师可以得到及时反馈。教师也可以根据当堂检测结果，进行评比奖励，激发学生的学习积极性。

第五，知识巩固、总结提升及知识创新。教师根据平台上课堂探究、随堂测试、学生上传的课堂作业等的大数据分析，辨析精讲难点，补充巩固弱点，拓展提升重点，深化师生互动交流，培养学生创新思维和能力，促进学生核心素养的提升。

第六，实现即时评价。教师课前制作评价表，英语智慧课堂评价表的制作不仅要考虑将外部评价和自我评价结合，强调自我评价和反思，而且也要将结果性评价与过程性评价相结合，但重在过程性评价。另外，教学评价设计要突出全过程学习诊断与评价，包括课前预习测评、课堂提问、书面测试、合作完成作品等。在每一项活动结束的时候，教师可以利用作业与动态评价工具发布评价表，学生进行评比打分，平台快速生成评价结果。

3. 课后阶段

基于智能平台，教师可以开展个性化辅导，进行针对性教学。在英语阅读课教学中，教师可以根据学生课堂表现和知识掌握程度给每个学生布置不同的课后作业，学生完成作业并及时提交作业，平台自动生成作业反馈或教师在线进行反馈；教师也可以结合课堂学习和大数据分析结果，对没有掌握的知识点录制讲解微课，并推送相关资料给学生，或推送拓展性学习资料供能力强的学生学习，实现个性化学习。师生也可以在学习社区互动学习，发布自己的学习感受或疑问，与教师同学讨论交流，总结反思，教师根据讨论的内容及时改进和实施针对性教学。

二、智慧课堂模式下的英语听说课教学

（一）通过信息技术创设语言环境

随着信息技术和互联网技术的发展，为英语口语智慧课堂的构建也带来了一定的机遇与优势。教师应改变传统的英语口语教学课堂，紧跟互联网时代的脚步，不断创新和构建大学生英语口语智慧课堂。

各种语言的学习都需要实际的语言环境，才能促使听说能力的快速提升。开展语境教学符合互联网时代下大学英语口语智慧课堂教学所遵循的，以技术连线和兴趣驱动的理念。目的是让学生通过先进的互联网技术，不断提高学生英语口语应用能力。通过语境教学，不仅改变了传统的教学模式，同时也帮助学生正确理解词语的使用地点和场合。

信息技术能帮助学生营造出具体的英语语言环境,从而使学生在语境下通过实际的表演训练英语听说能力。比如,学习与气候、地理特征等相关的课程时,教师就可以利用信息技术播放与季节和气候相关的影片或图片,为学生营造教学氛围,同时给学生提供具体的语言环境,让学生可以在视频以及课文内容的引导下对季节产生激烈的讨论,同时以对话的形式分为不同的小组,展示对季节知识的探讨结果。这种教学模式既迎合了教学进度的需求,还增强了学生的自主创新能力,使学生的听说表达能力得到了明显的提升。

教师还可以在学生讨论的过程中增添提问的环节,让学生带着疑问对文章进行深入的探究,在提升学生听说能力的同时,还能增强学生的阅读理解能力,通过一系列的教学活动,使学生在英语学科中的综合能力素质得到改善和提升,对于学生在日后的英语学科学习中也有着诸多益处。

(二)辅助语音教学

掌握正确的语音、语调是学生进行听力训练和口语表达的基础和前提。然而在实际教学中却发现,由于受课堂教学时间以及其他因素的影响,导致学生发音不准或是表达不流畅的现象频出,阻碍着听说教学的顺利开展和实施。而信息技术在课堂上的广泛运用能够更好地辅助语音教学,让学生接触并认识到纯正的英语发音,在提升自身发音准确性的基础上更好地进行听力和语言表达方面的训练。为此,英语教师应巧妙运用信息技术来辅助语音教学,以此来夯实学生的听力和口语表达基础,为学生更好地进行听力和口语表达训练创造有利的条件。

例如,教师可以专门制作讲解单词发音的微课课件,让学生利用每节课开始之前的几分钟随时观看和学习。微课课件针对每个音标的具体发音方式、发音器官等相关内容进行生动、细致的讲解,并以图文并茂的形式呈现出来,学生能够跟随课件自主进行发音训练,纠正自己发音中错误的地方。同时,在每堂课的教学中,教师还可给学生制作介绍本课单词和相关语句发音的微课视频,学生在练习的过程中可以观看。如此,便有效解决了学生发音不准的问题,夯实了学生的语音学习基础,推动着听说教学的顺利开展和实施。

(三)给予尝试机会

对于大多数中国学生而言,在英语学习过程中经常会出现"有口难言"的状况,比如他们经常能够在英语考试中取得高分,但是一旦和外国人进行交流对话,大多数学生都会存在着明显的困难。这主要是因为教师在当前的教学过程中没有给予学生们亲身尝试运用的机会，导致学生的语言表达能力很难得到明显的提升。因此，在当前的教学过程中，教师可以为学生们提供更多自主尝试的机会，让他们能够更加勇敢地开口表达。比如当前很多学生都喜欢看电影，那么教师在课堂上可以节选一些经典的电影片段来进行播放，然后让学生们去记录电影片段里面的不同主角的台词，接着让学生自主抽取不同的角色卡来进行趣味配音。在这个过程中，学生们有了不同的角色，在对话的过程中他们可以结合电影主人公的演绎进行台词表达模仿，可以进一步缓解学生的口语表达压力。同时在这种趣味配音的活动中，也能够让学生们学习更多实用的语言表达方式。在后续的学习过程中，教师也可以让学生们经常观看一些西方国家的电影，在观看电影的过程中来了解更多地道的英语表达方式，在边观看边模仿的过程中进一步锻炼学生的表达能力。

（四）建立课下网络平台

在互联网时代下，智能手机普遍存在于大学生的生活当中。大学英语口语智慧课堂的构建，不仅可以在课堂上对学生进行英语口语的教导，同时也可以利用互联网的时效性、不间断性特征进行课下教学。因此，可以为学生建立课下网络平台，利用QQ、微信等社交软件以及网络教学平台等APP与学生建立英语口语学习的互动群，教师不仅能够实时掌握学生的学习情况，还可以在平台中为学生布置课后作业。教师通过移动互联网在线方式，为学生在口语学习中出现的问题及时给予指导。教师还可以利用网络平台让学生预习下节课应学的知识，并且在上课过程中，让学生根据所整理的资料和预习情况，在课上进行英语口语的表达。学生通过课前预习知识不仅有效节省了课上时间，同时也确保了每位同学都能练习口语。在表达过程中，教师可以根据学生的发音问题及时纠正，促使学生建立口语表达的自信心，进而提高学生口语能力和语言交际能力。教师可以引导学生利用互联网看些英语原版电影，不仅能够使学生的英语口语得到提高，同时实现互联网时代下学生学习方式的进一步创新。

三、智慧课堂模式下的英语写作课教学

（一）英语写作课程对智慧课堂的引入

在高校英语写作课程教学中引入智慧课堂模式，能有效提高英语写作课程的教学效率，有利于培养学生的英语写作能力。

1. 精讲多练

高校英语写作课程以理论知识的讲授为主，教师对精选范文从不同角度进行讲解与评阅，促使学生在教学活动中切实提高写作水平。[①] 智慧课堂模式下，教师通过将写作理论、写作技巧等上传到网络教学平台，并利用平台上的相关软件督促学生大量练习写作，监督学生的学习进度和学习任务的完成情况，从而强化学生的自主学习意识。其中，EV 录屏软件可以实现录屏功能，教师可用该软件将授课内容转化为视频，让学生可以通过网络教学平台，在规定时间内自学相关的基本概念和理论知识，减轻课堂上教师的教学压力。

2. 以读促写

智慧课堂模式下，在写作课程的授课环节中，教师应将写作理论和写作技巧融入阅读教学中，通过分析范文的文体和写作特色，让学生运用所掌握的写作技巧进行仿写练习，从而提升学生的写作技巧运用能力。例如，教师可以选取《中国国家地理》或一些新闻期刊上与教学内容相关的文章，分析范文的结构和逻辑关系，启发学生积极思考，引导学生根据范文进行仿写练习。其间，教师可以选择符合课程需要的课外学习资料上传到网络教学平台，让学生通过电脑端和手机端灵活安排学习进度进行学习。

3. 开展文章选读、范文讨论等教学实践活动

智慧课堂模式下，通过文章选读、范文讨论等大量教学实践活动，可以让学生接触和了解不同的文化背景，学习优秀文章的段落展开方式，对比分析各类文章的异同点，并在此基础上养成独立思考和创造性学习等良好的习惯。教师可以在网络教学平台上设置相应的讨论环节，让学生积极发表自己的观点和看法，通过这样的方式让学生畅所欲言，真正贯彻以学生为中心的教育理念，激发学生的学习兴趣。

(二) 英语写作课程智慧课堂的运作方式

高校英语写作课程的习作实践环节应使学生的创新意识和合作意识得到提高。英语专业教师在写作课程习作实践阶段应遵循"笔随心动、有感而发""源于主题、优于主题""互评互改、共同进步"等写作教学理念开展教学活动。

1. 引导学生积极思考

英语写作课程的设计理念应遵从"笔随心动、有感而发"的原则，课堂上教师要注重启发学生积极思考，让学生把所思所想尽可能用丰富的、生动的语言表达出来，使文章内容充实、感情饱满、逻辑清晰。教师利用网络教学平

---

① 杨化坤. 基于智慧课堂的写作课程教学研究——以安徽财经大学"写作与沟通"课程为例[J]. 沈阳大学学报（社会科学版），2019（4）：470-474.

台布置写作任务时应具有较高的灵活性，学生不一定按照规定的题目写作。

例如，在"根据对比和类比进行段落的展开"这部分内容的教学中，教师可以给学生准备多个题目，如比较两种品牌、两位明星、两种食物、两个城市等，但写作主题可以不局限于此。有的学生从几个角度对电子香烟和传统香烟进行比较，有的学生把20世纪90年代的著名明星与现在的网红明星进行对比，有的学生比较了江西陈醋和白醋，有的学生比较唇釉和口红……从这些作业中，教师能感受到学生在用心思考，努力将写作技巧和文章主题进行融合。在平时的写作训练中，教师不需要严格限制作文的字数，话题也可以比较宽泛，以此鼓励学生充分发挥想象力进行写作。经过两三个月的练习，学生的写作技巧就会有长足的进步，表达能力得到有效提升。

2. 精选范文调动学生的写作积极性

英语写作需要大量的实践才能收到实效，如何调动学生的写作积极性是教师需要解决的问题。在"根据空间顺序展开段落"这部分内容的教学中，教师可以将《中国国家地理》等课外杂志中的内容引入课堂，带领学生分析精选范文的逻辑结构、语言特点。课后作业是让学生描写某地或者某景点。有的学生对家乡的地理、物产进行介绍，有的描写了某世界名城的风土人情，还有的描写了某国家公园的风景。结合学生实际生活的作业充分调动了学生的写作积极性，让学生在学习过程中既学到写作理论知识，又获得写作实践机会。在批改习作的过程中，纠正语法错误会占据教师大量时间。利用网络写作平台上的语法校对软件对学生习作中的语法错误进行检查，一方面可以减少教师的工作量，另一方面可以帮助教师提高英文写作水平，把更多精力用于提升写作理论水平，改善写作教学方法，探索写作技巧的应用。

3. 促进学生之间相互学习

教师在课堂上要对学生的优秀作文进行详细的点评，促进学生之间的相互学习。例如，在"根据过程顺序展开段落"这部分内容的教学中，假设有一篇学生习作描述伤员中弹后被抢救的全过程。文章构思巧妙、逻辑清晰、用词严谨，虽然存在语法错误，个别语句不通顺，但瑕不掩瑜，文章的亮点足以弥补不足，教师仍会把它作为范文供全年级学习。教学实践证明，作业点评可以促进良好学习风气的形成。网络学习平台上的学生互评功能可以让学生学习优秀习作的写作方法、技巧，启发学生积极思考，提升写作水平。

第八章 远程教学模式探究

进入信息化时代的 21 世纪,人们对教育的需求日益增加。现代远程教育作为一种新的教育模式,是提高全民族科学文化素质,促进教育思想、内容和方法改革,推动教育现代化,满足社会日益增长的终身学习需求的重要手段。远程教育已经成为教育信息化的焦点。实施现代远程教育工程,也是在我国高校英语教育资源短缺的条件下加快教育发展,提高高校学生英语文化水平的有效途径。

第一节 远程教育与远程教学

一、远程教育定义

远程教育也称远距离教育(Distance Learning, Distance Education)是指学习者不能亲临教学现场,师生凭借媒体所进行的非面对面的教育。

远程教育是教育致力开拓的一个领域。在这个领域里,在整个学习期间,学生和教师处于准永久性分离状态;学生和学习集体在整个学习期间处于准永久性分离状态;技术媒体代替了常规的、口头讲授的、以集体学习为基础的教育的人际交流。

现代远程教育是利用网络技术、多媒体技术等现代信息技术手段开展起来的新型教育形式,发展现代远程教育是扩大教育规模、提高教育质量、增强办学效益、建立终身教育体系、办好教育的重大战略措施。因此,我们所谈论的现代远程教育遵循了这个定义。

现代远程教育是指通过音频,视频(直播或录像)及包括实时和非实时在内的计算机网络技术和多媒体技术把课程传送到校园外实现交互式学习的教育模式。现代远程教育是区别于传统教育模式的一种新型远程教育形式,它不同于计算机辅助教学。现代远程教育采用远程实时或非实时双向交互式的新型教育模式，实现跨越时间和空间的教育传递过程。与传统教育相比，现代远程教育打破传统的、封闭的办学模式，实现可以在任何时间、任何地点，学习任何由优秀教师开设的课程这样一种教学模式，具有办学开放性的特点，并将有助于建立起一种满足终身学习要求的教育保障体系。[①]

我们认为，"现代远程教育"是一个发展的概念。目前人们往往对"远程教育"和"现代远程教育"不加区分，一般即指网络教育。

二、远程教育的形式

（一）基于计算机网络的远程教育形式

这种方式采用互联网的 WWW 技术和其他如浏览器、E-mail、FTP、BBS 等应用，进行远程教育，包括网上注册、网络课程传送、网上教学咨询与讨论、网上作业辅导、远程考试等。实现在时间上、地点上完全独立的教学模式：利用互联网组建网络学校，学生可以增强自治力和逐渐形成一个由自我安排进度的、专家和优秀教师指导的、时间和空间独立的学习环境。学生们可以通过电子的"虚拟对话"争论课程中提出的问题，互联网的访问者也可以被邀请加入"课堂讨论"。

（二）基于卫星电视系统的远程教育形式

卫星电视教育利用通信广播卫星的电视信号来传送电视教育节目。卫星电视教育包括教育信息的取得、发送、传输、接收、组织教学等过程。卫星具有覆盖面广、不受地理条件限制、传输容量大、信号不受干扰等优点，特别适合分散在各地的学习者或教育资源匮缺地区的学习者学习，为实现开放式教育、无国界无围墙的学校教育提供了可能性。

图文电视：图文电视是将图形、文字进行编码后，以数字信号的形式叠加到电视信号的场消隐期内的指定行，随电视信号一起发射或传输，在正常电视节目播出的同时，供装有图文电视解码器的用户收看。由于图文电视不需占用额外的频率资源，不需要更多的设备，就可以以附加的形式传送多达数百页的图文，所以大大增加了广播的信息量。图文电视常被用来传送即时股票信息、广告、飞机、轮船、火车的时刻、天气预报等信息；利用图文电视来传送教育信息，是一种既经济而又方便的办法。

---

① 余武. 教育技术　信息时代教与学 [M]. 合肥：中国科学技术大学出版社，2002：223-227.

这种远程教育形式经济成本较低，适合对边远、偏僻地区的教学。不少远程教育机构将这种形式作为课程发送的方式，也有专门的基于卫星电视系统的教育机构。

(三) 基于有线电视系统的远程教育形式

有线电视是将空中传输的电视信号改为通过光纤或同轴电缆线路来传送电视节目内容，由于其传输容量大，图像信号质量好，不易受干扰等优点，立即被广大用户所接受。有线电视通常又称为电缆电视系统。早期的CATV系统仅仅只满足于接收到良好的电视信号，以满足收看到清晰的图像为主要目的。现代的CATV已发展成综合、多功能的大型信息双向传输系统，可以传送教育电视台的节目内容，也可利用加密（收费）频道举办各级各类的学历教育或职业训练教育，更可服务于社会大教育，现代技术的发展使CATV以HFC接入网方式与国际互联网链接以实现远程教育。

(四) 基于视频会议系统的远程教育形式

最早实现的远距离会议系统是利用邮电线路的电话信息传输功能来实现的所谓电话会议，即将与会者多方的音频信号通过电话线路来传输，完成会议所需的传送或讨论功能。随着电视技术的发展，出现了会议电视系统，即用通信线路把两地或更多地点的会议室连接起来，以电视方式召开会议，能实时传送图像、声音和会议资料、图表和相关实物图像等的一种图像通信方式。两地之间的会议电视成为点对点电视；多个地点间的会议电视成为多点式会议电视。身居不同地点的会议者互相可闻声见影，如同坐在同一会议室开会。

三、远程教学的定义与系统要素

(一) 远程教学定义

远程教学是应社会需求而产生的一种信息化的教育形式。在这种教育形式中，师生之间相互分离，以学生为中心，运用现代传播媒体技术来传递和反馈教育信息，以求最大的教学效益。远程教学是现代教育传播技术和学习理论、教育理论、传播理论相互综合发展的产物。[1]

---

[1] 李红波. 现代教育技术 [M]. 桂林：广西师范大学出版社, 2002: 194-196.

（二）远程教学系统要素

远程教学系统是由一组相关要素构成的，这些要素是：传播者、学习者、媒体，以及课程设计、教学组织与教学设计等。

1. 传播者要素

传播者主要包括：课程开发者、教师、教学辅助人员和远程教学系统的技术人员。

（1）课程开发者要素

课程开发者的主要任务是：综合运用学习与教学设计原则、远程教学原理、教学模式和各种传播技术功能特性及其表现信息的特点，将现有的课程重新设计，使之适应远程教学形式，或设计某门新课程。

（2）教师要素

在远程教学中，教师面临着与传统教学模式迥然不同的教学需求，教师必须转变教育观点，具备运用传播技术的知识和能力，要有高效的讲授技巧，包括提问策略，调动学习者的参与积极性，确定适当的教学步调，提供适当的反馈以及激发学习者的学习动机。

（3）教学辅助人员要素

各地方教学点的辅助人员与教师的合作方式，将直接影响教学效果。教学辅助人员的作用主要为：担负管理性和技术性的工作，承担教学中的指导性工作。为了充分发挥教学辅助人员联系师生的作用，在教学前，教师和地方辅助人员必须根据各自的角色达成一致性的意见，以便教学工作和谐地运转。

（4）远程教学系统的技术人员要素

在远程教学中，负责技术工作的人员可以是辅助人员、工程师、管理者，或者来自教学资源中心、电视台或设备生产厂家方面的人。除以上四类人员之外，传播者还包括远程教学机构的行政管理者、学习材料的编撰写者与出版者等。

2. 课程设置和课程设计要素

（1）课程设置的要求：所设置的课程应能直接反映社会在政治、经济、文化等方面的需求，以培养应用型人才为主，灵活性强、有区域性特点，学科门类众多，层次多样，内容更新快，可供学习者选学的选择度较大。

（2）课程设计的人员构成要素

课程设计应由具有不同专长的相关专家共同完成。理想的课程设计人员组成应是：科学专家，远程教学设计者，主讲教师，专职辅导教师，教材的主要撰写者，编导或编辑，有关技术人员等。

3. 教学组织和教学设计要素

在实施教学计划时，应尽可能地提供相互作用的机会，必要时采用协作学习或讨论学习的模式，使师生之间、学习者之间、学习者与教学材料之间相互交流，保持密切的联系。

4. 学习者要素

远程教学中的学习者与传统教学中的学习者相比，具有以下不同的特点。

从学习内容的选择来看，远程教学中的学习者大多追求学以致用或现学现用，多从实效出发，希望所学知识与技能对提高自己的本职工作有直接的作用；愿意学习直观性较强的知识，或由实际问题引出的理论性推导和结论；希望所学内容从实际出发。以问题为中心，内容的编排便于自学。

从学习的目的来看，多数学习者认为学习是为了提高自身已从事职业所要求的素质；希望通过学习解决生产或工作中的问题，并以此来体现自身价值；把学习过程看作一个能迅速提高自己的能力并发挥潜能的过程，希望所学知识能迅速转化为实践中的能力。

从学习经验方面来看，大多数学习者有较强的实践经验，希望所学的内容能与他们的经验联系起来；其丰富的生活经验、社会经验和自我经验是学习的良好基础，但其经验有残缺、零散和不完全等特点，并在学习中容易产生经验定势的消极影响；喜欢以其自身的经验来作为评价的依据，理论知识的系统性较差，学习经验和理论水平的差异大。

从学习心理特点来看，对知识与技能的兴趣比较稳定、单一和持久，而且与自身的社会角色有较密切的关系；有较完善的自我结构，自尊心较强，所以教学中应避免那些有可能伤害其自尊的内容和教学方式；独立意识强，学习的积极性和毅力也较大，但由于工作事务的分心，学习中常会有受挫感，耐久性也较差；记忆力比较弱，但分析能力和理解能力比较强；有许多定型的经验、习惯和思维方法，从而影响其思维的广阔性、灵活性和创造性；在学习中，常能理论联系实际，善于将所学的知识应用于实际，善于从多种教学资源中学习。

从学习者的构成特点来看，入学年龄跨度大，多数为成人；参加学习的人来源广泛，数量很大；学习一般是自愿的。

四、远程教学的特点

（一）依赖远程传播媒体

在远程教育系统的层次结构中，远程教育层必须依赖媒体时空层所提供的服务，才能够有效地实现自己的各项功能。因此远程教育系统的教学过程依赖于远程传播媒体，这也体现着在教学过程中远程传播信息媒体的重要性。在远程教育系统中，远程传播媒体可以突破时间和空间的限制为远程教育层的具体教学方式提供保证。

在时间方面，远程传播媒体主要从存储信息方面对物理时间分离状态进行补充。通过将教师发布的教学材料以及学生提供的作业内容存储起来，使学生可以在不同时间段上网查看。这一个特性保证了教师和学生能够在自己合适的时间提供和查看远程教育系统中的信息。

在空间方面，则主要通过远程传播信息的技术来完成。如无线电波能够进行远距离无线传播，这样教师和学生就可以在不同的地理位置上相互交流和通信。这种空间方面的突破可以是局部的，如在某个城市中突破空间的限制；也可以覆盖整个国家，如利用广播电视传输系统，可以提供国家开放大学的电视教学节目。而通过互联网则可以实现全球范围的空间突破，这样就可以将远程教育系统延伸到所有的国家。①

不同的媒体在时空突破方面的效果是不一样的。数字音频广播技术和数字电视技术主要实现空间的突破。而半导体存储卡播放器等则主要实现时间的突破。利用计算机网络可以同时实现时间和空间的突破，这是由于计算机网络同时具备了远距离传播信息的能力，以及存储和检索信息的能力。这种时空的全面突破带来的好处是可以应用更为丰富的网络教学方法。

（二）学生以自学为主

与面授的方式相比，远程教育层能够向上提供的服务是受到一定限制的。这种限制表现在尽管媒体的功能已经非常强大，但是要完全达到面对面交流的效果，还是有一定的差距。然而媒体信息传播又有它自身的特点，充分发挥媒体传播信息的优势，避免其劣势，则是有效地开展远程教学活动、提高学习有效性的有力保证。

基于远程教育自身的特点，该教育方式主要以学生自学为主。教师在远程教育系统中的角色也发生了根本性的变化——从知识的传授者转变成了学生学习的引导者、教学资源的组织者和提供者、学习环境的创造者等多种新的角色。因此在远程教育过程中，学生的主体性得到了充分的保证，教师是学生学习的伙伴和朋友，在学生遇到困难的时候，教师可以起到一个引导者的作用。

在远程教育教学应用时，为了实现学生自学为主的学习方式，要配合多种远

---

① 程智. 远程教育学教程 [M]. 广州：暨南大学出版社，2013：181-183.

程教育教学方法。学生应用不同的远程教育方法,其自主学习的方式有所区别。

在函授教学的过程中,这种自主学习的过程是基于教材的自主学习。由于比较多地依赖教材,因此邮寄给学生的教学材料内容的丰富性和生动性比较重要。在电视教学过程中,则主要依靠教师的单向讲解。在教师讲授过程中,教师可以按照自己的理解对一个知识点进行详细介绍。由于教师对远程教育学生入学的情况都已经知道,这种讲解方式有一定的针对性,能够在一定程度上解决函授教学中遇到的各种问题。

而在网络教学或移动学习过程中,这种自主学习则主要是基于资源的学习,通过丰富的网络资源优势,学生可以自主上网搜索资源,用以支持自主学习。另外,学生的自主反思也是自主学习的一个重要特色。学生可以通过系列的网络工具进行学习过程的反思,从而帮助自己获得学习效果的信息,达到自我反馈的目的。除此之外,在网络和移动学习过程中,学生的自主学习还可以融入合作学习、案例分析等方式之中。

(三) 高效率的远程教育管理机构

与普通高等院校相比,远程教育的管理机构是高效率的。由于发展时间并不长,市场化程度高,一些远程教育机构的行政管理机构远没有普通高校那么庞大臃肿。

这可以从以下几个方面进行分析。

(1) 从学生人数方面来看,尽管如同中央广播电视大学这样的办学机构,其中的管理人员比较多,然而相对于注册学习的学生人数,这些管理人员的数量还是远小于同等规模的普通高等院校。

(2) 从市场化程度来看,一些远程教育机构甚至是上市公司,完全自负盈亏,比较高程度的市场化令这些远程教育机构在设置不同部门时,需要充分考虑其所产生的效益,从而达到审慎设立机构、努力压缩机构编制的目的。

(3) 从教师的聘用来看,很多的远程教育机构都采用了大部分教师兼职授课的方式,这也为管理机构更加灵活有效地进行教师管理提供了保证。

(4) 充分的网络化管理。由于教学过程是基于网络进行的,因此在远程教育系统运行中,自然也就会充分利用网络技术来实现系统的管理。其好处在于可以将传统的手工管理过程现代化,从而减少大量机械的手工劳动,管理效率也就得到了充分的提高。

在这种高效率的管理体系下,也带来了机构设置、教学方法、教学管理等方面的变化。而在教学方法的应用方面,这种高效率的管理直接导致的结果就是教学效率的提高,能够充分发挥网络技术的优势,促进教学方法的现代化,并努力开发出各种新的远程教学方法。

(四) 教师大多数是外聘教师

在远程教育系统中开展教学活动还可以注意到另一个特点,就是在很多的远程教育机构中,教师大部分采用外聘的方式。在远程教育过程中,由于教师教学时间和地点的灵活性,使得那些有资格证书的教师能够在普通高等院校或者商业机构的工作之余,开展远程教育系统的授课工作。这种方式给降低远程教育系统成本、提高管理方面的灵活性带来了方便;也给教学过程带来了一些新的特点,这些新的特点也会影响远程教育教学方法的应用。

从现有的远程教育机构构成来看,外聘教师主要有两种,一种是普通高等院校中的教师。普通高等院校中的教师有比较丰富的教学经验,因此在经过了一段时间的熟悉以后,就能够很快适应网络教学的方法。另一类外聘教师是商业机构中的高管,这些高管由于拥有硕士乃至博士学位,专业知识扎实,实践经验丰富,受到学生的欢迎。然而这些教师的教学经验不足,因此需要加强教学研讨活动,促进这些教师的专业发展。

当然不管是哪一类教师,被聘用到远程教育机构中,且接受了教育主管部门的监管,都是可以胜任教学任务的。来源丰富的教师背景,为远程教育教学过程中开展灵活多样的教学活动提供了保证,并在教学方法的应用上缩小了与普通高等院校教学之间的差距。

第二节　高校英语远程教学理论依据

一、查尔斯·魏德迈 (Charles Wedemeye) 的独立学习理论

魏德迈在理论和实践的基础上,于1971年提出"独立学习"的概念。独立学习是一种学习,一种变化的行为,一种学习者在空间时间进行的活动结果。在学习中,学习者的环境与学校完全不同,学习者可以接受教师指导但决不依赖他们,学习者承认自由程度、入学责任并完成引导学习。独立学习包含许多教与学的安排形式,在这些形式中学生和教师相互分离,他们以各种方式进行沟通以完成和履行各自的基本任务和责任。独立学习能够把校内学生从不适当的学习进度或模式中解放出来,也能为校外学生提供在他们自己的环境里继续学习的机会,同时促使所有学生发展自主学习的能力。其理论的核心是远

程教学中的独立学习和学生自治。在这种学习与学校学习不同,师生在执行学习任务时相互分离,学生可以接受教师的指导但决不依赖教师,师生通过多种途径的交流实现学生的独立学习活动。①

二、迈克尔·穆尔(Michael Moore)的距离和自主理论

穆尔提出独立学习的两个关键因素是结构和对话,结构就是某个教育计划能够反馈学生个人需要的量度;对话是在任何一个教育计划中,学生和教师能够彼此回应的程度。换句话说,结构是指教学计划设计或课程设计容许变通的程度。也就是说执行教学计划是不是有一定或较大的灵活性,而对话是指师生之间通过交流进行互动的难易程度。自主性是指与学习者控制能力有关的学习要素交互影响距离,不是简单的物理距离而是由物理距离、社会因素等导致师生在心理传播上产生潜在误解的距离,简而言之,就是人际间关系和交互影响的距离。穆尔承认交互影响距离不仅仅存在于远程教育中,在传统面授中也适用。

三、博瑞·霍姆伯格(Borje Holmberg)的有指导的教学会谈理论

霍姆伯格的理论聚焦在有指导的教学会谈上,他将在时空上分离的师生间的交流描述为"非连续通信"。教学组织机构与学生的关系被称为教学会谈。他认为在远程教育系统中,远程教育院校和教师是通过发送事先准备好的课程材料和为学生提供学习支持服务两种方式进行远程教学的。

霍姆伯格认为远程教育是一种师生分离的非连续面授教育,即与面授教与学的连续双向交互活动不同,远程教与学具有非连续通信的特征。事先设计、开发和发送的课程材料代表教学信息单向的、非同步的传输;通过各类双向通信机制实现师生交互、为学生提供学习支持服务,则代表远程教育中教学信息的双向同步通信与双向异步通信。进入 21 世纪以来,计算机和电子通信技术的飞速发展及其在远程教学中的应用,使师生分离状态下师生双向交互通信机制得以实现。

四、德斯蒙德·基更(Desmond Keegan)的教与学再度整合理论

基更认为,远程教育是一项具有以下特征的教学活动。
(1) 在整个教学过程中教师和学生之间准永久性的分离。
(2) 在整个学习过程中,学生和学习集体之间准永久性的分离。

---

① 刘仁坤. 远程教育模式:理论与实践[M]. 北京:中央广播电视大学出版社,2009:53-62.

（3）参加一个正式的教育组织形式。

（4）利用机械或电子的通信手段来传授课程内容；并用提供双向交流的方式以便学习者主动对话并能从对话中受益。

基更认为，远程教育是以学的行为和教的行为在时空上分离为特征的。依据这个认识，他提出并发展了他的远程教与学再度整合的理论。依据定义，远程教育的弱点在于学生的学习行为通常与教师的教学行为在时空上是分离的。这种情形的一种满意的解决方案是在远程学生和远程教师间通过实现教学的重新整合，并使利用学习材料进行学习成为可能。

首先，印刷材料和非印刷材料设计都要包含尽可能多的人际交流的特征。建议尽可能采用易读的书写风格，学生参与解决问题，精心设计内容结构，自测问题和教学目标，插入问题，模式答案，并精心做好排版，图表和美工设计。在印刷教材、视听教材、录像和计算机教学包以及试验箱的设计中，应尽可能模拟课堂讲授和辅导以及实验室教学的交互作用。

其次，当课程开发后，教学活动的重新整合要通过各种双向通信来实现，包括：函授、电话辅导、计算机通信、由辅导教师或计算机进行作业批改、电话会议、视频会议和计算机会议。

五、大卫·西沃特（David Sewart）的关注连续理论

西沃特对远程教育教学理论的探索，可以概括为对远程教育学生的关注应具有连续性这一论断的提出和论证。"持续关注"的理论可谓学生支持服务思想的精髓要义。大卫·西沃特不赞成远程教育系统的"教学包"能完成教师在面授教育中所有功能的观点。他指出，如果它能的话，它将变成一个无限昂贵的包，它必须去反映教师和每个学生之间错综复杂的交互作用过程。西沃特在讨论远程教育系统课程开发者为制作"假定为完善的教学包"所作的努力后，认为这是不能实现的，而使"教学包"得以完美的正是教师。辅导教师、咨询教师和学生顾问作为学习材料和学生个体之间媒介的作用是无论多么完美的教学包都不能代替的。

他认为：在远程教育系统中，教育机构通过提供学习材料对学生进行指导会产生各种各样无穷的问题，这就需要远程教育机构除了提供教学材料和教学包外，还必须具有咨询和教学辅导的功能。这些功能不论什么时候都是理想可用的，即必须是连续不断的，并能够实时满足学生需要。这些功能还应是一个远程教育系统中能适应学生个人独立学习需要的丰富多彩体系的一部分。

西沃特进一步认为，远程教育系统保证教学质量的关键是关注的连续性。他认为远程学习的学生不是天生就会自主学习的。学生的自学能力、自制能

力、对信息资源的选择能力和对学习过程的控制能力，都需要在院校和教师的指导与帮助下逐步培养和发展起来。因此，较之传统教育，远程教育院校和教师应对学生有更多的持续关心，提供更好的学生支持服务和其他各类服务。

第三节　基于微信移动平台的高校英语教学

一、微信概述

微信是由腾讯公司于 2011 年开发的免费社交软件，将其安装于职能客户端就可以和用户进行即时信息传输。微信程序提供了多种功能，包括文字发送、图片发送、视频发送、语音对讲等。使用微信时，如果想添加好友，可以使用扫一扫，摇一摇等功能，或者搜索附近的人，还可以输入好友的手机号、微信号等。同时，微信上有很多公众平台，用户通过关注公众号后就可以浏览其发布的内容。在发现有趣的新闻或者事件时，可以将其分享到朋友圈，进行共享信息；也可以建立微信群和朋友群聊；同时还可以开通私信功能，进行更为安全、私密的交流。[①]

在英语教学中，如能引入学生喜欢的学习和交流方式，设计出以微信为工具的英语教学模式更好地对学生进行引导和监督，学生则会更加热爱英语学习，英语教学改革也会走向成功。

微信平台的特点有以下 4 点。

第一，便捷性。使用微信的门槛低，任何人都可以用手机号注册微信，然后登录。微信的整个使用过程都免费，还有很多附加功能可以选择使用。也可以关注一些自己喜欢的公众号，浏览喜欢的信息。微信为学生带来了很多便利，高校学生没有收入来源，而使用微信为他们的生活和学习增添了不少乐趣。

第二，丰富性。利用微信软件可以发布或者传送很多丰富的多媒体信息，包括文字、图片、语音和视频等附件，还可以分享网络上看到的新闻等。

第三，精准性。我们可以对微信公众号按照地域对其分组，利用后台程序就能将特定的信息精准地发送到不同分组用户手中。

第四，实时性。将微信中的文字、图片、语音和视频等多媒体信息进行整理和归纳。当微信用户之间进行日常交流时，就可以将整理的素材随意地运用。

[①] 黎瑛．微信平台在高校英语教学中的应用研究［J］．课程教育研究，2015（16）：80-81．

二、高校英语教学利用微信移动平台的价值

能够促进师生交流与互动：目前高校教育师生的联结性不强，教师守着课堂教学的"一亩三分地"，学生在校园生活中也不愿意与教师进行互动。而微信的即时聊天功能便可打破这种现象，比如建立微信群，通过微信的语音聊天功能，教师和学生能够进行英语口语交流，实现课堂外的英语学习的延展。教师还可以通过微信群给学生发放英语学习资料，布置英语课堂预习任务，让学生提前做好学习准备，以提高课堂学习的效果。师生之间的关系是决定课堂教学质量的重要因素，通过微信群的日常生活之交流，师生相互之关怀，是拉近师生关系的有效方式。

能够实现个性化英语教学：高校大学生英语水平参差不齐实属正常，如何让英语水平高的学生不骄傲自满，停滞不前，让英语水平差的学生不自暴自弃，愿意上进，这是考验英语教师教学能力的关键点。而微信沟通的私密性能够为教师提供教学辅助作用，通过一对一的微信私聊让教师对每个学生建立针对性教学的渠道，用符合学生自身英语学习之情况的具体应对方法，达到因材施教的目的。而学生也可以随时将学习中遇到的疑难困惑反馈给教师，在教师的及时解答中提升学习质量。微信私聊的隐蔽性、即时性、互动性，能够让学生有尊严、有自信、有效率地开展英语学习。

能够创新教师教学方法，激发学生学习热情：传统的课堂教学教师与学生并不对等，学生处于被动学习状态，知识是以强行灌输的形式进行，其效果常常事倍功半。利用微信开展移动互联网翻转课堂教学和微课教学，让学生以主动学习的姿态来探索、分析、讨论知识，比如教师可以设立英语学习小组，并依此在建立微信学习小组群，教师给每个小组布置任务，小组成员通过课外时间的共同研究来形成总结性的任务报告，然后在课堂上以小组为单位进行分享，这种情境式、体验式的教学方法能够将课堂知识教学与课外任务作业有机整合在一起，然后在小组成员间的互帮互助下达到共同进步的目的。①

高校利用微信移动平台进行英语教学还有很多好处。

首先，学生使用微信软件的过程是免费的，这可以减少他们的经济支出。而且微信的使用方便，操作简单，容易上手。教师和学生在利用微信进行互动交流时，不受时间、地点的约束，极大地方便了教学过程的展开。学生通过朋友圈或公众号分享的信息，可以学习到更多的知识。利用微信，学生可以更方

---

① 陈碧蓉. 微信平台在高校英语教学中的应用价值探讨 [J]. 产业与科技论坛, 2019, 18 (24): 196-197.

便地向教师请教问题，而教师也可以随时对学生的疑问进行回复和解答。

其次，由于传统的课堂教学时间和地点都受到限制，学生的学习较为被动，由此也降低了学生学习的积极性，难以培养其英语学习的兴趣。面对教师提出的问题，有些学生因为害怕答错而不愿意回答。还有些学生可能会由于性格内向而不好意思回答。呆板的课堂教学埋没了学生学习的潜能，英语课堂教学的改革应当注意到这一问题。所以，建设教室课堂之外的第二课堂显得格外重要。而第二课堂的展开就要使用到各种多媒体资源或者信息技术，而微信恰好具备了这一功能。师生之间通过微信进行交流互动，没有面对面的紧张感，使学生的学习心态更加放松。在微信交流中，有些不敢回答问题的学生就会变得更为积极，敢于提出自己的问题和教师进行探讨，从而使英语的学习变得更有活力，推动了学生语言能力的提高。现在，很多大学课堂中师生缺少互动交流，而微信的使用可以弥补这一缺陷。实际结果也证明，教师与学生，或者同学相互之间，通过微信交流，感情得到了增进，学习积极性得到了提高。

再次，在微信平台上，具有大量的网络学习资源。这些文字、图片、视频等多媒体信息为学生提供了广阔的英语学习空间，也能提高他们的学习兴趣。通过微信软件中的语音对讲功能，可以很好地锻炼学生的口语和听力，加强了英语语言的实际应用，提高了学生的语言交流能力。

最后，使用微信可以激发学生学习的热情，使其学习变得更为主动。在学生使用微信学习的开始阶段，教师可以强制要求学生定期在朋友圈中发布英语学习的日志，让学生相互间进行评论和回复，并在后台监督和指导。当学生养成良好的学习习惯后，再对其放松管理，改为鼓励的方式来培养他们学习的积极性。教师也可以不定期评选学生发布的优秀日志，对学生进行适当的奖励，促进提高其利用微信学习的主动性。

教师也可以将学习作业发布在微信群里或者朋友圈，并规定学生在指定的地方和一定的时间内回复和评论，培养学生形成英语学习的习惯。或者教师可以发布中文或者英文的短文，让学生进行翻译比赛，然后评比出优秀的翻译作品。这种教学方法既节约了课堂时间，又提高了学生学习的兴趣，也锻炼了学生的语言能力。

三、基于微信移动平台的高校英语教学的实行举措

(一) 利用微信公众号加强学生词汇量积累

学生掌握的英语词汇量越多，英语学习的基础就越牢固。词汇量的掌握需要日积月累，每日坚持不可贪多，其记忆方式需要掌握规律，通过语境来因势

利导，加深理解。词汇每日学习时间不必过长，而且随意性较强，这非常适合利用微信公众号来进行。教师可以将当天的学习词汇量通过消息推送到学生微信中，其内容可以是图文、视频语音等素材多样化结合的形式，能激发学生学习兴趣即可。

（二）利用微信群组加强学生的听力训练

学生的英语听力一直以来是高校英语教学的短板，这主要是学生英语听力训练量不够导致的。教师可以根据英语听力能力高低范围界定，将学生分为不同的层级，并建立对应的微信学习群组，然后在群组中发布与其听力能力相匹配的听力材料，这样学生可以不再局限于在英语课堂上进行听力训练，随时随地可以通过手机即可进行。教师还可以直接通过群组进行听力测试，从而了解每个同学的学习情况，为随时提升听力训练难度而做好准备。

教师可以以班级为单位建立学生的微信群，不定时在微信群众发布英语学习内容，让学生结合自己已有的知识进行研究、讨论，并在微信群中发表自己的见解。可以提出不同的观点或不明白的地方，让教师进行解答。如果遇到难以解答的问题，可以让学生上网查询，然后再回到群里进行讨论，使知识更加准确，也能够在一定程度上提高学生英语学习的积极性。

学生也可以自己建立微信群，成员之间相互监督英语学习，并相互鼓励，遇到问题时共同交流解决，保证英语知识的学习顺利推进。部分学生由于专业不同，很少有面对面交流的机会，但在微信群里，随时可以交流互动，为英语知识的学习提供便利

对于课堂布置的任务，学生也可以建立微信群进行探讨，通过小组演讲等方式完成作业。例如高校的大学生所选的专业课不同，小组成员之间经常缺少当面交流的时间，而通过建立微信群，则可以随时随地讨论学习内容，再等见面时整理材料。

（三）利用微信的资源聚合效应来提高学生阅读能力

基于强大的用户量建立起来的自媒体平台是微信的一大特色，可以实现信息的海量传播，这其中英语教育平台通过小程序、公众平台吸引了众多学生的关注。而这些自媒体平台建立起来的丰富的英语阅读资源，不仅有利于拓展学生英语阅读面，还能通过经济、科学、文化等英语文字组成的资讯素材激发学生的阅读兴趣。教师与同学可以将这些自媒体的优质文章分享到群组中，学生通过点击链接弹出对应页面的功能，可以快速领略文章风采，为微信英语学习提供便利。

（四）充分发挥微信语音及私信功能，及时答疑解惑

微信私信的使用与推广使学生的英语学习更加便利，并能够很好地帮助学生解答疑难问题。学生在英语课堂、微信群等学习中会遇到很多问题，这时就可以通过微信的语音以及私信功能，随时随地向教师请教。这样教师与学生之间的交流互动就会增加，使课堂上交流互动少的弊端得以弥补。通过这种方式不仅能够帮助学生答疑解惑，还能够拓宽学生的英语学习范围，提高学生的英语学习热情。通过微信互动，教师与学生之间的距离就会拉近，更加信任彼此，这对于英语教学效率以及效果的提升是极为有利的。

（五）设置微信公众号，丰富英语学习内容

作为大学生可以根据自己的喜好以及需要选择合适的资源学习英语知识。当前微信上有很多学习英语的公众号，选择搜索公众号，然后输入"CCTV.com英语台""英语周报"等，然后关注，可以不定期看到公众号发布的视频、文章以及新闻等。学生完成教师布置的学习任务之后，就可以在公众号中寻找合适的英语学习资料，在这种氛围中，学生能够主动成长为英语学习的主体，提高英语学习的兴趣以及热情，实现良好的英语学习效果。[1]

（六）教师利用微信平台积极引导学生，构建和谐师生关系

高校英语教学课堂的时间是有限的，教师不仅要关注教学内容，还需要考虑教学的整体进度以及质量等，因此教师与学生之间的互动并不到位，情感交流不多。微信平台能够为教师和学生构建好的交流平台，使教师与学生有很多机会交流，把握学生的情感以及学习情况，并适当地指导帮助学生，学生有问题时可以随时找教师帮忙。通过微信平台交流互动能够突破时间、空间的限制，构建和谐的师生关系。教师可以利用微信平台给学生介绍一些好的英语范文、经典的作品等，让学生阅读并找出经典的句型，反复体会、交流。对于一些典型的英语写作错误，要求学生进行指正、交流。在微信交流过程中形成好的学习氛围，强化师生情感交流。

（七）借助微信平台实现学生的自主学习

学生可以将英语相关的信息发布到朋友圈，与人分享或讨论。看到有关英语学习的重难点、学习方法、语法知识、常用单词表等，可以将其分享到朋友

---

[1] 莫旻荧. 基于微信平台的高校英语教学方法探讨[J]. 佳木斯职业学院学报，2017（8）：255-256.

圈，与同学之间共享信息。学生利用网络，可以搜集到大量有用的英语语言学习方法、英语难点词汇、相似的知识点等，这都可以为学生学习新知识提供帮助。在发布日志时，为学生制定一个标准，尽量避免重复发布，这样学生就会对已发布的信息进行对比，这在一定程度上提高了学生的阅读量。而在日志的分享与转载过程中，学生的语法和词汇量得到提高。当学生在进行英文写作时，水平也会由此而提高，能力得到锻炼，由此也达到了语言教学的目的。所以说，这是一种综合性的学习活动。

学生在网络上浏览到精彩的音频或者视频时，可以直接将网址或者网页进行分享，并能从中提高自己的听力。学生通过转载或者回复分享的学习资料，更加提高了自己学习的积极性，听说读写能力得到锻炼，学习兴趣有所提高。

第四节　高校英语远程教学新形式——直播教学

一、直播教学的概念

所谓网络直播教学是利用网络直播平台实施的线上教学模式，网络覆盖率不断扩大，为直播进入社会各领域奠定了坚实基础。现如今，网络技术不断发展，涌现出大量网络直播平台，随之直播也渐渐进入教育领域中，塑造了诸多网红教师。在近几年，网络直播教学成为新型线上教学模式，被更多教育工作者所运用。网络直播的诞生得益于我国娱乐产业的繁荣发展，其具备不受时空桎梏、社交化与内容丰富多样的优势特征，可最大限度地弥补教学视频录播欠缺互动交流的弊端。除此之外，与在线网络课程相比，网络直播教学有着互动性与临场感强的特征，在直播文化繁荣发展的今天，网络直播教学对青年大学生群体的吸引力更大。诚然，以网络直播为依托的教学模式相对新颖、灵活，需要教育工作者借助语音或者视频功能，直接在线上面向所有受教者现场组织教学，这对于教育工作者的课堂掌控力提出了较高的要求。

二、直播教学的特点

（一）锻炼学生的学习能力

1. 引导学生自主学习

在课堂上，远程网络直播教学更多借助电教设备，将抽象、概括的语言符号形象化，让学生乐于接受，易于吸收，让学生全身心投入英语学习，并通过创设问题情景，把学生引入问题情景，从而激发学生求知的兴趣，使学生处于积极的思维状态，特别是在师生交流，学生与学生的交流中，使学生的语言表达能力得以提高，在学生心理上就会形成一种成就感，成就感促进了学生自信心的树立。

2. 培养学生思维能力

阅读教学的一个重要任务是培养学生理解书面语言的能力，对于那些内容复杂，语言比较抽象的语句、段落和文章，单凭教师的讲解和引导，效果欠佳，运用多媒体信息技术则可以把教材中的景物、人物、情节等生动地展现出来，对学生理解课文起着积极的作用。通过运用电教资源及手段，可以集声音、图形、色彩于一体，发挥其声情并茂、多姿多彩的立体教学作用，为学生提供大量的感性材料，刺激学生的感官，使其眼看、耳听、脑动、嘴说、手动，多种器官共同运作，有利于培养学生的观察力和想象力，达到启迪学生思维能力和开发智力的目的。

(二) 磨炼教师的教学能力

1. 是教师备课的得力助手

教学质量的好坏，不仅仅取决于教师的学问，教师的治学态度及教学组织能力也至关重要。合理地把远程网络直播教学运用起来，无论是教师的教，还是学生的学，都会是事半功倍的。

远程网络直播教学资源中的"资料下载"和"示范课"栏目，是教师备课的重要参考。教师在备课时，可以参考"资料下载"栏目中的内容，从而准确掌握下一节课将主要讲什么，做好充分准备，提前帮助学生整理出重难点。"示范课"栏目可以接收先进学校同步的课时学案和音频资料等。通过观摩和研究示范课，辅导教师可以取他人之长补己之短，不断提高和完善自己。

2. 是课堂教学的有益补充

教师传统的工作内容就是编写教案、讲课、批改作业、答疑解惑、组织复习考试和辅导学生等。远程网络直播教学丰富了教学资源，也丰富了教师的教学工作内容。教师现在的主要工作不只是备课，更多的是运用多媒体进行教学设计、课件制作和教学研究，利用远程网络直播教学资源中的教案、幻灯片、动画教学、视频、课外拓展、学生学习指导等，可以真正地把教师解脱出来。原来教师们每一节课拿着课本走进教室，为学生宣讲书中的知识和信息，不停地用粉笔在黑板上写和画，而学生也只有被动地跟着学，缺乏生气。现在教师们充分地运用图像、文字、动画、音频和视频辅助教学，使得学生的学习兴趣大大提高了。远程网络直播教学声、图、文融合，可以使教学过程变得生动活泼，提高学生的感知水平和学习兴趣；它的演示功能，可以为教师提供形象表达的工具，提高知识的可接受性；它的仿真模拟功能和交互性、非线性、联想性的表达方式，蕴含着培养学生创造能力的巨大潜能。①

远程网络直播教学资源对学生有着强烈的吸引力，其中，录像片中的语言真实、地道、通俗，内容丰富且来源于生活，这些经过提炼、加工成为贴近学生认知水平的语言生动而准确，再衬以对话的环境、场景以及说话人的表情，使学生产生一种身临其境的直观感受。远程网络直播教学中的外教课最大限度地调动视、听感觉器官在学习中的作用，使学生注意力高度集中，从而产生强烈的学习要求，实现了真正意义的直观教学。

传统高校英语教育经过多年的发展，模式已趋于固定化。科学技术的飞速发展和学生们思想思维的不断开拓，使得传统的教学模式急需创新。而近年来网络直播的流行让教师意识到将网络直播与英语教育结合是一个整合英语教育的趋势。而英语，作为中国大学生唯一要通过的统一性考试科目，其重要性不言而喻，其广泛性也使得其与网络直播的结合会有更广的市场。目前，虽然网络直播教学理论早已存在并已得到一定程度的实践，但在高校范围内的英语网络直播教学的具体模式方面仍缺乏研究分析，这就导致许多高校对于网络直播与教学结合的态度并不乐观，也就难以发挥其独特的优势。

三、高校英语直播教学对教师的要求

更新教学理念，转换教师角色。直播教学起点高、知识面广、学习强度大、难度大，而我们的学生基础差，学习方法不当，如果盲目乐观，以为有优秀教师授课，有现代化教学手段，学生成绩就会突飞猛进，那就大错特错。如果遇到困难就盲目悲观，甚至无缘由地去否定它，消极对待，而不积极探索并加以解决，就不能取得成功。如果在新的教学模式下不及时更新教学理念、转换教师角色，正确认识直播教学，不积极进取，那我们就不能前进。

做好课前准备，丰富备课内容。备好课是获得好的课堂效果的必要条件，课前，教师一定要充分保证备课时间，准备出高质量的课。教师要及时下载课件草稿和教学资料关注教学，然后结合新课标教学大纲的要求，吃透教材，把握重难点，揣摩教学意图。有了课堂资料后，英语备课组通过集体备课，取长补短，不断完善自己教案。这样不仅提高了自己的备课能力，为课后辅导，课后小

---

① 杨金丽. 英语远程网络直播教学的优势及反思 [J]. 课程教材教学研究（中教研究），2018（C5）：28-30.

结做好了准备,而且也结合了学生的实际,有的放矢,为增加课堂效益做了铺垫。课件练习,辅导资料练习等,教师上课前必须通做一遍,同时把握题目的重难点,收集题目的高考链接等,为课后的自习辅导做好补充、加强落实的准备。

四、高校英语直播教学的规范化管理

鼓励教师利用高校英语直播平台开课。学校应引导教师开课,并规定每位教师每周开课时间不少于2.5小时,同时也应把利用英语网络直播平台开课的效果列入教师评比机制中,对于直播在线人数多,活跃度高的教师在评优方面可以进行倾斜并给予奖励。

引导学生自觉使用高校英语直播平台。学生的兴趣是学好一门语言的重中之重,除了在课程内容、课程形式等方面引起学生英语学习兴趣外教师还要引入学分机制,督促学生的自主学习。对于利用高校英语网络直播平台进行自主学习的学生给予学分奖励,对一学期每周坚持在英语网络直播平台学习两小时以上的同学每学期奖励2学分,可作为选修学分。

保障高校英语直播平台的思想性、教育性。对于网络直播国家已有相关规定,这些规定同样适用于高校英语网络直播,但对其要求应该更加严格,监管措施应当更加细致。首先对于开课的教师进行知识储备、政治面貌、思想进步等方面的考核,并进行相应的直播平台操作流程培训,培训考核合格后由学校颁发高校英语网络直播平台开课资质方可进行授课,此举可防止一些思想不健康、政治不可靠的人利用英语网络直播平台散布有悖公序良俗的言论。另外在开课过程中,教务处也要进行监督,对于不法行为及时叫停并进行处罚;对于活跃人数少,关注度不高的课程及时进行调整,保证平台的趣味性与吸引力。[1]

网络直播与高校英语教学结合是一个具有创新性的课题,我们相信这种结合在本章提出的新模式的规范指引下,能够受到高校师生的欢迎,迎合大学生提高英语水平的需求,利用现代化科技,多角度地提高大学生英语综合应用技能,同时,也为网络直播与教育的结合进一步的规范化发展提供范例,为教学发展做出贡献。

五、高校英语直播教学的优点

网络直播教学不同于传统的课堂教学,它具有交互性强、灵活多样等特

---

[1] 范博文. 高校英语网络直播课程教学研究[J]. 时代人物, 2020(7): 140.

点。传统的高校英语授课方式容易使大学生感到疲惫和厌倦,不利于发挥大学生的学习积极性,影响高校英语教学质量的提高。而英语网络直播能够完善高校英语沉浸式教育模式,实现高校英语精英式教育,可以增强高校英语教学的交互性,有利于提高高校大学生的思辨能力。

(一)直播教学能够完善高校英语沉浸式教育模式

语言的应用,不能脱离真实的使用情境。对英语学习者来说,除了课堂学习之外,很少有机会接触到真实的英语使用情境,这就会大大减少语言使用的机会,影响语言学习动机。因此,良好的英语学习情境是有效英语学习发生的前提。而网络直播能够完善高校英语沉浸式教育模式,增加大学生与英语接触的机会,让大学生沉浸在英语环境之中,提高大学生的英语应用能力。

(二)直播教学能够实现高校英语精英式教育

无论是传统的课堂教学,还是以往的远程网络授课以及慕课教学,学生数量较多,使得教师难以进行个性化教学。大部分学生在英语学习过程中对知识的应用似懂非懂,而教师也很难在课下进行有针对性的辅导。而网络直播有利于高校教师和大学生进行良好的沟通,实现高校英语精英式教育。针对部分大学生未听懂的内容,教师可以当场一一解答,同时其他大学生作为旁观者也可以进行多次学习,反复聆听,避免向教师二次提问,提高语言学习效率。[1]

(三)直播教学可以增强高校英语教学的交互性

语言学习的主要目的是交际,无法完成交际任务的语言学习是在做无用功。而网络直播可以增强高校英语教学的交互性,帮助大学生提高语言交际能力。大学生可以在直播间与英语教师进行互动交流,也可以互相建立房间来达到对话沟通的目的。直播的操作方法简单易学,每位学习者都可以轮流进行直播,教师可以随时观看学生直播间的内容,并适当地进行评价,促进教学相长。

(四)直播教学有利于提高高校大学生的思辨能力

英语是人文性较强的学科,高校英语教学不能仅停留在听、说、读、写、译等技能训练上,还要在教学过程中引导大学生多思考,加强人文知识的渗透。在网络直播教学中,高校英语教师可以针对现实问题提出某一主题内容,

---

[1] 赵牟丹,张晓静. 网络直播对高校英语教学的促进作用研究[J]. 成才之路,2018(25):11.

让大学生运用英语进行讨论和交流，促进人文知识的积累，提高大学生的思辨能力。

六、直播教学环境下的高校英语教学策略

（一）借助网络直播教学营造良好教育氛围

网络直播教学环境下，教师可借助网络直播为学生营造良好教育氛围，并以此为依托有效延伸和补充传统教学内容，使学生在新颖且具备趣味性的教学模式下切实理解英语课程知识。网络直播所具备的明显特点便是开放性、灵活性与自主性，借助网络直播实施英语教学，可使学生随时随地通过手机、平板电脑学习，进而充分满足当代大学生群体差异化发展需要，切实开创英语网络教学新模式。在高校英语教学中引进网络直播，可有效落实多人互动交流，教师在实际教学中可以此为依托引导学生展开课后练习和巩固，同时根据学生实际学习现状实施个性化引导和教育，从而切实为学生英语能力提升及发展供给优质环境。除此之外，网络直播教学还可有效延伸教师的贡献面积，使偏远山区学生亦可实现与教师的交流互动。

（二）利用多方资源选取合适的教学内容

网络直播教学环境下的教育内容应跳脱出教材文本，这不但需要学校英语教师择选教育内容，实施教育资源建设，而且还需出版社和教育机构顺应当下形势建设英语教材。学生学习英语知识，应充分关注目的语国家的传统文化、民间文化，以及目的语国家当前疫情发展形势。例如，在英语写作过程中，教师可引导学生们课前检索信息，这不仅可以锻炼大学生信息检索能力，提高其英语阅读水平，而且教师还可通过推送关于作文主题介绍的短视频，从而锻炼学生的英语听力能力。在写作开始前，教师可组织学生以小组形式按照写作主题在网络中进行头脑风暴，以问题探讨为基准制作思维导图，并按照大纲完成写作。英语写作完成后，应由学生先行展开自我评价，并在修改后发送给小组成员进行同伴反馈，随后利用批改网展开网络反馈，上述步骤完成后交由教师进行综合反馈。在网络教学过程中，教师以学生写作状况为基准，进行优秀作品展示，以供学生们相互学习和探讨。在此过程中，教师应针对学生写作存在的共性问题进行指导，并认真聆听学生存在的疑惑，在课下环节为学生提供拓展资料。

(三) 运用直播教学进行英语口语教学

网络直播教学环境下，教师可借此优势进行口语教学。一般而言，口语教学有着较强的实践性，要求学生切实投入语言实践当中，然而若想实现该要求，最为有效的方法便是为学生营造良好的英语学习氛围与勇于发声的空间，使学生在口语表达和具体实践当中提高口语水平。比如，现阶段千聊直播等网络平台中有很多英语口语教师，为大学生群体展开口语学习和训练提供了优质的语言环境，英语教师可以此为依托进行网络直播教学，从而调动学生口语学习和训练的积极性。除此之外，在英语口语教育中，教师可要求学生注册网络直播账号，并在平台中与他人展开直播挑战。在此过程中，英语教师可将班级学生分为两组，展开口语对话直播，借助此形式切实提升学生口语表达水平，最大限度地体现网络直播教学的价值。

(四) 运用直播教学进行英语听力教学

网络直播教学明显的作用之一便是其可高效提升学生的听力能力。相对于传统英语电台而言，网络直播教学在具体应用过程中，英语教师可利用该平台注册直播账号，并以学生实际状况为基准，确定一系列契合学生个性化需求及实际状况的听力素材，听力内容涵盖英语歌曲、商品介绍、英语对话以及英语文章等等。此方式与以往英语听力教育模式相比，最明显的不同便是以往教学模式下，大学生均是被动地聆听教师所提供的听力素材，同时只能被迫接受英语教师播放听力素材的遍数。然而，在网络直播教学环境下，由于新型教学模式所体现的趣味性和创新性，使得学生普遍具有较高的参与热情，针对课堂中尚未听懂的素材，可在课下环节进行回放，如此一来就促使学生均积极主动投身到英语教育活动当中。在高校英语课程听力教育中，若想使网络直播教学获得理想化的应用效果，应从以下几个方面入手。

首先，课前听。网络直播教学环境下，英语教师可要求大学生在线上教学开始前收听听力材料，令其了解听力材料大致内容。在此过程当中，英语教师应适当设置直播内容，在教学开始之初，教师可把听力播放时长掌控在60秒左右，并要求学生重复收听，使学生在重复收听过程当中充分理解学科教育内容，从而使学生们对于英语内容、句式、说话者态度以及语句分割有具体的了解和把握。

其次，课中听。由于学生已经初步了解了有关情境和重点单词，因此此阶段英语教师可引导学生进行精听，鼓励学生积极回答问题，进而转变以往学习方法，优化学习成效。

最后，课后听。若想发挥网络直播教学对英语课程教育的推动作用，英语教师可借助直播的回放功能，引导学生利用课下碎片时间重复学习课堂内容，进而实现深度学习和吸收听力材料的教育目的。①

（五）使教学方式立体化，使直播教学以学生为中心

传统课堂教学以教师为主体，学生在课堂学习中被动地接受知识，而基于网络直播课的"线上+线下"教学模式，强调学生的自主性，核心在于学生的"学"而不是教师的"教"，所有教学活动都围绕学生的"学"开展，学生是教学的主体，反映了以学生为中心的价值取向。相比于以往"灌输式"的高校英语教学课程模式，网络直播课的教学知识点辐射的范围广，其设计充分考虑学生的个体差异性。学生能自行调节学习进度，对于尚未完全掌握的知识可以回放，这种方式能有效缓解高校英语教学中学生水平差异问题。此外，采用"线上+线下"教学模式，能提供多样化的学习方式，设计丰富多样的学习材料供学生选择，学生可以自由选择学习环境和学习内容，灵活安排学习时间。

（六）建立模拟真实课堂教学情景

网络直播课其实是把传统的课堂在网络空间上呈现，高校英语教师选择的在线教学直播平台都具备举手、笔记、点赞、私信聊天、发布文字、图片、视频等功能。其中，"举手"这一功能和现实课堂的举手发言是一致的，在网络直播课上学生在平台上举手提问，教师可及时答疑解惑，学生能获得实时反馈，形成互动课堂。体验学习是以体验或经验为基础的持续过程，教师不只是灌输新的思想，还要处理、修正学习者原有的经验。在网络直播课上，高校英语教师不是简单地灌输知识，解答错题，而是借助多媒体手段，构建模拟真实课堂的教学，使抽象的知识具象化，引导学生理解并吸收知识，组织学生构建学习互帮小组，学习者之间可以在不同空间对话，一起学习英语。即便是把传统课堂迁移到虚拟空间，学生仍然可以看到教师的授课内容、开课时间等信息，整个教学过程是透明化的，更易被接受。②

---

① 冯辉.网络直播教学环境下的大学英语教学研究［J］.黑龙江教师发展学院学报，2021，40（9）：148-150.
② 王英，殷竹茜.基于网络直播的高职大学英语课堂教学模式研究［J］.长江丛刊，2020（9）：54-55.

第九章　基于信息技术的高校英语教学的保障

信息社会给教育注入了新的生机和活力，其对教育的影响是革命性的，它将促使教育的观念、内容、手段、方法、模式等发生根本性的变化。

第一节　基于信息技术的高校英语教学的保障之英语教师

一、信息技术对教师专业发展的影响

在信息技术高度发展的今天，信息技术与教育的结合，无论是在广度上还是在深度上都实现了空前的优化。利用信息技术整合课堂教学，开发网络课件，开展网络远程教学，都无不显示着信息技术在教育中的重要影响与功能。作为学校关键支持动力的教师队伍的发展与建设，决定着教育改革成效的高低。

在信息技术条件下，教师专业发展的重要性已经越来越突出，越来越迫切，而如何在现代教学环境下实现教师专业发展，提高教师队伍素质，更是人们关注的焦点。信息技术为教师专业发展提供支持，是教师专业发展的动力。信息技术能为教师提供多种形式的教师培训，促进教师的知识更新。另外，信息技术为教师专业发展提供最佳平台，它不仅是基础性平台、资源平台，更是教师专业发展的实践平台和终身发展平台。[1]

信息技术的发展要求教师努力实现专业发展，而信息技术又为教师专业发展提供了广阔的前景、丰富的资源和最佳的发展平台。先进的技术支持和有利的条件为在信息技术环境下推进教师专业发展，提供了有力保障。

---

[1] 夏洪文，吴雪飞，宋小舟. 教师信息技术基本技能 [M]. 重庆：重庆大学出版社，2013：16.

二、教师信息化教学能力的结构

知识是能力的基础，知识需要转化为能力。能力是知识的目的，是运用知识解决问题的能力。能力的体现既要综合运用知识，又要分析解决具体问题。教师的信息化教学能力，是信息化教学能力知识体系与信息化教学实践的有机统一。教师的信息化教学能力可以划分为六种子能力：信息化教学迁移能力、信息化教学融合能力、信息化教学交往能力、信息化教学评价能力、信息化协作教学能力，核心是促进学生信息化学习能力。

（一）信息化教学迁移能力

教师信息化教学迁移能力的实质主要有两个方面：一是不同信息化教学情境中的教学适应能力迁移，即横向迁移。二是信息化教学知识技能的转化迁移，即纵向迁移。教师信息化教学迁移能力是教师信息化教学能力的基础能力，也是教师信息化教学能力可持续发展的重要条件。

1. 信息化教学纵向迁移能力（转化迁移）。主要指教师将学习获得的知识技能应用于解决信息化教学中的实际问题，应用于现实的信息化教学活动中的能力。教师通过学习所获得的信息化教学知识与技能，需要将其应用于实际的信息化教学情境中，解决现实中的各种信息化教学问题。对于信息化问题的有效解决，就需要通过迁移，从这个意义上看，迁移也是信息化教学知识技能向信息化教学能力转化的关键。通俗地说，就是学以致用。

2. 信息化教学横向迁移能力（适应迁移）。一种信息化情境下的教学活动，在另外一种新的信息化教学情境中未必适用。信息化教学横向迁移能力主要指教师将一种信息化教学情境中的教学经验创造性地应用于其他新的信息化教学情境中的能力，是教师对原有信息化教学能力结构的拓展与延伸。在信息化教学情境中，教师对教学情境的把握、教学活动和教学方式的策略选择、教学媒体的应用、教学活动的程序等，都要依据自身的相关教学经验和借鉴他人的成功做法。通俗地说，就是举一反三、触类旁通。

（二）信息化教学融合能力

信息化教学融合能力具体包括三个方面的子能力：

1. 信息化学科知识能力，即信息技术与学科知识的融合能力。信息技术与学科知识相互融合，会形成学科知识的新形态。原有学科知识形式的新呈现、内容的新拓展，是需要教师将学科知识信息化的一种能力要求。

2. 信息化教学法能力，即信息技术与一般教学法的融合能力。是信息技术与一般教学法相互融合后，形成的一类新的知识类型，需要教师将信息技术与一般教学法融合，同时还需要教师能够驾驭信息化情景中的一些基本的教学原理、方法与策略等。

3. 信息化学科教学法能力，即信息技术与学科教学法的融合能力。信息技术与学科知识、一般教学法相互作用形成的一种特殊知识形态，需要教师具备教学技术知识、学科教学法知识，当然更需要教师将教学技术与学科教学法融合的能力。只有将信息技术与学科内容知识、教学法相互融合，发挥各类知识内容与各种方法策略的优势，才能使教师在新的学科知识形态和新的学科教学方法与策略的基础上，实现教学效率和效果的有效提高，才能使教师的信息化教学能力得以有效提升，从而促进不同学生学习能力的全面发展。

(三) 信息化教学交往能力

信息化教学交往能力，是指教师和学生在信息化教学情境中，彼此交换思想与感情，促进师生间的交流与沟通，以实现学生能力发展为重要目标的一种教学能力形式。信息化教学交往能力是教学活动中师生的信息化互动，是信息化的教学交往实践，体现了教学中教师与学生之间的关系。信息化社会中的教学既是知识、技能的传授，更是学生学习能力发展的促进，因此需要教师与学生间有效地交往。信息化教学中的教学方式体现出选择化和互动化的特点，相应的，学生的学习方式也走向了合作、对话、交流、探究与实践等。教师的信息化教学交往能力包括课堂信息化教学交往能力和虚拟信息化教学交往能力。

1. 课堂信息化教学交往能力，是指在课堂信息化教学情境中，教师与学生的教学交往能力。在课堂信息化教学情境中，需要实现师生之间的多元化教学交往，需要定位师生之间新的教学交往关系与角色。教师是信息化情境中学习过程的设计者、学习资源的开发者、学习活动的组织者、引导者和管理者，学生是积极主动的学习者。在课堂信息化教学情境中，教师要与学生实现信息化的交流与沟通，实现与学生的平等对话。教师也要对学生的信息化学习过程进行指导，让学生在信息化环境中学会学习。教师还要对课堂的信息化教学活动合理协调，保证课堂信息化教学活动的有序顺利开展，既有对学生学习的协调，也有对教学活动序列的协调。教学协调能力，是教师课堂信息化教学交往得以有效进行的保障。教师的课堂信息化教学交往能力，是促进教师有效教学和学生有效学习的重要能力指标。

2. 虚拟信息化教学交往能力，是指在虚拟的信息化教学情境中，教师与学生的教学交往能力。信息化教学交往能力，在更多意义上指的是虚拟信息化教学交往能力，在虚拟的学习环境中，师生之间的有效教学交往是保障学生学习顺利开展的前提条件。

在内容上，虚拟信息化教学交往能力，主要包括教师为学生提供虚拟学习环境中的学习支持，监控学生在虚拟学习环境中的学习行为，对学生学习中遇到的各种问题，能够通过虚拟的学习环境提供尽可能的帮助。在形式上，虚拟信息化教学交往能力，主要包括教师与学生个体之间的虚拟信息化教学交往，教师与学生群体之间的虚拟信息化教学交往，学生与学生之间的虚拟对话交流与合作交往等，实现多元化的信息化教学交往。

（四）信息化教学评价能力

教师的信息化教学评价能力，主要是指教师对信息化教学和学生的信息化学习做出合理的价值判断，调适信息化情境中的教学行为，规范指导学生的学习行为，以实现教学过程的优化。信息化教学评价，既关注对教师的教学评价，更强调针对学生的发展和学生整体素质提高的评价；既关注结果的评价，更强调过程的动态评价。信息化教学评价体现出发展的、全面的、多元的、动态的特点。教师的信息化教学评价能力可以分为两类：学生信息化学习的评价能力和教师信息化教学的评价能力。

1. 学生信息化学习的评价能力。信息化社会中的教学评价，既要关注学生个体的发展和个体的差异，同时也要关注信息化情境中学生创造性的学习能力和综合素质的提高；既要关注对学生信息化学习中知识技能的评价，也要关注对学生信息化学习中实践能力发展和情感培养的评价；实现从单一的评价方式向促进学生全面发展的评价方式的转变。学生信息化学习的评价具有很强的导向性，强调以促进学生信息化学习能力的发展、创造性实践能力的提高为评价的主要价值取向。

2. 教师信息化教学的评价能力。关于教师信息化教学能力的评价，关注以促进教师有效教学为目的的教师信息化教学质量评价，是相对注重结果的评价，更加强调以促进教师专业发展为出发点的发展性评价，以帮助教师不断提高自身的教学能力和相关业务水平，实现针对教师信息化教学的过程性动态评价。

（五）信息化协作教学能力

传统意义上的教师协作教学，一般是指教师在备课、教学观摩、教学活动、科学研究等方面的有效协作。信息化社会为教师协作教学提供了可能，拓展和延伸了教师协作教学的能力。

联合国教科文组织《信息和传播技术教师能力标准》在"知识深化办法"

模块中，提出"教师应能够运用网络资源来帮助学生开展协作、获取信息和与外部专家进行沟通，以分析和解决特定问题。"就教师的职业发展方面，强调"教师必须具备技能和知识，以创设和管理复杂的项目，并与其他利用网络来获取资料的教师、同事和外部专家合作，促进自身的职业发展。"同时，联合国教科文组织在"知识创造办法"模块中，进一步强调"教师必须能够打造基于信息和传播技术的知识团体，并运用信息和传播技术来支持培养学生的知识创造技能及其持续不断的反思型学习。"对于教师的职业发展，进一步提出了"教师应能够发挥领导作用，训练同事，并建立和执行一个关于其学校的远景：一个以创新和持续学习为基础并因信息和传播技术而更加丰富多彩的社区。"

信息化社会中，教师需要发展信息化教学协作能力与信息化教学集体智慧，需要利用数字化网络资源与同事、专家合作，打造基于信息和传播技术的集体教学知识和多元化的集体教学能力，以支持学生的有效学习和创新能力的发展，同时促进教师自身的职业发展。有关教师信息化教学协作能力的相关研究，各个国家目前已开始广泛关注，也是当前教师信息化教学能力发展研究的新领域，是各国对教师相关教育技术能力的新要求。

（六）促进学生信息化学习能力

信息化社会对教师的教学能力提出了新要求，学生相应的学习能力也发生了变化。以往的相关研究注重信息化环境中，教师有效教学能力的提升和对于教师专业发展的促进。目前，人们更多地把研究的问题聚焦于学生的能力发展方面。也就是说，教师教学能力的发展是为了促进学生学习能力的发展，从各个国家的有关教师教育技术能力标准的要求中，能看到这种变化趋势。我们也认为，教师信息化教学能力的发展，是为了促进不同学习风格和策略的学生信息化学习能力的发展。换句话说，虽然关注的是教师的信息化教学能力的发展，但发展这种能力的目的是促进学生信息化学习能力的发展。因此，我们在关于教师信息化教学能力的结构图中，将"促进学生信息化学习能力"放在了其他教师信息化教学系列子能力中间，其他子能力的发展是为了促进学生信息化学习能力的发展，是为了促进具有生命活力的人的全面和谐发展。

三、信息技术支持下的教师专业发展模式

随着信息技术在教育领域中的普及，诞生了多种新的教师专业发展模式。大致划分为以下两类。

(一) 信息技术与学科教学整合环境下的专业发展模式

信息技术与学科教学整合正成为促进教师自我发展的最为有效的方式。以教学设计作为整合的理论依据,使学科教学过程中设计的各种因素有效地整合在一起,各种信息技术手段不再是简单的辅助工具,而是学科教学过程中不可缺少的一个重要因素。在这种整合过程中,对教师的专业发展又提出了新的要求,进而形成了新的教师专业发展模式。

在这种专业发展过程中,教师通过信息技术与学科教学的整合过程,一方面提升了自己运用信息技术进行教学的能力;另一方面提升了自己的知识组织和教学管理能力,即提升了自身的信息素养,最终在教学实践的过程中达到专业成长的目的。

为了能够在信息技术与学科教学整合过程中得到专业发展,教师往往要经过一个螺旋式上升的发展过程。首先,教师应改变自己的教学方法,从以往以教师为中心,学生被动接受知识的教学方法转换成促进学生探究式、协作式和个别化学习的教学方法。其次,教师应在整合的过程中不断提升自己的信息素养,教师信息素养的提升反过来也会促进教师转变自己的教学方法。最后,教师反思自己的教学整合过程,然后重新进入第一个步骤循环下去。

在不断地循环中,教师的技术应用能力和教学能力都得到提升,每一次的提升都有赖于单次循环结束的时候进行深入细致的反思。当时机成熟时,教师的专业发展过程将发生质变,即从仅强调使用技术能力的提高,转变到以课程、教学为主的技术整合能力的提高。

(二) 基于网络的专业发展模式

网络已成为促进教师专业发展的一条重要途径,且基于网络的教师专业发展模式更加多样化。

1. 同步和异步学习模式

同步模式是指教师可直接连接互联网进行学习,学习的过程既可通过丰富的网络资源来进行,也可在线与其他教师或者其他专业学者进行交流。同步性学习的优点在于可充分发挥网络的各种功能,学习过程比较灵活,但受网络带宽的限制,一些大型课件难以直接在其中运行。

异步模式是指教师直接在本地计算机上运行一些大型课件或其他程序来进行学习,在这种模式下,教师处于一个个别化的学习环境中,可自定步调进行学习。

同步、异步模式各有优缺点,教师可灵活使用两种模式来促进自身的专业发展。

2. 基于网络社区的学习共同体模式

学习共同体建立以后，教师和教师之间、教师与专家之间可互相进行合作，这种学习共同体可采用传统的方式来建立。自采用网络方式后，交流过程变得更加有效、便捷。在网络上可用来建立这种学习共同体的技术很多，简单的可使用论坛的方式进行，复杂的可通过建立专门的网站来构建网络社区，在其中，教师可通过论坛、BBS 等方式进行交流，社区主页则可以提供最新的消息以及各种通知。

3. 网络资源应用模式

利用各种网络资源来促进教师的专业成长已成为一条非常有效的途径，随着网络技术的发展，网络资源更加丰富，其组织也变得更加专业化。

网络上的资源主要可归为两大类：一类为各种数据公司提供的专业数据库资源，如期刊网。由于有了比较成熟的赢利机制，各种资源得以有效更新，教师足不出户就可以获得更多、更优秀的资源；另一类为免费资源，如中国开放教育资源协会成立的开放教育资源网站，该网站提供了由协会搜集和制作的各种免费资源。

无论是哪一类资源，教师都可通过利用这些资源来进行学习，增加自己的专业知识和提高专业能力。

4. 基于网络化教学管理的专业发展模式

随着网络技术的不断成熟，各方面都在广泛应用网络技术来促进自身的发展，其中网络化教学管理正成为人们重视的一个焦点。利用网络化的教学管理，可以使教师提高教学管理效率，教师可以从以往烦琐的会议、报表、成绩输入等工作中解脱出来，把更多精力放在专业发展方面，由此形成基于网络化教学管理的专业发展模式。

目前，这方面比较成熟的技术主要有网上办公以及网络化教务管理两大类。通过网上办公系统，教师可以在家方便地利用网络来进行办公，获取各种教学文件，同其他教师进行交流。通过网络教务管理系统，教师可利用试题库出试题，利用网络进行评分及学生的成绩录入等，显著提高了教学效率。

四、信息技术支持下教师专业发展趋势

教师专业发展至今已经取得不少成就，在信息化环境下，随着世界教育改革的进一步深化，教师教育和教师专业发展更备受关注，未来教师专业发展又会出现哪些趋势呢？

(一) 实现途径走向多样化

现代信息技术给我们提供了一种全新的数字化学习平台，使学习情境空前丰富，教师专业发展途径增加了许多种，其走向多样化。

1. 开展"校本研修"活动

"校本研修"是以学校为基地、通过校外专家和校内有经验的教师的专业引领，促使本校教师专业可持续发展及提高办学水平的一种教育实践活动。

2. 建立教师学习共同体

在信息技术环境中，教师学习共同体的实现途径有很多，可以建立专门的教育论坛，也可以通过聊天室、QQ 聊天群等实时聊天工具得以实现。①

3. 搭建教师实践反思交流平台

教师的教学实践反思是教师不断思考、反省和总结自身教学经验，不断自我调整、自我构建，从而获得持续不断成长的过程，是教师专业发展的有效途径。利用信息技术为教师搭建实践反思平台，如 BBS、Blog 等，能充分满足教师自主发展和群体交流的需要。

4. 加快推进"教师网联"计划，构建教师终身教育体系

"教师网联"是教育部新一轮教育振兴行动计划先行实施的重大项目，宗旨是以教育信息化带动教师教育的现代化，构建有中国特色和时代特征的教师终身学习体系，为教师终身学习和专业素质提升提供支持和服务。

(二) 发展模式走向综合化

随着信息技术在教育教学的逐渐渗透，教师急需得到信息化教学设计和实施方面的知识和技能的培训，为技术整合的教育目标、教学模式、合作探究等开展提供有力的指导，使教师能够将信息技术整合到他们的教学中去。这需要有效教师发展模式的支持。

贝克尔（G. Becker）认为同辈指导是最有望成功的教师发展模式。同辈指导是激发教师持续学习、发展的一种方法，其在成人学习领域尤其有价值，日程安排灵活，小组合作容易，能够满足教师持续学习、终身学习的需要，对新的技能的迁移具有积极的影响。

Intel 未来教育项目采用的是技术整合模式，该项目的目标是让教师学会如何在课堂教学中运用信息技术。

苹果明日课堂的教师专业发展项目提倡的是研究模式，即教师在开展项目

---

① 游家水. 让教师在网络环境下实现专业化发展 [J]. 中国教师，2009 (22): 13-14.

研究的过程中，学习和尝试利用各种技术开发学生学习单元，并且这些单元会在课堂教学中真正实施，在整个过程中，教师投入研究，对自己的实践进行反思，思考如何利用技术来改变和提高自己的教学实践。

无论是传统的还是新模式，都有其优缺点，在实际教学实践过程中，应根据实际条件和发展需要，综合选择，利用多种发展模式，以求最佳效果。

（三）评价方式走向动态化和全面化

评价能够记录教师专业发展活动中的信息，判断这些活动对教师的成长是否有价值，并为以后的改进提供建议。公正合理的评价机制是激发教师反思，激励其成长的有力工具，而目前的教师评价更多的是关注行为结果，忽略行为过程，且大部分评价是借助量化的评价，使得教师只关注评价内容，评什么，怎么评，忽略了评价背后的真正含义，不利于真正的教师专业发展。

在信息技术环境中，可借助各种平台工具实时、准确、完整地记录教师的学习、反思、实践活动，将动态的教师专业发展过程进行完整的记录，从而将评价活动与教师专业发展紧密结合，以基础性评价与发展性评价相结合的方式，公正、客观地对教师专业发展的活动和结果进行动态的、全面的评估，促进教师在专业精神、教育理念、专业知识、专业能力等方面全面发展。

（四）从个体专业发展走向群体专业发展

教师个体可以凭借丰富的经验与专业知识很好地完成教学任务，但是对于学校组织来说，依靠个别或少数教师来提高教学质量、形成学校办校特色是不可能的。因此，需要促进教师群体的专业发展。如今，国际教师专业发展呈现出从强调个体发展到整个团队或群体发展的趋势，教师团队和学校组织成为教师专业发展的重要支持力量。

在信息化条件的支持下，专家、学校管理者与教师要努力营造一个合作、互助学习的教师群体，教师在这个群体中可交流自己使用新技术、变革教学实践的体会、困惑，并且相互支持和帮助，促进教师个人和群体的发展。

总之，信息技术既是教师终身学习、持续发展自身专业的重要技术条件，又为教师的自我更新和发展提出了客观要求，教师只有适应信息化学习环境、资源和方法，将信息技术自觉地整合于课程教学中，才能优质高效地实施教学活动，达到教师专业发展的真正目标。

第二节 基于信息技术的高校英语教学的保障之学生

一、信息技术对大学生英语学习的影响

随着信息技术的飞速发展，外语教学正在经历着革命性的变化。在这种大的时代背景之下，大学生英语学习也获得了发展的空间。信息技术对大学生英语学习的影响主要体现在以下三个方面：

（一）信息技术成为巨大的信息源

众所周知，学习英语的过程是一个获得并处理海量信息的过程。在传统的学习过程中，学习者主要通过阅读书籍来获得所需信息。由于条件所限，并不是每个学习者都能获得足够信息，而且，获得信息的过程也较为缓慢。而随着信息技术的发展，任何拥有电脑及网络的学习者都可以轻松地获得足够的、各种形式的学习资源，从而获得了进行自主学习所必需的信息资源。

（二）信息技术为自主学习者提供了信息交流的平台

英语学习者在进行学习时，需要得到教师及教学大纲的系统理论支持。同时，学习者之间也需要进行信息交流。信息技术的发展恰好满足了学生学习过程中对信息交流的需求。所有的教学活动参与者都可以利用网络平台，采取各种方式进行交流，从传统的电子邮件到流行的QQ群和网络论坛。教师可以通过信息技术来指导和监控学生的自主学习，学生们也可以通过信息技术来完成许多过去只能在教室中完成的活动（如：讨论问题、分享资源及互相评价等），从而进一步提高学习的效率。

（三）信息技术环境对青年学习者有更大的吸引力

要想获得最佳的教学效果，就要最大限度地激发学生们的学习积极性。在传统的学习过程中，学生们要依靠自己的力量在课余时间，通过阅读的方式获得信息，再利用记忆等传统方式进行信息处理及存储。这一过程枯燥、乏味，学习者没有较强的学习意志是无法取得理想的效果的。信息技术的出现彻底地改变了这一局面。信息技术不但可以使学生们轻松获得海量信息，而且也为他们提供了一个信息交流平台。因此，在进行自主学习时，学生们不再是孤军奋战,他们可以随时与其他学习者及教师交换信息,他们可以随时获得帮助与鼓励。[①] 因此,传统的枯燥的自主学习过程在网络环境下正在变得充满乐趣,学生们的学习积极性被调动起来,从而使他们的英语学习更有收获。

二、基于信息技术条件下学生自主学习的定义

学生自主学习是指师生在准分离状态下,依靠学习支持服务系统,以个体自主性学习为表现形式,师生通过网络双向互动,并从中受益的学习方式。

自主学习在网络环境条件下进行,尤为适合。网络为学生的自主学习提供了大量的在线资源。对教师而言,可以根据教学任务,在网上搜索大量的教学资料,充分备课,在线解答学生的各种疑问;对学生而言,可以通过网络提供的大量的优质资源,用探究的学习模式,自主学习,完成既定的学习目标。

自主学习不是简单的"自己做主来学习",而是一个主体借助外在资源充分发挥主观能动性,有意义的创造性的学习过程。理想的自主学习,要求学习者有明确的学习目标,制定合理的学习计划,使用有效的学习策略,并且对整个学习过程进行监控,对学习结果进行科学评价。由此可见,网络环境条件下的自主学习是指学生利用网络环境提供的学习支持服务系统,根据自己的兴趣爱好和实际英语水平,借助电脑设备等辅助教学手段,自主的确定学习目标,选择学习内容,以及设定学习进度,选择适合的学习方法,通过主动探索学习,实现了知识的意义建构。

通过信息技术支持下的自主学习,改变了传统的教学模式,激发了学生的学习动机,调动起了学生的学习热情,让学生有机会参与到课堂学习中,加强了师生互动,活跃了课堂氛围。网络环境条件下的自主学习开阔了学生的视野,提升了学生学习的主动性,同时让学生真正参与到学习中来,也提高了学生的英语水平,网络为英语学习提供了技术支持。

三、基于信息技术条件下学生自主学习的特点

(一) 敞开性

信息技术条件下的自主学习,不再受时间和空间的限制,有了更多的自由空间。学习内容也不再局限于书本知识,借助网络,知识的深度和广度也有了一定的扩展,学生完全可以按自己的需求,选择适合自己的学习内容,掌握学

---

① 籍国莉. 网络环境下非英语专业大学生自主学习能力培养研究 [D]. 长春师范大学,2014.

习进度,感受学习乐趣,享受学习过程。资讯即时性、信息便利性都是自主学习的优势。

(二) 问题性

信息技术的普及,实现了教育资源的共享,网络学习为学生创造了问题情境。教师提出问题,布置学习任务,学生从问题出发,搜索网络资源,寻求问题的解决方案,在此过程中,又会发现新的问题。通过不断地发现新问题,解决问题,在问题处理的过程当中,学生的学习积极性也就被调动起来,也让学生逐步成了学习的主人。

(三) 自主性

每一个学生个性不同,兴趣不同,学习起点也存在一定的差异。大班课授课,必然不能满足每个学生的需求,也无法照顾到每个学生的切身感受,但是在网络环境条件下就有所不同了。学生可以根据自己的实际需求,针对自身的情况,量身定制适合自己的学习计划,可以做到有的放矢,不再一味地跟随别人的步伐。起先学生可能步伐较慢,但是经过一段时间的适应,就会逐步调整学习进度,自主学习的效率也会大大地提高。

(四) 多样性

网络环境条件下,自主学习形式多样化,一方面学生可以借助网络实现自主学习;另一方面,学生也可以与其他同学在线结成学习小组,实现网络合作学习,在线结成互助对子,实现网络资源共享。在线学习形式的多样化,促进了学习者合作意识的提高,同时,小组成员之间相互配合,也有助于学生创新能力的提高和合作意识的培养,合作性学习,实践性学习,资源共享式学习,不同的学习方式对于转变提升学生的自主学习能力,和创新能力起到了积极的作用。

四、信息技术条件下大学英语自主学习存在问题

学生在网络环境下的自主学习是第二语言习得和外语教学中的一个重要课题。自主学习能力的培养以及因此而形成的良好的学习习惯是提高学生自身水平,取得良好学习效果的关键保证。近年来由于各高校招生的不断扩大,英语班级的人数在不断增加,培养学生的自主学习能力因而也就显得尤为重要。然而,就近阶段各高校发表的研究成果来看,虽然在学生自主学习能力的培养方面已经取得了一定的成就,但在教师、学生及学习资源等方面还存在着众多亟待解决的问题。

（一）教师自身存在的问题

对于日渐流行的网络环境下的英语自主学习，广大高校英语教师分化成三个阵营：阵营一认为网络无所不能，他们认为有了网络的技术支撑，学生们完全可以依靠自己的力量来学好大学英语。在这种看法的引导下，这部分教师往往忽视课堂教学，给学生们布置大量的课后作业，希望他们在完成作业的过程中自主获得英语能力的提高。阵营二表现出对网络环境下学生自主学习的极端敌视态度。这部分教师认为网络提供的海量信息及交流便利恰恰会分散学生们的注意力，使他们分心于那些不相干的，甚至有害的网上信息，或是醉心于通过网络与他人交往。因此，这部分教师往往会在学生面前贬低网络的作用，他们更倾向于在有限的课堂时间内向学生灌输大量的令学生难以消化的信息，从而使学生的学习积极性受到伤害。阵营三表现出对网络环境下学生自主学习的恐惧感。这一阵营中多为课堂教学经验丰富的老教师。他们在教学过程中不敢尝试新技术教学工具，认为自己已经落伍了，担心自己不能胜任现代化的教学手段。他们的这种消极态度带来的结果是学生们对网络环境下的自主学习方式失去热情。

（二）学生存在的问题

学生在自主学习过程中存在的问题主要为以下两方面：

（1）学生自主学习能力差。这是一个共性问题，主要是由我国一直以来的教学体制造成的。长期以来，中国的"填鸭式"的教学模式培养出来的大学生缺乏应有的独立学习能力和批判性思考能力。[1] 因而，大多数学生一旦离开了教师的指导，就会乱成一盘散沙，无所适从。

（2）学生自主学习的热情不够。造成这一现象的主要原因是学生在自主学习时的自由空间有限。中国的大学英语教师还是会习惯性地、过多地干预学生课堂外的学习活动，如布置大量的作业等。这必然使学生认为所谓自主学习无非是教师课堂教学活动的一种延展，从而对自主学习失去热情。

（三）大学英语自主学习资源存在的问题

近年来，随着我国综合国力的增强，国家在外语教育方面的投入逐年增多。如教育部曾经委托国内高水平的出版机构研发了大量的大学英语自主学习

---

[1] 何明霞. 基于网络环境的大学英语自主学习监控理论与实践研究[D]. 上海外国语大学, 2012.

软件，以期推进大学英语多媒体网络教学的发展，也为学生课后的英语自主学习提供技术支持。但是，由于缺乏统一的国家标准，各种自主学习软件充斥于广大高校之中，在使用过程中，师生们发现有些软件并不能满足大学英语自主学习活动的真正需求。[1] 具体表现为，很多软件没有创新内容，仅是把书本上的内容挪到了光盘上。学生使用这些软件进行自主学习时和平时的课堂学习没有任何差别，这必然使学生失去自主学习的热情。而且，反复学习课堂教学内容既浪费了学生的宝贵学习时间，又无法真正有效地提高学生的外语水平。在硬件方面，广大高校也有些力不从心。到目前为止，只有少数的著名高校建立了专门的自主学习中心，广大教师和学生开展自主学习活动的热情也因为条件的限制而倍受打击。

五、改善信息技术下的大学英语自主学习的途径

针对大学英语教师对网络环境下的大学英语自主学习的认识问题，笔者认为教师应当端正态度、转变观念，正确看待网络对英语自主学习的积极作用。

首先，教师应当明确自身在网络环境下的英语自主学习过程中所扮演的角色。教师要起到引导者、监督者及合作者的作用。作为引导者，教师要帮助学生认识到英语学习是一个长期、复杂的过程，仅靠有限的课堂时间无法真正提高他们的英语水平。为此，教师应该充分发挥自己的作用，正确引导学生积极有效地进行课下的自主学习活动。作为监督者，教师要不断地关注学生的英语学习行为，通过网络这一通信平台来监督他们的学习活动，以保证其良好的学习效果。作为合作者，教师应投入一定量的时间，积极参与学生们的英语自主学习活动，给学生们提供必要的帮助，如解答疑难问题、对学生的表现进行评价等，以此来促进学生自主学习能力的不断提高及学习方法的不断改进。

其次，英语教师要通过不断学习来提高自身的业务水平，尤其是驾驭网络信息技术的能力。网络环境下的大学英语自主学习是一种全新的学习模式，教师的教学理念及教学方法都面临着新的挑战。为了更好地履行教师职责，教师应当努力学习网络信息知识，提高使用网络平台和数字化资源的能力，从而借助专业技术来指导学生使用网络平台进行有效的自主学习。在教师进行自学的同时，广大高校应当充分利用现有的软硬件资源，对英语教师进行计算机网络知识的系统培训，从而帮助他们更好地满足新技术环境对英语教学活动的新要求。

---

[1] 杜中全，云天英，王晓来. 论网络环境下的大学英语自主学习 [J]. 中国电化教育，2012 (6)：113.

对于学生在网络环境下的英语自主学习中存在的问题，笔者认为授课教师有着不可推卸的责任。他们在教学过程中对学生自主学习能力培养的不足以及对学生自主学习方式的过多干预，严重影响和阻碍了学生自主学习能力的提高。为此，在大学英语教学实践中，教师应该充分发挥的是他们的引导和监督作用，而不是过多地干预学生的学习活动，要让学生学会在没有太多教师指令下进行自我学习的能力。同时，作为课堂活动的指挥者，教师应该设计合理的教学活动，引导学生利用网络资源及平台进行自主学习。让学生一方面学有所获，另一方面在学习过程中享有更大的自由度，从而激发他们的学习兴趣，使他们认识到他们自己才是自主学习活动的真正主导者。此外，学生也要改变他们对网络环境下的大学英语自主学习的态度。他们应当认识到网络仅是手段，他们才是学习的主体。计算机网络技术的发展仅仅是为英语自主学习者提供了良好的学习环境和条件，而要真正提高英语水平，学生还是要依靠自身的不懈努力。为此，他们要继续积极探索，独立思考，与英语教师进行科学协作，进一步提高自主学习能力，从而改善学习效果。

对于大学英语自主学习资源方面存在的不足，笔者认为重中之重的问题是有关部门要尽早制定自主学习资源的国家标准。有了国家标准为依据，才能提高自主学习资源产品的质量，从而从根源上保证网络环境下的大学英语自主学习的效果。国家要进一步加大投入，为广大高校改善英语自主学习所必需的网络环境及数字资源。例如，可以在有条件的高校建立自主学习中心，为学生提供优良的自主学习环境；定期组织培训课程，系统提高教师的业务水平等。教育管理部门还应当会同出版商，广泛征集一线英语教师及学生的意见和建议，设计生产出内容更加丰富的、形式更加多样的大学英语自主学习软件，从而真正有效地帮助学生进行英语自主学习。

第三节 基于信息技术的高校英语教学的保障之英语网络教学资源

一、大学英语教学资源建设的意义

（一）有利于促进教师教育观念的更新

广义的教学资源概念带来了全新的课程理念，教材不再是整个教学活动的中心，教师对学生的评价也不再以学生是否掌握了书本内容为准，而是基于整个教学活动的课程目标完成情况。全新的教学模式和评价标准不管对教师还是学生都是一种挑战。对教师而言，整个教学设计过程和实施都围绕教学活动是否有助于课程目标的完成，除了关注是否完成了教材上的教学内容外，更要思考如何高效开发大学英语教学资源，培养学生的自主学习能力，引导学生完成课程目标。对学生而言，他们需要考虑的是在整个学习过程中学会了做什么，而不单单是考虑是否已掌握书本上的知识等。

（二）有利于教师专业成长

接受新教学资源观熏陶的大学英语教师，不会再日复一日地重复使用相同的教材、教案和教学课件。他们会紧跟时代发展的要求，更新自己的知识结构，不断加强对教学内容、教学活动设计、课堂组织模式、课堂评价方式等的反思，以改进自己的教学。同时，大学英语教学资源的不断丰富，使得学生的自主学习成为可能，兴趣和爱好驱动着他们对教材进行深度理解的同时，不断拓展自己的知识面，将课堂上所学到的知识应用于实践之中，使得自己的英语语言应用能力得到迅速提高。同时，学生大学英语学习的成功迫使教师加大投入，去深挖教材，研究语言学习规律，强化语言教学策略，以提升自己的综合素质，更好地服务于教学。

（三）有利于提高学生的综合素质

传统的大学英语教材旨在帮助学生加强英语基本功建设，不管是文章的体裁、选材的主题、选材的长度，还是课文的难度都是面向大众化学生，不会关注学校与学校间学生的英语水平差异、同一学校间学生的专业差异、学生个体的学习需求等因素。丰富的、个性化的教学资源的开发和利用不但是对原有教材内容的补充，也构成了第二课堂，与第一课堂开展联动，形成了较好的学习氛围，拓宽了学生视野，激发了学生的学习兴趣，最终促进学生思想、品德、行为、知识、能力和人格等的全面发展。

（四）有利于大学英语课程开发

大学英语教学资源种类繁多，形式多样，开发和利用过程中必须进行有序化管理。同时，系统的大学英语教学资源建设工作量大，不是一两天能完成的，短则几个星期，长则一两年。因此，需要分工协作。由于该项工作能推进大学英语教师的专业化发展，教师们的付出不但能提高教学质量，随着时间的推移，还会产生浓厚的兴趣，不断地去深化这项工作，最终积累的资料越来越多，到一定程度，这些教学资源经过整理、加工、补充和完善，就形成了一门新的公共选修课程的雏形。于是，大学英语选修课程群又增加了一位新成员。

（五）有利于培养学生自主学习能力

大学英语教学资源的开发与利用，主要以课程目标的达成为根本出发点，以学生身心的完整和谐发展为终极目的。传统的教学将学生局限在课堂这一特定的场所，教学资源以教材为主，没有充分唤起学生的学习积极性、主动性和创造性。在新教学资源观下的大学英语学习模式中，学生学习的时空范围得以扩展，可随意选择丰富多彩、形声具备、图文并茂的教学资源。学生成了学习的主体，他们自己决定英语学习的内容、时间、场所、进度、节奏以及学习质量的监控。从根本上改变了以往师生单向的知识传递方式，把"要我学好英语"转变成了"我要学好英语"，形成了多方位的、多元化的自主学习渠道。

（六）有利于形成性评估的实施

检查课程建设是否达到预期目标需要依靠评估。因此，对课程进行全面、客观、科学和准确的评估对实现课程目标至关重要，它既是教师获取教学反馈信息、改进教学管理、保证教学质量的重要依据，又是学生调整学习策略、改进学习方法、提高学习效率的有效手段。长期以来，大学英语课程教学评估主要依靠终结性评估，注重结果；较少关注形成性评估，忽视学习过程。《大学英语课程教学要求》明确提出要求，要加重形成性评估在大学英语课程评价中的分量。新的大学英语教学资源观不但改变了学生的学习模式，还更新了大学英语教师和相关管理部门的教育观念，通过课堂活动和课外活动记录、网上自学记录、学习档案记录、访谈和座谈等形式确保了对学生学习过程进行观察、评估和监督，为实施形成性评估打下了坚实的基础。[①]

二、英语网络教学资源的优势

英语网络教学资源与实体资源相比，具有以下优点：

（一）海量信息，覆盖面广

在浩瀚无边的信息资源海洋里，人们几乎可以查找到所有题材的资料，可谓无所不有。如，各种语言的文学和文化素材、新闻报纸杂志、教学研究论文、英语教学素材、教案、教参、教学游戏、自学辅导材料、英语教师进修

---

① 唐君. 高校英语信息化教学研究［M］. 北京：中国国际广播出版社，2018：135.

站、学位课程选修点等等。因此，互联网络为英语教学提供了取之不尽、用之不竭的语言教学和学习素材。互联网是一个虚拟的无纸化的媒体，它没有纸质教材的体积限制。进入互联网仿佛进到一个巨大无比的图书馆，将网络资源说成"海量"一点也不为过，语言教师和语言学习者可以根据自身需要，对信息进行筛选、探索和整合，从而形成对自己有意义的建构。

（二）实时更新，传播及时

互联网上的信息传输速度非常快，更新非常及时。网上的资源如此之大离不开不断增加和实时更新的信息。从广义上讲，互联网上的资源包括电子邮件、电子论坛、微博等各种实时交流手段。通过电子邮件，人们可以及时收发信息；通过微博，人们可以随时随地进行各种话题的讨论和交际；通过电子论坛或杂志，人们可以获取最新的研究成果和信息。与传统的书报相比，网络的信息发行可以做到真正意义上的"及时"。无论是一则新闻还是一项新的科研成果，都可以在第一时间向全球发布。而传统上的书报却要经过印刷、发行等渠道，最快也要半天（如报纸）才能呈现在读者面前。如果是国外某项研究成果的专著，那么要让我国的读者分享可就要等上至少半年的时间。

（三）图文并茂，多维呈现

互联网提供了多维的资源。网络上的信息如文本、声音、图像、影视等，按照符合人类联想思维的超文本结构组织起来，因而比较方便搜索。如果对当前信息还不满意，往往可通过关键词的相关链接查询，直到得到满意的资料为止。教师在多媒体环境中教学，不仅可以快速、有效地帮助学生也可满足各种类型学生的学习需求，提升教学效果。

（四）突出个性，因材施教

由于信息量大、涉及面广、查找便捷，网上资源非常适合教师的个性化教学需要，帮助他们编写出具有个性化特点又符合学生语言水平的教材。教师在准备教材时，可通过搜索引擎输入关键词，访问相应的网站，轻松地查找到所需的资料。经过下载、复制、重新编排，形成富有个性的教材。而传统的教材在编写时间上没有网络资源那么及时，在内容的难易程度和固定篇幅上不适合于"因材施教"。因此，教师往往要花大量的时间查阅参考书，对大量的教学内容进行选择和适当调整。如果教师照本宣科，那么他的教学就缺乏个性，这样的教学是达不到应有的效果的。

（五）资源共享，经济便捷

大部分的网络资源可全球共享，而且绝大部分可免费索取，即使有一些网络资源需要付费，但与传统的报刊相比还是非常便宜的。语言教师可以花很少的钱，利用网络资源建立一个中型甚至大型的个人虚拟图书馆。教师一旦建立了个人虚拟网络图书馆，就能非常省时、方便地检索资料，所需资料往往只在弹指之间就能轻松搞定。由于这些工作都是利用计算机来完成的，对选中的资料可以轻松地进行复制、粘贴和重新排版，制成电子教案或打印出具有个性化的教材。

三、网络资源的表现形式

从资源的表现形式上看，网络资源可分为：文本资源，视、听资源，词典与百科，语料库等。

（一）文本资源

在信息技术高度发达的今天，大部分的新信息都是通过文本来发布的。文本资源是网络资源中最常见、最丰富的资源。在外语教学和研究中，要了解语言的发展趋势和最新研究动态，只需输入关键词就可以在搜索引擎中检索到想要的信息。传播速度快是网络资源的优势之一。信息的范围广、内容丰富是网络资源的另一大优势。当我们在教学中感觉到所使用教材内容太陈旧、题材受限制、需要更多的文本材料以补充所教内容时，就可以利用互联网搜索与教学有关的文本资料。例如，在英语阅读教学中，教师可在英语报刊网站选择适合学生语言程度的各种题材最新的文章，让学生全面了解英语语言国家的背景知识、新闻、轶事。利用网络资源使教、学双方摆脱了书本知识的局限性，摆脱知识陈旧和语言不真实的问题，使学习者所学的知识和了解的信息与时俱进，使研究者的研究总是走在时代的最前沿。

（二）视、听资源

外语教学的最终目的是使学生掌握语言知识、语言技能，培养他们正确的文化意识、学习策略和情感态度，提高他们综合的语言应用能力。教师在教学中，除了向学生传授语言基本知识（语音、语法、词汇等）外，还应培养学生的听、说、读、写能力。我国英语教学缺乏语言环境，学生的听、说能力得不到应有的训练。而网络上的视听资源广泛，真实性强的视听素材可弥补这一缺憾，对培养学生的听说能力很有帮助。利用好这些视听资源将会大大地提高学生的听说能力。网络视听资源主要有广播新闻（如 BBC、VOA 广播）、影片视频（如 YouTube、CNN）等。这些英语视听资源形式多样、内容丰富，不受时间、空间的限制，且内容新，时效性强，英语发音地道、纯正，对培养学生的交际能力很有帮助。网络视听资源的下载和使用也十分方便，如今已被许多英语教师采用于视听课教学之中。

（三）在线词典、翻译工具

在线词典是基于 Internet 环境，为用户提供实时词语查询服务的数字化参考工具。互联网上的在线词典不仅种类繁多、数量巨大，而且语种齐全、专业性较强。在线词典更新快，已经形成了一个庞大的包括多语种、多学科、多类别词典的资源库。近年来，各主要权威性辞书出版社都出版了自己的网络版词典，如英国牛津出版社出版的"牛津英语在线词典"等。在内容的权威性、释文的经典性、条目的完备性等方面都具有一流的水平。基于庞大的网络语料库的免费网络词典，如网易公司旗下的"有道在线词典"在检索新词，尤其是在中国特有的词汇的汉英翻译方面具有独特的作用。此外，在线词典以及部分搜索引擎除具备词典功能外，还能进行短文翻译，起到了在线翻译的作用。

（四）百科全书

互联网上除了有一些专业出版社提供的百科全书网络版外，还有许多免费的百科网站，如维基百科、百度百科等。通过这些网络百科，我们可以方便地检索到所需的参考资料，为外语教学服务。但值得注意的是，免费百科网站里的百科知识大多数是由一些机构或个人免费提供的，他们对一些科目所下的定义不一定全面、准确，需要读者认真辨别，不能盲从。实际上，互联网本身就是一个巨大的百科全书，在这个巨大的虚拟图书馆中鱼目混珠，如果想要得到权威的词条解释，特别是需要做学术引用时，一定要留意资源的出处，对出处不明或只是来自其他小网站的资源最好还是不用。

（五）语料库资源

语料库在外语教学和研究中所发挥的作用越来越大。通过检索网络语料库资源，教师可能得到真实、地道的语言例句，或是进行语言对比分析研究。目前网络上可直接免费使用的语料库有 BNC、COBUILD 等。BNC 是英国牛津出版社、朗文出版公司、钱伯斯—哈洛普出版公司、牛津大学计算机服务中心、兰卡斯特大学英语计算机中心以及大英图书馆等联合开发建立的大型语料库，该语料库书面语与口语并存，词容量超过 1 亿，包括国家和地方报刊、理论书籍、通俗小说、大学论文、信件以及谈话录音文本等。COBUILD 是信息网络时代最早出现的大型英语语料库，由 Collins 出版社与伯明翰大学合作完成，英语库词容量已达 4 亿 5000 万，可在网络中直接检索的试用语料库含词 4500 万。COBUILD 已成为 Collins 词典和语法书的语料来源。以上两个语料库均取材广泛、规模宏大，实为不可多得的语言学习工具。

  在外语教学中，纯粹的课本或辅导书已经不能满足师生的要求，教师需要更为全面和真实的语言实例。通过网络语料库的检索，教师可以将真实的语料应用于英语教学中，使语料库成为英语教学的又一种资源选择。将语料库应用于外语教学可以改变传统的以教师为中心的教学模式，鼓励学生参与，充分发挥学生在学习中的主动性、能动性和积极性，帮助学生在丰富的语言实例中找出共性，得出规律。教师也可以更形象更直观地向学生展示各项语言知识。不过，教师要事先挑选好合适的语料资源否则会造成盲目学习或者课堂混乱的结果。

参考文献

[1] [法] 米歇尔·塞尔. 拇指一代 [M]. 谭华, 译. 上海：华东师范大学出版社, 2015.

[2] [美] 戴维·温伯格. 知识的边界 [M]. 胡泳, 高美, 译. 太原：山西人民出版社, 2014.

[3] [美] 洛林·W. 安德森. 布卢姆教育目标分类学 分类学视野下的学与教及其测评 [M]. 蒋小平, 译. 北京：外语教学与研究出版社, 2009.

[4] 安富海. 促进深度学习的课堂教学策略研究 [J]. 课程·教材·教法, 2014 (11).

[5] 鲍宗豪. 数字化与人文精神 [M]. 上海：上海三联书店, 2003.

[6] 曹殿波, 党子奇. 混合式教学设计与实践 [M]. 北京：高等教育出版社, 2020.

[7] 常莞嘉, 王冬. 虚拟现实技术支持下高校英语教学生态系统重构 [J]. 黑龙江教育学院学报, 2019, 38 (9).

[8] 陈碧蓉. 微信平台在高校英语教学中的应用价值探讨 [J]. 产业与科技论坛, 2019, 18 (24).

[9] 陈春莲. 杜威道德教育思想研究 [M]. 北京：中国社会出版社, 2017.

[10] 陈杰, 欧炜, 陈睿, 薛文霞. 初中卷 翻转课堂与微课 [M]. 北京：中国轻工业出版社, 2016.

[11] 陈霖. 高校英语教学若干问题探讨与建议 [J]. 智库时代, 2019 (47).

[12] 陈晓丽. 高校英语慕课与翻转课堂教学模式研究 [M]. 成都：电子科技大学出版社, 2017.

[13] 陈艳, 负楠, 张倩倩. 现代英语教学方法研究 [M]. 广州：世界图书出版广东有限公司, 2019.

[14] 程轶波, 程凤龙, 雷扬. 多媒体技术与应用 [M]. 天津：天津科学技术

出版社，2018.

[15] 程智. 远程教育学教程［M］. 广州：暨南大学出版社，2013.

[16] 邓杰，邓颖玲. 网络环境下英语视听说任务型教学研究——英语视听说国家精品课程建设例析［J］. 外语教学，2007（9）.

[17] 邓心强，刘青. 论大学翻转课堂：优势、操作及其反思［J］. 云南开放大学学报，2022，24（2）.

[18] 杜中全，云天英，王晓来. 论网络环境下的大学英语自主学习［J］. 中国电化教育，2012（6）.

[19] 范博文. 高校英语网络直播课程教学研究［J］. 时代人物，2020（7）.

[20] 冯辉. 网络直播教学环境下的大学英语教学研究［J］. 黑龙江教师发展学院学报，2021，40（9）.

[21] 郝淑荣. 智慧课堂［M］. 武汉：湖北教育出版社，2016.

[22] 何明霞. 基于网络环境的大学英语自主学习监控理论与实践研究［D］. 上海外国语大学，2012.

[23] 洪平，章茹，丁小燕. 人本主义视野下高校体育教师应对体育教育改革的策略研究［J］. 南京体育学院学报（社会科学版），2008，22（4）.

[24] 胡笑梅. 信息技术与企业变革［M］. 合肥：合肥工业大学出版社，2005.

[25] 黄荣怀. 智慧教育的三重境界：从环境、模式到体制［J］. 现代远程教育研究，2014（6）.

[26] 籍国莉. 网络环境下非英语专业大学生自主学习能力培养研究［D］. 长春师范大学，2014.

[27] 简明. 国际教育百科全书：教学（上）［M］. 北京：教育科学出版社，1990.

[28] 孔恬恬. "翻转课堂"模式在高校英语听力教学中的应用［J］. 新教育时代电子杂志（学生版），2022（23）.

[29] 黎瑛. 微信平台在高校英语教学中的应用研究［J］. 课程教育研究，2015（16）.

[30] 李德强. 基于SPOC的深度学习智慧课堂教学设计与实践——以Web应用开发技术课程为例［J］计算机教育，2019（6）.

[31] 李逢庆. 混合式教学的理论基础与教学设计［J］. 现代教育技术，2016，26（9）.

[32] 李红波. 现代教育技术［M］. 桂林：广西师范大学版社，2002.

[33] 李吉林. 情境教育的诗篇［M］. 北京：高等教育出版社，2004.

[34] 李瑞玉. 情境教学法在大学英语教学中的应用探究［J］. 长春大学学报，2019，29（12）.

[35] 李淑琼. 大学英语教学中人本主义教育观［J］. 当代教育论坛（学科教育研究），2008（11）.

[36] 梁颖珊. VR技术在高校英语教学中的应用研究［J］. 佳木斯职业学院学报，2019（2）.

[37] 廖绒绒. 基于翻转课堂教学模式下"英语口语"应用研究［J］. 安徽电子信息职业技术学院学报，2019，18（4）.

[38] 刘邦奇. "互联网+"时代智慧课堂教学设计与实施策略研究［J］. 中国电化教育，2016（10）.

[39] 刘佳佳. 新文科背景下大学英语混合式教学多元评价［J］. 安顺学院学报，2022，24（1）.

[40] 刘军. 智慧课堂，"互联网+"时代未来学校课堂发展新路向［J］. 中国电化教育，2017（7）.

[41] 刘仁坤. 远程教育模式：理论与实践［M］. 北京：中央广播电视大学出版社，2009.

[42] 刘瑞. 翻转课堂模式在大学生英语口语能力教学中的应用分析［J］. 创新创业理论研究与实践，2020，3（9）.

[43] 逯曼. 大数据平台建设对高校英语教学效果的作用研究［J］. 新课程研究（中旬），2017（5）.

[44] 莫旻荧. 基于微信平台的高校英语教学方法探讨［J］. 佳木斯职业学院学报，2017（8）.

[45] 齐翠巧，韩建英. 信息技术基础［M］. 北京：中国铁道出版社，2020.

[46] 饶卫民. 虚拟现实技术在构建主义指导下的英语教学中的应用［J］. 大众标准化，2020（2）.

[47] 宋建勇. 高校英语任务型教学与评价研究［M］. 西安：西安交通大学出版社，2017.

[48] 宋鑫. 促学评价在混合式英语教学模式中的应用［J］. 教育信息化论坛，2022（13）.

［49］孙惠敏，李晓文. 翻转课堂我们在路上［M］. 杭州：浙江大学出版社，2018.

［50］孙伟，刘迪昱. 基于混合学习模式的ITCTeam开发与应用［J］. 湖北广播电视大学学报，2017（5）.

［51］孙旭春. 网络环境下大学英语听说教学研究理论、模式与评价［M］. 昆明：云南大学出版社，2015.

［52］孙云. 高校英语专业写作翻转课堂教学模式利弊分析及对策［J］. 现代英语，2020（24）.

［53］唐殿强. 实用教育学［M］. 天津：南开大学出版社，2009.

［54］唐君. 高校英语信息化教学研究［M］. 北京：中国国际广播出版社，2018.

［55］屠菁. 基于雨课堂的智慧课堂教学学习行为分析——以"数据库原理与应用"课程为例［J］合肥学院学报（综合版），2019（2）.

［56］汪国忠，董福新. 信息技术［M］. 石家庄：河北教育出版社，2017.

［57］王晶波. 多媒体辅助大学英语教学的理性思考［J］. 中国校外教育（上旬），2008（S1）.

［58］王林发，吴丽仪. 课堂导学：精彩课堂的有效捷径［M］. 北京：教育科学出版社，2016.

［59］王宁宁. 基于复杂网络分析的信息空间研究［M］. 石家庄：河北科学技术出版社，2018.

［60］王宪. 基于SPOC的高校综合英语混合式教学设计［J］. 黑龙江教育（理论与实践），2020（8）.

［61］王英，殷竹茜. 基于网络直播的高职大学英语课堂教学模式研究［J］. 长江丛刊，2020（9）.

［62］夏洪文，吴雪飞，宋小舟. 教师信息技术基本技能［M］. 重庆：重庆大学出版社，2013.

［63］夏洪文. 信息技术与课程整合研究［M］. 武汉：湖北科学技术出版社，2005.

［64］肖潇. 基于支架理论的高校英语教学创新思考［J］. 海外英语，2022（8）.

［65］许智坚. 计算机辅助英语教学［M］. 厦门：厦门大学出版社，2015.

［66］闫卫芳. 云计算技术在英语教学中的应用［J］. 吕梁学院学报，2016，6（4）.

［67］杨芳梦. 浅析英语课堂的真实性原则［J］. 佳木斯职业学院学报，2017（1）.

［68］杨化坤. 基于智慧课堂的写作课程教学研究——以安徽财经大学"写作与沟通"课程为例［J］. 沈阳大学学报（社会科学版），2019（4）.

［69］杨金丽. 英语远程网络直播教学的优势及反思［J］. 课程教材教学研究（中教研究），2018（C5）.

［70］叶文娟. 信息技术与英语课程的有效整合［J］. 中国校外教育，2016（A2）.

［71］游家水. 让教师在网络环境下实现专业化发展［J］. 中国教师，2009（22）.

［72］余武. 教育技术　信息时代教与学［M］. 合肥：中国科学技术大学出版社，2002.

［73］禹智潭，陈文化. 技术：实践性的知识体系［J］. 科学技术与辩证法，1998（6）.

［74］张楚廷. 以人为本与教育学改造［J］. 高等教育研究，2004，25（5）.

［75］张楚昕. 云技术对大学英语教学模式的影响［J］. 长江丛刊，2017（11）.

［76］张大均. 教育心理学［M］. 北京：人民教育出版社，1999.

［77］张慧丽. 大学英语混合式教学评价体系研究［M］. 哈尔滨：哈尔滨出版社，2021.

［78］张玲，刘家瑞，杨翠友. 现代学徒制培养模式下智慧课堂的构建与案例分析［J］职业技术教育，2017（5）.

［79］张一笑. 智慧教育［M］. 太原：山西经济出版社，2007.

［80］张毅龙. 陈鹤琴教学法［M］. 北京：教育科学出版社，2007.

［81］张元. 基于MOOC的SPOC数据库课程教学新模式探讨［J］计算机时代，2017（5）

［82］赵呈领. 信息技术与课程整合［M］. 武汉：湖北科学技术出版社，2006.

［83］赵牟丹，张晓静. 网络直播对高校英语教学的促进作用研究［J］. 成才之路，2018（25）.

[84] 赵晓亮. 信息技术与英语教学的课程整合研究 [J]. 当代教育实践与教学研究, 2016 (4).

[85] 朱慧芬. "互联网+" 背景下的商务英语课程群 "O2O" 一体化教学模式创新研究 [M]. 杭州：浙江工商大学出版社, 2018.

[86] 朱丽华. 翻转课堂在高校英语写作教学中的应用浅析 [J]. 汽车世界·车辆工程技术, 2019 (20).